DE

LA SUBROGATION RÉELLE

PAR

M. JACQUES FLACH
AVOCAT, DOCTEUR EN DROIT.

Ouvrage couronné par la Faculté de droit de Strasbourg.

PARIS
AUGUSTE DURAND ET PEDONE LAURIEL
LIBRAIRES DE LA BIBLIOTHÈQUE DE LA COUR IMPÉRIALE ET DE L'ORDRE DES AVOCATS
9, RUE CUJAS (ANCIENNE RUE DES GRÈS)

1870

DE

LA SUBROGATION RÉELLE

PAR

M. JACQUES FLACH
AVOCAT, DOCTEUR EN DROIT.

Ouvrage couronné par la Faculté de droit de Strasbourg.

PARIS
AUGUSTE DURAND ET PEDONE LAURIEL
LIBRAIRES DE LA BIBLIOTHÈQUE DE LA COUR IMPÉRIALE ET DE L'ORDRE DES AVOCATS
9, RUE CUJAS (ANCIENNE RUE DES GRÈS)

1870

(Extrait de la *Revue historique de droit français et étranger.*)

Paris. — Typographie A. Hennuyer, rue du Boulevard, 7.

A M. DE GAIL

PRÉSIDENT DU TRIBUNAL CIVIL DE STRASBOURG

Hommage de respect et de dévouement.

J. FLACH.

TABLE DES MATIÈRES

Pages.

PREMIÈRE PARTIE.

NATURE ET CARACTÈRE DE LA SUBROGATION RÉELLE.

DEUXIÈME PARTIE.

DES DIVERS CAS DE SUBROGATION RÉELLE

DE LA SUBROGATION RÉELLE.

Vitam impendere vero.
(JUVÉNAL, sat. IV, v. 90.)

J'aurai du moins l'honneur de l'avoir entrepris.
(LA FONTAINE, *Fables*, Dédicace.)

AVANT-PROPOS.

Demandez à la plupart des praticiens, j'entends de ceux qui ne se préoccupent que des applications journalières du droit, ce qu'est la *subrogation réelle*, ils seront, je gage, assez embarrassés de vous répondre : les mieux informés vous diront qu'un article 1407 du Code s'y réfère; qu'elle se produit en cas d'échange d'un immeuble propre contre un autre immeuble ; mais une idée nette sur l'ensemble de la matière, il vous sera bien difficile de la rencontrer. Et cependant, ceux-là mêmes qui connaissent peu ou point le nom, ils connaissent bien la chose ; ils ont eu à s'en occuper souvent ; mais la doctrine leur fournissait alors les données nécessaires pour résoudre tel cas difficile, sans qu'ils prissent garde que c'était un cas de subrogation.

Y a-t-il grand mal à cela ? Non certes, mais à condition que dans cette matière, plus que dans toute autre, les résultats livrés ainsi par la doctrine à la pratique et acceptés de bonne foi par celle-ci soient conformes aux traditions anciennes que le législateur de 1804 a voulu consacrer, qu'ils découlent de règles fixes, certaines, bien justifiées, sur lesquelles l'arbitraire n'ait aucune prise. Eh bien, aucun travail tendant à réaliser cette condition n'a été fait encore.

Il faut bien le dire, il n'existe pas de théorie de la subrogation réelle.

Sous les différents régimes matrimoniaux, on n'a guère étudié notre sujet plus qu'il ne fallait pour faire comprendre les articles 1407, 1433, 1434. On n'a pas su y faire rentrer des cas nombreux qui doivent être régis par les mêmes principes, ni analyser ces principes comme ils méritaient de l'être.

Une seule règle, une maxime de droit, dont on n'a bien compris ni l'origine historique ni le sens vrai, a été invoquée dans tous les autres cas, sans distinction, où l'on croyait voir une subrogation réelle. — Or quoi de plus large, de moins défini que cette expression de *subrogation réelle*, telle qu'on devait l'entendre alors ? — C'est toute substitution d'une chose à une autre dans une universalité.

On le voit, il importe de préciser, beaucoup plus qu'on ne l'a fait jusqu'à ce jour, les règles qui gouvernent la subrogation réelle, suivant qu'elle revêt tel caractère ou se présente dans telles circonstances données. Nous l'avons essayé dans cette étude. Le simple coup d'œil que nous venons de jeter sur l'ensemble du sujet, peut donner une idée des difficultés qu'il nous a fallu vaincre pour trouver un fil conducteur et ne pas nous égarer dans ce champ immense, coupé de chemins de traverse sans nombre, où nous marchions entre deux écueils également dangereux, celui de trop nous arrêter en route, de faire des détours inutiles, et cet autre de laisser des points importants en dehors de nos investigations. Quoi qu'il en puisse être, nous sommes heureux d'avoir ouvert la voie ; d'autres plus capables, viendront, qui feront ressortir par des touches vigoureuses ce que nous n'aurons fait qu'ébaucher.

PREMIÈRE PARTIE.

NATURE ET CARACTÈRES DE LA SUBROGATION RÉELLE.

CHAPITRE I.

QU'EST-CE QUE LA SUBROGATION?

§ 1. — De la subrogation en général.

Deux caractères sont de l'essence de la subrogation : — elle consiste dans une *mutation*, suivant l'expression de nos vieux juristes ; — elle est une *fiction juridique*. La *mutation*, c'est la substitution d'une personne à une autre personne, dans la subrogation *personnelle* ; c'est, dans la subrogation *réelle*, la substitution d'une chose à une autre. Quant à la *fiction juridique*, on ne peut la définir d'un mot, l'étude approfondie de la subrogation nous fera seule connaître sur quoi elle porte. Qu'il nous suffise, pour le moment, de constater l'existence de cet important caractère et le sentiment unanime des auteurs à son égard. Je n'aurai même garde de citer tous les témoignages qui prouvent cette unanimité : Renusson, qui dit positivement : « Toute subrogation est une fiction [1] ; » Pothier, qui emploie des termes analogues [2]; d'Hauteserre, qui traite de notre matière dans ses *Tractatus de fictionibus juris* [3]; MM. Aubry et Rau [4], Benech [5], Rolland de Villargues [6] et tant d'autres éminents jurisconsultes. — Ainsi, tout le monde est d'accord sur ce point : la subrogation est toujours une fiction juridique. Mais s'est-on assez souvenu que de pareilles fictions sont de droit strict, que la loi seule peut leur donner naissance, quand elles n'existent pas par la force même des choses? — Pas toujours, je le crains.

Méconnaissant ce vieil adage, auquel je viens de faire une indirecte allusion : *Legis est aut consuetudinis introducere fictiones, non etiam hominis* [7], plusieurs ont mis sur la même ligne que la loi la convention expresse des parties, qui serait ainsi, selon ces auteurs, suffisante pour opérer subrogation [8]. Or c'est là une théorie vraiment inadmissible. — S'agit-il d'abord du cas où la subrogation doit transmettre l'une de ces qualités particulières des choses, la qualité de *propre*, la qualité de *bien dotal*, comment croire que la volonté des parties aurait pu créer une pareille subrogation, si le législateur n'avait pas, en quelque sorte, abdiqué ses pouvoirs entre les mains des futurs époux, s'il ne leur avait pas permis de faire une véritable loi, destinée à régir la société conjugale (art. 1387)? —

[1] Renusson, *Des propres*, chap. I, sect. X, n° 2, p. 24 (édit. 1760).

[2] Pothier, *De la communauté*, n° 197.

[3] Alteserra, *De fictionibus juris tractatus septem*, p. 81 seq (Halæ et Helmst., 1769).

[4] Aubry et Rau, t. III, p. 117.

[5] Benech, *Traité de l'emploi et du remploi de la dot*, p. 280 (édit. 1847).

[6] Rolland de Villargues, *Rép. du notariat*, v° SUBROG. DE CHOSES, n° 1.

[7] Cf. Brodeau sur Louet. *Lettre S.*, som. 10, n° 5, t. II, p. 680 (édit. 1742).

[8] Voir notamment Renusson, *Des propres*, loc. cit., *De la subrogation*, chap. I, n° 1; M. Benech, *loc. cit.*

Se tourne-t-on maintenant vers cette subrogation qui fait que tel bien en représente tel autre dans une universalité, l'on voit que la seule influence qu'il soit donné à la convention d'exercer sur elle consiste à déterminer dans quel patrimoine ou, plus généralement, dans quelle universalité la subrogation se produira.

C'est cette dernière espèce de subrogation qu'on a surtout admise avec une facilité inconcevable, en lui attribuant des effets qui montrent bien qu'on ne s'est pas rendu compte de sa nature et du principe qui lui sert de base, en même temps qu'on faisait bon marché de son caractère de fiction juridique. Sur la foi d'anciens errements, on ne s'est attaché qu'à un seul point, la circonstance qu'une personne succède *à titre universel*, et l'on a cru que cela suffisait pour que toute espèce de subrogation, dans toute espèce de qualité, fût censée s'être opérée vis-à-vis de cette personne et pût être invoquée par elle chaque fois que l'un des biens auxquels elle a droit aurait été remplacé par un autre. — Mais, avant d'aborder la discussion de ces graves questions, je veux dire quelques mots de la subrogation personnelle pour la bien distinguer de celle qui doit nous occuper ensuite exclusivement.

§ 2. — De la subrogation personnelle.

Dans son sens le plus habituel, cette subrogation est une fiction juridique par suite de laquelle une créance, éteinte en vertu d'un payement fait par un tiers ou par le débiteur lui-même, mais à l'aide de deniers qu'un tiers lui a fournis, est censée exister encore au profit de ce tiers, dans la mesure de ses déboursés [1]. Le tiers est subrogé dans les droits du créancier.

Je l'ai dit plus haut, toute subrogation a sa source dans la loi : tantôt le législateur l'établit pour se conformer à une volonté

[1] Cf. Pothier, *Introduction* au titre X, sect. V, *De la coutume d'Orléans*. — Renusson, *Des propres*, chap. I, sect. X, n° 1, p. 24. — Domat, *Lois civiles*, liv. III, sect. VI, p. 212 (édit. 1745). — MM. Aubry et Rau, III, § 321, p. 117. — Mourlon, *Traité des subrogations personnelles*, 1re partie, § 2 p. 6 seq.

exprimée des parties, tantôt, au contraire, c'est de son propre mouvement qu'il la crée, quand, du reste, cette volonté des parties peut être présumée. La subrogation est dite *conventionnelle*, au premier cas, *légale*, au second; mais il n'en est pas moins vrai que, dans l'une et l'autre hypothèse, c'est à la loi qu'il faut rapporter son origine, que son existence est subordonnée à l'accomplissement des conditions et formes prescrites par le législateur. C'est un point qui me semble hors de doute.

Si l'on élargit le cercle de la subrogation *personnelle*, si l'on y fait rentrer toute substitution d'une personne à une autre, les mêmes principes se retrouvent. C'est à tort qu'il a été induit de la saisine de l'héritier, entrant immédiatement et de plein droit dans toutes les actions du défunt, la preuve qu'en dehors de toute disposition légale, la subrogation se produit dans les *judicia universalia* [1]. Qui ne voit que le droit de l'héritier à la saisine se trouve précisément dans la loi ? que s'il entre, de suite, aux lieu et place de son auteur, c'est à elle, à elle seule qu'il en est redevable ? L'universalité du titre ne suffit pas ; le titre du légataire universel, en face d'héritiers réservataires, est universel aussi, et cependant une demande en délivrance est, en pareil cas, nécessaire (art. 1006).

§ 3. — De la subrogation réelle.

La subrogation réelle est une fiction juridique en vertu de laquelle une chose, nouvellement entrée dans le patrimoine d'une personne, représente, à certains égards, celle qui, en place, en est sortie, la chose nouvelle revêtant une ou plusieurs des qualités de l'ancienne [2].

Cette définition, l'ensemble de mon travail devra la justifier et la faire comprendre. Je me contenterai, pour le moment, d'appeler l'attention sur ce seul point, que la subrogation n'opère jamais, comme quelques-uns semblent le croire, transmission simultanée de toutes les qualités juridiques d'une chose.

[1] Cf. Renusson, *De la subrogation*, chap. I, n° 3, sect. X, p. 24.

[2] Cf. Pothier, *De la communauté*, n° 197; *Des propres*, sect. II, § 1. — Renusson, *Des propres*, chap. I, sect. X, n° 1, p. 24. — MM. Aubry et Rau, III, § 321, p. 117. — Mourlon, *op. cit.*, p. 3, etc.

Je ne vois que deux circonstances dans lesquelles notre subrogation puisse se produire. C'est d'abord, d'une manière générale, quand une chose comprise dans une universalité y est remplacée par une autre, et que la qualité de *res universitatis* passe à cette dernière ; mais la cause même de cette subrogation fait obstacle à ce qu'une autre qualité soit transmise par elle. — C'est ensuite, quand la loi a décidé formellement que tel caractère juridique d'un bien serait transporté à tel autre bien ; comment admettre encore ici que la fiction puisse être générale ? qu'elle puisse transgresser les limites tracées par la loi elle-même ?

On a déjà compris que deux grandes divisions se partageront la matière : la première comprenant les cas nombreux où la seule qualité de *res alicujus universitatis* est transmise, la deuxième, ceux où une disposition expresse de la loi a admis la fiction de subrogation, à l'égard de telle autre qualité des choses.

SECTION I. — De la qualité de *res universitatis*.

1° *Des universalités.* — Dans son sens le plus large, l'*universitas* serait tout ensemble de choses, réunies par un lien commun, mais qui pourraient avoir chacune une existence indépendante, ou pourraient du moins être séparées par la pensée.

De pareilles universalités se rencontrent aussi bien dans l'ordre physique que dans le domaine du droit. Il y a plus, toute chose corporelle peut, à ce point de vue, être regardée comme une universalité, comme un composé d'éléments distincts. Une plante, un animal, œuvres de la seule nature ; une maison, un navire, œuvres de l'industrie humaine ; autant d'*universalités !* autant de *touts* dont les parties se discernent aisément, qu'elles puissent avoir ou non une existence propre et séparée !

Il peut se faire, d'autre part, mais toujours dans le même ordre d'idées, que le lien constitutif de l'universalité soit purement intellectuel. Les diverses maisons qui composent un village, un bourg, une ville ne pourraient-elles pas exister indépendantes l'une de l'autre ? Que fait à chacune d'elles l'existence de sa voisine ? Chacune ne se suffit-elle pas à elle-même? Et cependant elles forment un ensemble, elles sont parties constitutives d'un même tout, comme ceux qui les habitent, quoiqu'ils aient chacun leur individualité propre, sont tous membres d'une même communauté, citoyens d'une même ville.

L'universalité une fois créée, chacune de ses parties s'absorbe dans le tout : que l'une d'elles vienne à périr et à être remplacée par une chose nouvelle, celle-ci entrera aux lieu et place de l'ancienne, en tant que partie constitutive de l'universalité. Il y a donc là une sorte de *subrogation de fait*, s'il est permis de s'exprimer ainsi : il y a, incontestablement, substitution d'une chose à une autre, et de plus, la chose substituée est réputée, dans une certaine mesure, avoir toujours été partie intégrante de l'universalité.

Le droit n'applique guère l'expression d'*universalité* aux divers assemblages dont nous venons de parler ; il la réserve plus spécialement pour ceux qui doivent nous occuper maintenant.

Ces universalités proprement dites font naître une distinction analogue à celle qui s'est offerte à nous dans l'ordre physique. De même que nous avons vu des *universitates* dont les diverses parties, unies par un *lien matériel*, avaient déjà perdu, *en fait*, leur individualité, et d'autres, composées d'éléments distincts, dont un *lien purement intellectuel* avait formé un seul et même tout ; ainsi, nous allons voir que des universalités juridiques, les unes existent déjà en fait, les autres existent plutôt en droit qu'en fait. Un troupeau, une bibliothèque se rangent dans la première catégorie : l'œil le moins exercé distinguera là un ensemble, une universalité. Et qu'on n'aille pas dire que ce sont de simples collections, de simples assemblages, sans conséquence au point de vue juridique : il sera établi bientôt que rien n'est plus faux. — Dans la deuxième catégorie, nous trouvons le patrimoine, l'hérédité : le lien qui englobe leurs parties constitutives est moins visible, il apparaît moins dans la vie extérieure ; il est plus exclusivement juridique. C'est ce qui m'a fait dire que ces universalités existent plutôt en droit qu'en fait.

Dans toutes les universalités que le droit reconnaît, la subrogation réelle se produit. Que la totalité des biens qui les composent vienne à changer, à être remplacée successivement par d'autres biens, l'ensemble n'en aura souffert aucune atteinte, il sera resté la même universalité, quoique la valeur ait pu varier. C'est là un point important dont nous devons vérifier l'exactitude pour l'une et l'autre des deux catégories d'universalités que nous avons distinguées. Commençons par la plus importante des deux, la dernière, et analysons plus spécialement le *patrimoine*.

Le *patrimoine* d'une personne est l'universalité juridique des valeurs actives et passives qui appartiennent à cette personne. On peut le considérer comme une *valeur* susceptible d'augmentation ou de diminution, sans tenir compte des diverses choses individuelles qui la constituent. Ces choses elles-mêmes sont regardées alors comme *biens*, d'une certaine valeur pécuniaire, sans que l'on prenne garde à leurs qualités de meubles ou d'immeubles, de choses corporelles ou incorporelles, ou telles autres qualités que l'on voudra imaginer. Mais alors, si elles changent, si elles font place à des biens de nature différente, le patrimoine ne sera-t-il pas la même entité juridique qu'il était précédemment, sauf que sa valeur a pu subir des fluctuations? — Il n'y a pas à s'y méprendre, c'est là une véritable subrogation : le patrimoine restant le même, les biens nouveaux sont censés en avoir fait toujours partie, ils sont subrogés à ceux dont ils ont pris la place dans l'universalité. Mais qu'on n'aille pas s'exagérer l'importance et la portée de cette subrogation ! — Dans ses rapports avec l'ensemble de patrimoine, un bien qui y est compris n'est envisagé que comme élément constitutif de la valeur totale; toutes ses autres qualités s'effacent. Quand donc une chose nouvelle lui est substituée, comme on considère la valeur actuelle du patrimoine, cette chose nouvelle sera regardée de même comme une partie de cette valeur, sans qu'on tienne compte de sa nature propre; et c'est ce qui explique pourquoi l'on peut dire qu'un bien acquis au moyen d'un autre est censé avoir été compris toujours dans le patrimoine, qu'il a été subrogé à cet autre. Fort bien; mais qu'on s'arrête là. — Dès que l'on considère ce bien indépendamment de ses rapports avec l'universalité, comme chose individuelle sur laquelle certains tiers ont des droits, ses qualités sont loin de s'effacer : ce n'est plus une chose quelconque d'une valeur donnée, c'est telle chose, de telle espèce, que l'on a en vue, et quand elle viendra à être remplacée par une autre, nulle transmission de ses différents caractères juridiques ne pourra avoir lieu. — D'autre part, nous aurons à nous demander, dans la suite, jusqu'à quel point les effets de la subrogation dont l'existence vient de nous être révélée sont opposables aux tiers, dans *quel patrimoine* cette subrogation s'opère, et, incidemment, sous quelles conditions une chose sera réputée sortie du patrimoine.

Il est temps de passer à la deuxième catégorie d'universalités, c'est-à-dire aux collections, aux agglomérations de choses distinctes, qui sont l'œuvre de l'homme : nous n'en dirons que peu de mots, quitte à y revenir plus tard. J'accorde ici, tant que l'on ne voudra, que la subrogation sera d'une fréquence moins grande. Ces universalités ne sont-elles pas composées, pour la plupart, d'une seule espèce de biens? Comment subroger alors à ces biens d'autres d'une espèce différente ? — Mais ce que je ne puis admettre, c'est que toute subrogation soit par là rendue impossible. Si vous envisagez un troupeau, une bibliothèque, comme universalité, les divers animaux qui composent l'un, les livres qui forment l'autre ne disparaissent-ils pas derrière le tout? Voyez-vous autre chose que l'entité juridique qui résulte de leur réunion? Qu'un livre donc ait été vendu, un autre acquis du prix, pourquoi ce livre nouveau n'aurait-il pas pris la place de l'ancien, ne lui aurait-il pas été subrogé? — En cas d'échange, la chose doit paraître bien plus évidente encore.

2° *De la subrogation vis-à-vis des tiers.* — Il est permis de conclure de ce qui précède qu'une subrogation se rencontre dans toutes les universalités, mais que c'est aussi la seule qualité de *chose de telle universalité* qui est transférée par elle. N'est-il pas évident alors qu'elle ne peut profiter ou nuire aux tiers que s'ils ont un droit sur l'universalité entière ou une quote-part de cette universalité? Cela se présentera pour le droit de gage général des créanciers (art. 2092), pour les droits de succession à titre universel, en cas de vente d'un troupeau livrable à terme, etc. Au contraire, si les tiers n'ont de droit que sur tels objets déterminés (comme en cas de succession à titre particulier, de gage spécial sur un meuble, d'hypothèque sur un immeuble, etc.), la subrogation ne les touche pas, leur droit ne peut porter sur le bien mis à la place de celui qui leur était réservé ; ce qui n'empêche nullement que la subrogation ne se soit produite quant à la qualité de *res universitatis*. Ainsi, quand on refuse au déposant dont les deniers ont été employés par le dépositaire le droit de revendiquer les biens acquis en emploi, ce n'est pas à dire qu'aucune subrogation ne se soit opérée, mais la raison c'est qu'elle a eu lieu dans un patrimoine autre que celui du déposant, celui du dépositaire, l'acquisition ayant été faite au nom de ce dernier.

A l'égard de ceux-là mêmes qui ont un droit universel sur une universalité, aussi bien qu'à l'égard du propriétaire, nous aurons à rechercher (j'ai eu occasion déjà de le dire) dans quels cas les effets de la subrogation pourront leur être opposés et déterminer précisément quand la subrogation sera à regarder comme effectuée dans telle universalité. Il va de soi que si le propriétaire a donné naissance à une subrogation, en fraude des droits des tiers avec lesquels il a traités, ceux-ci pourront le méconnaître et renverser les actes qui ont fait sortir certaines choses du patrimoine ou de l'universalité pour leur en subroger de nouvelles (art. 1166, 1167).

SECTION II. — Des qualités particulières des choses.

En étudiant la subrogation qui se produit dans les universalités, nous avons vu qu'elle se borne à transférer la seule qualité de *res alicujus universitatis*. Les causes qui engendrent une pareille subrogation ne peuvent avoir trait qu'à cette seule qualité, avons-nous dit; or la subrogation, fiction juridique, est de droit strict ; il faut donc une disposition expresse de la loi pour qu'une autre qualité soit transmise. Quand cette disposition existera, nous nous trouverons en présence d'une subrogation distincte de la précédente et qu'on nous permettra d'appeler *spéciale*, pour l'opposer à celle qui s'opère dans toute universalité et que nous désignerons à l'avenir par l'expression de *subrogation générale*.

Les *qualités particulières* dont il s'agit ici sont toutes celles qui peuvent être attachées aux choses, soit en vertu de leur nature même, soit en vertu de la loi : telles, les qualités de meubles ou d'immeubles, de propres ou d'acquêts, des biens dotaux ou paraphernaux ; dans l'ancien droit, de roture, d'héritage féodal, d'héritage censuel ; toutes qualités donc que la *subrogation générale* est impuissante à transmettre.

L'ancien droit, puisque je viens de parler d'ancien droit,

admettait cependant, dans certains cas et sous des conditions déterminées, qu'une chose qui, dans un patrimoine [1], en avait remplacé une autre, devait être réputée d'une même qualité : c'était la *subrogation parfaite*. Les conditions auxquelles on la subordonnait étaient [2] : 1° qu'il s'agît d'une qualité extrinsèque ; 2° que la chose acquise fût susceptible de cette qualité ; 3° qu'elle tînt lieu immédiatement de la chose aliénée : conditions que l'on disait concourir dans l'échange d'un propre soit de succession, soit de communauté. Quoique la subrogation parfaite semble une création de la doctrine plutôt que de la loi ; quoiqu'elle fût reçue généralement, dans le silence même des coutumes [3], on rendait hommage, cependant, au principe si fondamental que la subrogation est de droit strict, en la restreignant à la qualité de propre, la seule que les coutumes eussent jamais visée [4].

Plus de doute, aujourd'hui : les cas où une pareille subrogation serait possible ont été spécialement prévus et réglés par le Code (art. 1407, 1559).

La volonté expresse des parties ne peut non plus, à elle seule, revêtir une chose des qualités particulières d'une autre : « Les qualités que la loi imprime aux biens, a fort exactement dit Merlin, ne dépendent que d'elle : ce n'est point à nous qu'appartient le pouvoir de les changer » Cette vérité, si elle n'a pas été appliquée toujours, a, en tous cas, été reconnue dans l'ancien droit [5]. Nous l'y voyons invoquée surtout dans la question de savoir si un immeuble peut être subrogé dans la qualité de propre de succession, quand il y a eu remploi et déclaration

[1] Nous parlerons dans le chapitre suivant de la subrogation que l'on disait s'opérer dans les *judicia universalia*.

[2] Cf. Pothier, *De la communauté*, n° 197 ; *Des propres*, sect. II, § 1. — Lebrun, *De la communauté*, liv. I, chap. v, n° 8 ; *Des successions*, liv. II, chap. I, n° 63.

[3] Les coutumes de Paris (art. 143), d'Orléans (art. 385) et nombre d'autres (voir Merlin, *Subrog. de choses*, sect. II, § 2, n° 1) contenaient des dispositions expresses quant à l'échange.

[4] Ferrière, *Corps et compilation sur la coutume de Paris*, art. 326, gloss. 1, § 3, n° 4 (IV, p. 912). — Espiard de Saux sur Lebrun, *Des successions*, 5e édit., addit. 44. — Renusson, *Des propres*, chap. I, sect. X, n° 7.

[5] Cf. Renusson, *Des propres*, chap. I, sect. X, n° 33.— Serieux sur Renusson, chap. I, sect. X, n° 36. — Renusson, chap. XI, sect. I, n° 4, etc.

expresse de volonté. Tandis que l'on admettait généralement que les parties pouvaient de cette manière subroger un bien dans la qualité de *propre de communauté* [1], c'était une opinion très-répandue que le remploi n'opérait point subrogation si le bien vendu était un *propre de succession* [2]. Une seule exception était faite, mais par la loi elle-même [3], pour le cas de remploi des deniers provenant du rachat des rentes d'un mineur.

Il est vrai que cette solution se conciliait assez mal avec celle que l'on donnait en cas d'échange d'un propre de succession ; car enfin, faire produire subrogation à cet échange, n'était-ce pas aussi faire dépendre les qualités des biens de la seule volonté des parties? Ne pouvait-on pas faire un échange tout aussi facilement, sinon plus, que les diverses opérations du remploi? — Quand la coutume avait parlé, comme à Paris, à Orléans, rien de mieux : mais quand elle était restée muette?

Quoi qu'il en soit, une *usance générale* faisait produire la subrogation à l'échange (peut-être avait-elle tort) et déniait cet effet au remploi, en conformité du principe que les parties ne peuvent modifier les qualités des biens, si la loi ne leur en a reconnu le droit.

Sous la législation actuelle, il ne peut plus être soulevé de semblable question, quant aux propres : de propres de succession, il n'en existe plus, et la loi a réglé le remploi des propres de communauté (art. 1433, 1434, 1435). Seulement, nous devons nous tenir strictement aux formes et conditions légales : si elles n'ont point été observées, point de subrogation. « La raison est, comme disait Renusson [4], que les subrogations sont de droit étroit, et ne se suppléent pas par présomption et induction. »

D'un autre côté, ce que l'ancien droit disait spécialement des

[1] Coutumes d'Auxerre (art. 197), de Blois (art. 164), du Bourbonnais (art. 238), etc. — Duplessis, *Communauté*, liv. II, chap. I, chap. IV, sect. II. — On se fondait sur la faveur due au mariage et sur le principe du non-enrichissement de la communauté aux dépens des époux.

[2] Loiseau, *Traité des offices*, liv. II, chap. VII, n° 54. — Serieux sur Renusson, p. 37, 38 (*Des propres*), etc. Arrêt du 16 avril 1671 (*Journ. du Pal.*, 3e part., p. 301).

[3] Coutumes de Paris (art. 94), d'Orléans (art. 351), de Normandie (art. 513).

[4] Renusson, *Des propres*, chap. IV, sect. V, n° 1, *in fine*.

propres de succession, nous le dirons de toutes les qualités des choses : c'est ainsi que nous dénierions aux parties le droit d'attribuer fictivement une nature mobilière à un immeuble entré aux lieu et place d'un meuble aliéné. Si l'ameublissement est possible, ce n'est, comme la réalisation (art. 1500 et suiv.), que dans le cas où la loi a cru devoir l'autoriser spécialement (art. 1505 et suiv.)[1].

CHAPITRE II

DE LA RÈGLE : « IN JUDICIIS UNIVERSALIBUS RES SUCCEDIT IN LOCUM PRETII, PRETIUM IN LOCUM REI. »

§ 1. — Des maximes de droit.

Les sciences exactes ont leurs formules, le droit a ses maximes, ses règles, ses sentences. Mais quelle distance sépare les unes des autres! Les premières, universellement vraies, sont presque des axiomes; celles-ci, vraies en certaines hypothèses (souvent nombreuses, je le veux bien), dans d'autres cessent de l'être. C'est ce qui faisait dire à un de nos grands jurisconsultes : « Regula juris non est, nisi quæ plerumque, id est, quæ fre- « quentissime vera est. *Nulla est semper vera* [2]. »

La majeure partie des maximes invoquées encore de nos jours est l'œuvre des vieux juristes, commentateurs du droit romain, interprètes de l'ancien droit français, qui voulurent par là ramener à quelques mots des théories entières [3], simplifier les discussions, et éviter les longueurs et les redites dont malgré cela on ne se fit pas faute d'abuser. L'emploi de ces maximes peut, effectivement, présenter certains avantages, mais il expose aussi à de sérieux dangers. Ramener à une formule abstraite et générale des règles qui ne sont faites que pour des cas précis, qui sont susceptibles de se modifier suivant les circonstances particulières de l'espèce, n'est-ce pas courir le risque

[1] Cf. dans l'ancien droit, Lebrun, *Des successions*, liv. II, chap. I, sect. I, nos 50, 64; *De la communauté*, liv. III, chap. II, no 5.

[2] Cujas, *Tractatus ad Africanum*, II, *Ad legem* 23, *De rebus creditis* (édit. Fabrot., I, p. 1300).

[3] « Regula est, quæ rem, quæ est, breviter enarrat » (L. 1 pr., *De regulis juris*, 50, 17).

de ne pas tenir un juste compte de ces circonstances? Si l'on remonte, d'ailleurs, à l'origine de beaucoup de ces sentences, dont l'exactitude ne semble plus faire doute pour personne, quoique leur signification vraie échappe à la plupart, on est étonné de voir que c'est une décision tout à fait spéciale d'une loi romaine ou d'une coutume qui, indûment généralisée, leur a donné naissance. Que de propositions ont été détournées ainsi de leur sens primitif, ont reçu une portée différente de celle qu'elles devaient avoir dans la pensée de leurs auteurs! Que d'erreurs en sont nées, résultats nécessaires de pareilles extensions! Car, le jurisconsulte le dit fort bien : « Regula, quæ in « aliquo vitiata est, perdit suum officium [1]. »

Il ne faut donc accepter les maximes juridiques qu'avec une grande circonspection, rechercher, autant que possible, quelle a été leur signification originaire, quel est le principe qui leur a servi de base, rechercher aussi si elles ne sont repoussées ni directement ni implicitement par la loi. C'est alors seulement que nous saurons quelle créance on peut leur accorder, quelle autorité leur reconnaître.

Ces généralités, quoi qu'il puisse paraître, se rattachent intimement à notre sujet. Il va falloir nous occuper d'une maxime de droit bien souvent invoquée et bien peu comprise, et cependant les règles d'interprétation que nous avons tracées nous serviront de guides pour l'analyser, pour la disséquer, en quelque sorte. Son origine historique, la portée qu'elle a pu avoir en droit romain, le sens qu'on lui attribue vulgairement, celui qu'à la rigueur on peut lui reconnaître, tels sont les différents points sur lesquels notre étude va porter.

§ 2. — Origine historique de la maxime précitée.

La règle : *In judiciis universalibus* (ou *in universitatibus*, suivant certains auteurs) *res succedit in locum pretii*, *pretium in locum rei*, que l'on formule aussi parfois : *Subrogatum sapit naturam ejus in cujus locum subrogatum est*, se trouve déjà dans la Glose *Ad leg.* 10, *Si quis caut.*, *in jud.* 2, 11; — *Ad leg.* 28, § 5, *Hered. pet.*, 5, 3. Son origine doit être placée surtout

[1] L. 1, in fine, *De regulis juris.*

dans le sénatus-consulte Juventianum, et dans les lois 70, § 3, 71, 72, *De legatis* 2°.

1° *Sénatus-consulte Juventianum.* — Le sénatus-consulte Juventianum! Ah! c'est, bien certainement, là qu'il faut chercher la source véritable de cette fameuse maxime! Et cependant, quoi de plus simple, quoi de plus naturel que les principes qu'il consacre? quoi de plus éloigné de toute idée de subrogation? Une analyse sommaire suffira pour en convaincre.

Anciennement, l'héritier, quand il intentait la *petitio* contre le possesseur *pro herede*, ne pouvait obtenir que les biens se trouvant encore entre les mains de ce dernier. Les *bona hereditaria* avaient-ils été aliénés, la pétition d'hérédité était une arme vaine pour l'héritier[1]; il ne pouvait, au moyen d'elle, ni se faire restituer le prix de l'aliénation, ni revendiquer les choses qui auraient été acquises de ce prix. La seule voie qui lui était ouverte (et encore ne l'était-elle pas toujours) consistait à poursuivre les tiers détenteurs de biens vendus. Voie détournée et longue; car il devait, pour atteindre son but, engager une première instance avec le possesseur *pro herede* et faire reconnaître son titre, sous peine d'être repoussé par l'exception : *Quod præjudicium hereditati non fiat* (L. 25, § 17, *De hered. pet.*, 5, 3), puis seulement intenter contre les tiers une série de revendications individuelles et spéciales.

Cette situation, tout au désavantage de l'héritier, privé ainsi de son moyen d'agir le plus puissant, la pétition d'hérédité, était, au contraire, singulièrement favorable au possesseur de mauvaise foi qui pouvait, par d'opportunes aliénations, s'enrichir au détriment de la succession.

On mit du temps à s'apercevoir de cet état de choses fâcheux, et il fallut que leur propre intérêt ouvrît les yeux aux empereurs. Pour obvier aux inconvénients de la situation, quand la succession était déférée au fisc, Adrien fit rendre, vers l'an 129 après J.-C., un sénatus-consulte qui ne prévoyait que ce cas spécial, mais dont les dispositions ne tardèrent pas à être étendues à toute hérédité quelconque. Ce sénatus-consulte a depuis été appelé *senatus-consultum Juventianum*, probablement du nom de l'un des consuls, Publius Juventius Celsus. Destiné, comme

[1] A moins qu'il ne poursuivît le vendeur comme *debitor hereditarius*.

nous l'avons vu, à venir en aide à l'héritier, il posa le principe fondamental : *Omne lucrum auferendum esse tam bonæ fidei possessori quam prædoni* (L. 28, *De hered. pet.*, 5, 3;—L. 20, § 6; — L. 22, *eod.*), et fit découler de là une série de solutions fort équitables.

On s'est donc singulièrement mépris sur l'origine et la portée de ces solutions quand on a voulu les rapporter à une idée de subrogation réelle et en tirer la maxime si générale que nous connaissons. Voyons cependant, plus en détail, quelles sont les dispositions du sénatus-consulte qui ont servi à constituer cette règle.

D'abord, où a-t-on pris le *pretium succedit in locum rei?*

La loi 16, §§ 1, 2, 5, *hoc tit.*, la loi 18, *Quod metus causa*, 4, 2, disposent que l'héritier peut demander au possesseur le prix des choses héréditaires par lui vendues : on en conclut que ce prix représente les biens aliénés, qu'il leur a été subrogé. — Mais comment tirer de ces textes une règle absolue ? L'héritier *peut*, il n'est pas obligé (L. 12, *hoc tit.*); il conserve une action contre les tiers détenteurs : la subrogation ne se produit que s'il le veut bien. Quelle distance de cette faculté accordée à l'héritier, à la formule : « Pretium succedit in locum rei! »

Il est vrai qu'il se rencontre des cas exceptionnels où l'héritier est forcé de s'en tenir aux biens vendus, ne pouvant exercer de revendication contre les tiers qui les détiennent : tels notamment les cas suivants :

1. Quand le possesseur était de bonne foi et que le tiers actionné par l'héritier aurait un recours contre lui (L. 25, § 17; L. 16, §§ 5, 7, *hoc tit.*, *De her. pet.*, 5, 3). — Je sais bien qu'on a révoqué en doute l'existence, au profit de l'acheteur, de cette *exceptio ex persona venditoris*, en prétendant que la loi 25, § 17, contredite positivement par la loi 13, § 4, *eod. tit.*, était une sorte d'énigme *desperatæ conciliationis*. L'action en revendication contre les tiers serait d'une entière efficacité. Quelque favorable que soit cette opinion à la thèse que je suis occupé à soutenir, je ne puis m'empêcher de faire remarquer qu'elle se méprend sur le sens de la loi 13, § 4, *hoc tit.* Ce texte ne touche pas à la question de savoir *si l'héritier peut* ou non agir contre les tiers; il veut déterminer, dans un cas spécial, l'espèce d'action qui lui appartiendra *quand il pourra agir contre eux*. La disposition est fort simple : une personne a acheté

d'un tiers l'hérédité que celui-ci possédait indûment ; l'héritier aurait-il contre elle l'*hereditatis petitio utilis*, ou bien devra-t-il intenter une série de *revendications?* Sans doute, dit Ulpien, le vendeur sera tenu (le possesseur de bonne foi *in quantum locupletior factus*, le possesseur de mauvaise foi pour le tout), l'héritier aura la pétition d'hérédité contre lui ; mais il peut se faire que cette action n'aboutisse pas : on n'a qu'à supposer que le vendeur ne peut être atteint, ou que, possesseur de bonne foi, il n'a reçu qu'un prix insignifiant. Eh bien, l'action qui, en de pareils cas, compétera à l'héritier contre l'acheteur de l'hérédité, sera la pétition *utilis*. — Voilà tout ce que décide la loi 13, § 4, *hoc tit.*, qui, ainsi entendue, se concilie très-bien avec la loi 25, § 17. L'héritier, en effet, n'obtiendra la *petitio utilis* que si la loi 25, § 17, ne s'oppose pas à ce que toute action contre le tiers détenteur lui soit accordée. En d'autres termes, Ulpien sous-entend tout naturellement la restriction qui résulte de cette dernière loi [1].

2. Quand la vente ne peut préjudicier à l'hérédité ou est même faite dans son intérêt. — Ainsi l'héritier devra respecter l'aliénation qui a eu lieu *data satisfactione et causa cognita* (L. 5 pr., *hoc tit.*), la vente des choses dispendieuses à conserver (L. 7, § 3, *De jure deliber.*, 28 ; L. 5, § 1, *eod.*,; L. 5 pr., *hoc tit.*, *De hered. pet.*, 5, 3 ; L. 20, § 12 ; L. 53, Cbn. ; L. 20, § 2, *eod.*). Il ne pourra rechercher les tiers acquéreurs de choses héréditaires dont la vente a eu lieu soit pour payer les dettes de la succession (L. 20, § 2 ; L. 53, *hoc tit.*), soit pour couvrir les frais des funérailles du De Cujus (L. 5 pr., *hoc tit.*; L. 14, § 1; L. 16, *De religiosis*, 11, 7), soit pour empêcher la *distractio* d'une chose héréditaire donnée en gage (L. 5 pr., *hoc tit.*,; L. 5, § 1, *De jure delib.*, 28, 8) ou en d'autres cas analogues.

[1] Les exemples mêmes que donne le jurisconsulte doivent le faire supposer. Si l'héritier ne peut atteindre le vendeur, les tiers le pourront-ils davantage? De même la vileté du prix exclura, la plupart du temps, le recours. Mais de plus, dans les deux cas, comme en tous autres, le vendeur de l'hérédité ne pourra pas être inquiété si l'acheteur a formellement, et par avance, renoncé à tout recours, ou s'il n'a pas encore payé son prix. Ajoutez à ces hypothèses celle où le vendeur a été possesseur de mauvaise foi, et vous aurez une série de cas dans lesquels Ulpien a pu fort bien accorder une action utile à l'héritier contre l'acheteur de l'hérédité, sans porter atteinte, le moins du monde, à la règle de la loi 25, § 17, *hoc. tit.*

Mais cette distinction même entre deux catégories d'hypothèses (l'héritier tantôt pouvant demander le prix ou actionner les tiers détenteurs, tantôt se trouvant réduit à demander le prix) n'est-elle pas subversive, à elle seule, de la règle : *Pretium succedit in locum rei?*

Et puis, ne faut-il pas distinguer aussi entre le possesseur de bonne et celui de mauvaise foi? Le premier ne doit l'intégralité du prix que s'il se retrouve en entier ; il est tenu « in « quantum locupletior factus est » (L. 25, §§ 11 et suiv.) ; l'autre doit toujours le prix qu'il a reçu, quelquefois davantage (Cf. L. 20, § 21, *hoc tit.*). Qu'a-t-on fait de cette distinction ?

Arrivons à la deuxième partie de la maxime, celle qu'on formule : *Res succedit in locum pretii.*

C'est là surtout que nous allons voir à quel degré d'arbitraire peuvent arriver ceux qui veulent généraliser toujours et quand même. Il suffit de comparer cette règle, si absolue, avec les textes où l'on prétend la puiser. Quels sont ces textes? — Que disent-ils?

Quels sont-ils? — Le principal, le plus important est apparemment la loi 20 pr., *De hered. pet.*, 5, 3.

Ce qu'ils disent? — Le voici. — Le possesseur de mauvaise foi pourra être contraint par l'action en pétition d'hérédité à restituer les choses par lui acquises au moyen de deniers héréditaires. — Mais il pourrait, tout aussi bien, être contraint, quand l'intérêt de l'hérédité le demande, à livrer les biens acquis de ses propres deniers! (L. 20 pr., *hoc tit.*) Où sera la subrogation alors? — Et puis, ce n'est encore, comme précédemment, qu'une simple faculté qui est offerte à l'héritier : rien ne l'empêcherait de demander les deniers eux-mêmes, plutôt que les choses acquises au moyen d'eux (L. 20, § 1, *hoc tit.*); son intérêt sera son seul guide. — D'autre part, qu'on ne l'oublie pas, tout ce que nous venons de dire ne s'applique qu'au possesseur de mauvaise foi.

Le possesseur de bonne foi, lui, ne doit que le prix, ou la valeur des choses acquises avec l'argent de la succession, et non ces choses elles-mêmes. C'est la disposition de la loi 25, § 1, *hoc tit.* [1], qui a assez tourmenté certains commentateurs. Ici

[1] Quand les choses acquises sont de valeur moindre que les deniers de l'acquisition, Ulpien ne permet de demander au possesseur de bonne foi

donc, non-seulement la règle : *Res succedit in locum pretii* n'est pas vraie absolument, mais elle n'est même pas vraie du tout. J'accorderai, si on le veut, que la loi 25, § 1, se réfère au seul cas où le possesseur de bonne foi a acheté en son nom propre (Cf., C. 8. *Si quis alteri* 4, 50), et que l'héritier pourrait demander les rares biens acquis *nomine hereditario*, en vertu de la règle : « Fundus ejus esse videtur cujus nomine « comparatus est, non a quo pecunia numerata est » (Paul. *Sent. Recept.*, II, 17, § 15). Mais il n'en reste pas moins acquis, qu'il y a incompatibilité entre la maxime et la loi 25, § 1, *hoc tit.*

En résumé, et cette loi 25, § 1, et la loi 20 précitée sont loin de s'accorder avec la règle : *Res succedit in locum pretii*. Tout au plus pourrait-on dire, comme Brunnemann : « Res ex « pretio hereditatis, nomine hereditario, comparata, sine distinc- « tione an bonæ an vero malæ fidei possessor sit, venit in peti- « tionem » : on représenterait au moins ainsi la subrogation comme dépendant de la volonté de l'héritier, et l'on se référerait à un cas où il n'y a pas à distinguer entre le possesseur de bonne et celui de mauvaise foi. A la bonne heure ! cela serait exact, mais ce ne serait plus une maxime générale de droit. D'où la conclusion que toute maxime de cette sorte est ici impossible.

2° *Lois* 70, § 3, 71, 72, *De legatis* 2°. — La maxime, dont nous continuons à nous occuper, trouve-t-elle une base meilleure dans les lois 70, § 3, 71, 72, *De legatis* 2°, que dans le sénatus-consulte Juventianum? C'est la question qu'il nous reste à examiner.

On sait quelle est la décision de ces textes : — Un testateur a laissé par fidéicommis *id quod ex hereditate supererit*, et Papinien veut que le fidéicommissaire ait droit aux choses acquises par le grevé du prix des biens héréditaires On en conclut que ces choses représentent le prix, celui-ci les biens aliénés. — Je ne demande pas mieux si l'on entend uniquement par là qu'il s'opère une *subrogation générale*[1], que la qualité

que la valeur de ces choses. Réciproquement, il semblerait assez équitable, et surtout très-conforme à la loi 28, *hoc. tit.*, de l'obliger à restituer leur valeur entière, si elle était supérieure au prix.

[1] Cette idée serait, en tous cas, très-mal exprimée par la règle en question ; nous ne tarderons pas à le prouver.

de *res universitatis* est transmise ; mais si l'on veut aller plus loin, on méconnaît le sens de nos textes. Ces textes, à bien prendre les choses, contiennent-ils plus qu'une simple interprétation de volonté? — Le testateur désire que son patrimoine, tel qu'il se retrouvera à un moment donné, revienne à l'appelé ; or les biens vendus et remplacés peuvent être considérés comme n'en étant pas sortis : l'appelé doit donc y avoir droit. Qu'on dise dans ce sens : « Res succedit in locum pretii, » soit ; je ne m'y oppose pas ; mais je n'en vois non plus l'utilité. N'est-il pas plus naturel de considérer l'appelé comme devant recueillir le patrimoine dans l'état où il se trouvera à telle époque? N'ira-t-il pas de soi alors que le prix des choses vendues, aussi bien que les objets acquis de deniers héréditaires, y sera compris, tout comme les accessions jointes à un immeuble ou le *partus ancillæ?* — Si donc la maxime, sainement entendue, peut à la rigueur se justifier ici [1], elle n'en est pas moins inutile : à l'occasion même, elle pourra devenir dangereuse. Qu'on y prenne garde ! Qu'on n'étende pas sa portée, qu'on n'aille pas, trompé par les termes généraux dans lesquels elle est conçue, l'appliquer à des cas différents [2], ni lui attribuer une signification autre et en faire la base d'une théorie universelle !

Ce ne sont même plus là des dangers, ce sont des faits. La règle puisée (nous avons vu par quels procédés) dans le sénatus-consulte Juventianum et les lois 70, § 3, 71, 72, *De leg.* 2°, on l'a généralisée dans les espèces prévues par ces textes ; on l'a étendue à d'autres espèces encore, on lui a même fait produire des effets n'ayant aucun rapport avec sa signification originaire. Nous allons entrer dans quelques détails pour le prouver.

[1] Elle cesserait cependant d'être vraie si les aliénations avaient été faites par l'héritier en dehors du cercle d'une bonne administration.

[2] L'hypothèse des lois 70 et suivantes est incontestablement une hypothèse spéciale. Il y importe peu, par exemple (à la différence des cas ordinaires où un remploi est fait par un autre que le propriétaire), il y importe peu que le grevé ait acquis en son nom. Le testateur l'a revêtu de la qualité d'administrateur, tant et si bien que tout acte à titre onéreux portant sur une chose héréditaire sera censé fait au nom de l'hérédité.

§ 3. — Étendue attribuée à la maxime précitée.

I. *Extension du sénatus-consulte Juventianum.* — Suivant une opinion très-ancienne déjà, la règle : *Pretium succedit in locum rei, res in locum pretii* serait vraie dans tous les cas où une *universitas juris* est revendiquée par une *actio in rem universalis ;* on se base sur une induction tirée de la loi 20, § 10, *De hered. pet.*, 5, 3, et d'après laquelle ces diverses hypothèses seraient régies par le sénatus-consulte Juventianum.

Les arguments se dressent en foule contre cette opinion. — D'abord, fût-il prouvé que le sénatus-consulte s'appliquait à d'autres actions qu'à la pétition d'hérédité, pourquoi ces actions tomberaient-elles du même coup sous l'application de la maxime dont s'agit ? N'avons-nous pas montré que cette maxime est loin de concorder avec le sénatus-consulte, qu'elle n'est pas même exacte en cas de pétition d'hérédité? Comment le serait-elle davantage dans les cas qu'on voudrait lui assimiler? Hâtons-nous de le dire, cette assimilation même entre l'hérédité et les autres *universitates juris* est dénuée de tout fondement. Nous en devons conclure, que non-seulement la maxime elle-même, mais aussi les quelques dispositions du sénatus-consulte qui rentrent un peu dans le domaine de la subrogation, sont étrangères aux autres universalités. Il ne reste plus qu'une ressource alors aux partisans de cette règle de droit ; c'est de prétendre qu'elle émet le principe de la subrogation générale : ressource qui leur échappera comme toutes les autres quand nous aurons montré, en traitant de l'extension donnée aux lois 70 et suiv., *De legatis* 2°, qu'une pareille prétention est de tous points inadmissible.

Je vais donc démontrer que l'hérédité seule était destinée à être régie par le sénatus-consulte Juventianum. La discussion sera longue peut-être, j'ose espérer qu'elle ne sera pas stérile ; elle nous fournira l'occasion d'étudier les principes généraux de la subrogation réelle en droit romain.

Le système dont j'aborde la réfutation s'appuie, on s'en souvient, sur la loi 20, § 10, *De hered. pet.*, 5, 3, qui aurait étendu le sénatus-consulte à toutes les *universitates juris*. Pour en arriver là, il a été obligé d'admettre que toutes ces universalités peuvent donner lieu à une *actio in rem universalis* analogue à l'*hereditatis petitio*. Mon argumentation portera donc sur ces deux points : d'abord je montrerai que la pétition d'hérédité est la seule action *in rem universalis*, j'établirai ensuite quel est le vrai sens de la loi 20, § 10.

I. Sans cette loi 20, § 10, serait-il venu à l'idée de personne de soutenir l'existence d'actions *in rem universales* autres que la pétition d'hérédité? Je ne le crois pas. Mais il fallait expliquer ces paroles énigmatiques d'Ulpien : « Non solum autem in he-« reditate utimur senatus-consulto, sed et peculio castrensi, vel « *alia universitate*, » et l'explication ne semblait possible que si le pécule, la dot et les autres universalités appelées *juris* pouvaient être revendiquées de la même manière que l'hérédité.

Cujas[1] éleva bien sa voix, si puissante d'ordinaire, pour combattre l'erreur qu'il voyait surgir : mais on resta sourd à ses remontrances, on ne fit point cas de ses critiques. Un Allemand déclara que le grand Cujas s'était trompé, et il fut écouté quand il affirma avec une assurance remarquable « actionem « in rem universalem etiam locum habere respectu peculii aut « alterius universitatis[2] ? »

Cette théorie est fausse ; l'examen un peu attentif des divers cas qu'elle embrasse nous en aura bien vite convaincus.

1. Patrimoine. *Donation universelle. — Gage général.* — Le cas dans lequel je comprendrais le mieux une *actio in rem universalis* serait celui où une personne succéderait *per universitatem*. Or j'entends par là non pas seulement succéder à tout un patrimoine, mais bien entrer immédiatement aux lieu et place de celui qui en formait l'élément *subjectif*, pouvoir exercer ses actions, être poursuivi par ses créanciers[3]. A un pareil successeur, je le répète, je reconnaîtrais assez facilement une action *in rem universalis*. Mais était-ce bien là le caractère habituel de ceux qui, dans la législation romaine, avaient un droit universel sur un ensemble de biens? Je crois, au contraire, qu'on traduisait les mots de *droit de succéder à un patrimoine* par ceux de *droit de succéder aux différents biens qui le composent* ; qu'on

[1] Cujacius, *Ad leg.* 56, *De rei vend.*, 6, 1 (ad Salv. Jul., Dig., lib. LXXVIII).

[2] Balth. Branchu, *Observationes juris romani*, 1, cap. VI, p. 52 seq. (Lugd. Bat., 1721.)

[3] L'héritier, par exemple, succède *per universitatem*.

regardait l'universalité primitive comme dissoute momentanément et devant être reconstituée sur la tête du successeur par l'acquisition des divers droits et objets individuels qui y étaient compris. La C. 35, §§ 4, 5, *De donationibus*, 8, 54 (Cf. L. 17, § 1, *Quæ in fraud. credit.*, 42, 8; L. 28, *De donationibus*, 39, 5) va nous en fournir une preuve. Justinien, prévoyant le cas d'une donation universelle, *donatio omnium bonorum*, exige une tradition pour que la propriété des biens donnés soit transférée au donataire (§ 4). Celui-ci n'est donc qu'un *successor in singulas res*, bien que son droit porte sur une universalité entière! — Sur quoi se fondera-t-on alors pour soutenir l'existence d'une *actio in rem universalis* dont nulle part on ne trouve de trace? Sans doute, il n'est pas toujours nécessaire de trader chaque chose individuellement, une seule et même tradition peut suffire pour toutes, et le paragraphe 5 de notre C. 35 le suppose précisément, en parlant d'une sorte de constitut possessoire. Mais qu'importe? le donataire qui est armé d'une action générale pour obtenir la tradition n'a point pour cela une *actio in rem universalis* contre les tiers, fondée sur son titre de donataire universel.

Des principes analogues devaient régir le cas où le patrimoine était frappé d'un droit de *gage général*. Le créancier nanti d'un pareil droit, pouvait l'exercer sur les biens compris encore dans le patrimoine engagé, ou même sortis de ce patrimoine; mais lui donner une *actio in rem universalis* contre les tiers détenteurs était vraiment impossible. Cette impossibilité était d'autant plus grande ici qu'on accordait au créancier gagiste les actions seules qui auraient pu compéter à son débiteur. Or, qui a soutenu jamais qu'une personne peut faire valoir ses droits de propriété sur les biens composant son patrimoine au moyen d'une *actio in rem universalis?*

2. Pécule. — Si le pécule est une universalité, ce n'est que d'une manière relative, vis-à-vis de certaines personnes seulement. Les différents biens qui le composent, conservent leur place dans le patrimoine du maître ou du père de famille; ceux-ci peuvent en disposer librement comme de leurs autres biens. Mais au regard des tiers, dont nous nous occupons, de ceux qui auraient intérêt à exercer une *actio in rem universalis*, le pécule revêt le caractère d'universalité.

Les personnes qui ont traité sur son pécule avec l'esclave ou le fils de famille ont ce pécule pour gage, ils ont sur lui un droit universel; ils peuvent, jusqu'à concurrence de sa valeur, actionner le père de famille ou le *dominus*. C'est pour eux que le pécule augmente, pour eux qu'il diminue, à condition que ce soit sans dol ni fraude (L. 40, *De peculio*, 15, 1), pour eux enfin que tel objet y est remplacé par tel autre. Et cet état de choses subsiste même pendant l'année qui suit la mort, la *manumissio* ou la *capitis deminutio*. Cependant la seule action dont les textes nous parlent comme appartenant à ces créanciers est l'*actio de peculio*.

Le pécule constitue de même une universalité vis-à-vis de la personne appelée à le recueillir en entier, soit qu'il ait été légué, soit qu'il ait été vendu avec l'esclave qui en avait l'administration, soit encore qu'il ait été laissé au fils de famille émancipé ou à l'esclave affranchi. Mais naîtrait-il par hasard aussi, dans tous ces cas, une action universelle contre les tiers? Je suis à me demander sur quoi l'on voudrait fonder une solution aussi chimérique. Y a-t-il seulement là une *successio per universitatem?* Consultez les textes, ils vous répondront : — Celui qui a droit à un pécule est obligé de demander la cession des *nomina pecularia*; il ne peut agir que *mandatis actionibus* (L. 5; L. 6, pr. *De peculio leg.*, 33, 8; L. 16, *De peculio*, 15, 1); et cela non-seulement en cas de vente, mais même quand, le pécule restant au fils de famille ou à l'esclave, il s'opère une sorte de *traditio brevi manu* (L. 53, *De peculio* 15, 1). Sans doute, on n'exige pas toujours une tradition effective pour que la propriété des choses corporelles comprises dans le pécule soit transférée[1]; mais cela n'empêche pas la *successio* d'être *in singulas res*. Ce serait donc une chose bien extraordinaire qu'une *actio in rem universalis* accordée dans le cas d'une pareille *successio*.

Nous avons mieux encore : un texte, la loi 56, *De rei vindicatione*, 6, 1, dit positivement que les divers biens composant le pécule ne peuvent être revendiqués individuellement, que le

[1] Elles pouvaient être revendiquées immédiatement dans l'ancien droit en cas de *legatum per vindicationem*, en cas de legs quelconque sous Justinien (Cf. Hasse, *Archiv für civil. Praxis*, V, p. 34, — Heidelberg, 1822).

pécule lui-même, en tant qu'universalité, ne peut faire l'objet d'une *rei vindicatio !* — « Vindicatio non peculii recepta « est ; sed res singulas is cui legatum est, petet. » — On a prétendu, il est vrai, que cette loi avait uniquement en vue la *rei vindicatio* proprement dite (*actio in rem singularis*), et qu'elle était loin d'exclure l'*actio in rem universalis,* la laissant tout à fait en dehors du cercle de ses prévisions [1]. — S'il pouvait en être ainsi, si une pareille action avait été admise, pense-t-on que Julianus aurait écrit : « Vindicatio peculii non recepta « est ? » Gaïus ne déclare-t-il pas que l'hérédité donne lieu à une *vindicatio* (Gaïus IV, § 17) ? et qu'entend-il par là, sinon la *petitio hereditatis ?* — Dans le même sens, n'aurait-il pas dit que le pécule peut être l'objet d'une *vindicatio* s'il avait pu être revendiqué par une action analogue à la pétition d'hérédité ?

3. Dot. — De même que le pécule, la *dos* ne peut être regardée *absolument* comme une universalité : c'est une partie du patrimoine du mari dont celui-ci a même, en général, une disposition aussi large que de ses autres biens. Si quelques textes la qualifient d'*universitas* (Cf. L. 1, § 4, *De dote prælegata,* 34, 4), ils entendent par là une certaine valeur, une certaine quantité susceptible d'augmenter ou de diminuer, rien de plus ; cela ressort des C. un., § 5, *De rei uxoriæ actione,* 5, 13, et L. 56, § 3, *De jure dotium,* 23, 3. Si d'autres textes, la loi 54, *De jure dotium* notamment, assimilent à une chose dotale le bien acquis de deniers dotaux, nous verrons que cette assimilation n'a lieu que sous certains rapports déterminés, et de plus qu'elle n'est ni un effet de cette *subrogation générale* que nous avons dite se produire dans toute universalité, ni même une conséquence de la *subrogation spéciale* qui procède de la loi et de la convention des parties.

A certains égards, cependant, la dot pourrait être considérée comme universalité. Il en serait d'abord ainsi dans le cas spécial où une femme se constituerait tous ses biens en dot (C. 4, *De jure dotium* 5, 12). — Mais, en pareille hypothèse, y aura-t-il une *successio per universitatem* pour le mari ? Faudra-t-il, d'autre part, lui accorder une *actio in rem universalis* contre

[1] Balth. Branchu, *Observat. juris romani,* cap. VI, p. 54 seq. Glück, *Pandect.*, II, § 172a, note 35.

les tiers détenteurs de biens de sa femme ? — Je crois que le mari succédera *in singulas res* seulement. La femme a besoin de lui transmettre, soit par mancipation, soit par tradition, les divers biens dont son patrimoine se compose. Admettre le contraire, ce serait aller contre ce principe fondamental que c'est la remise effective et non la simple promesse qui produit la dotalité : « Initium obligationis restituendæ dotis non ex con« ventione venit, sed ex re tradita[1]. » L'existence d'une *actio in rem universalis* serait donc bien difficile à justifier ; mais il est plus difficile encore de l'admettre dans le silence des textes, et en présence de la loi 72 *in fine*, *De jure dotium*, 2, 33, qui semble rejeter toute assimilation entre le mari et l'héritier.

La dot est encore une *universitas* au point de vue de sa restitution, *universitas* comprenant tous les biens qui ont conservé le caractère de biens dotaux pendant le mariage, et les actions que peuvent diriger contre le mari ceux qui ont droit à la restitution[2]. Cette universalité ne retourne pas *ipso jure* aux ayants droit (L. 1. § 1. *De fundo dotali* 23, 5, L. 62, *De acquirendo rerum dominio* 41, 1) : ils sont obligés d'intenter, dans l'ancien droit, soit l'*actio rei uxoriæ*, soit l'*actio ex stipulatu*, cette dernière action dans le droit nouveau. Quant à une *actio in rem universalis*, je n'ai pas trouvé le moindre indice sérieux qui en fasse soupçonner l'existence. Loin d'avoir une action pareille, celui qui demandait la restitution n'avait pu, pendant longtemps, revendiquer les biens dotaux entre les mains des tiers : la propriété ne lui en était acquise que par une *remancipatio*, une *retraditio*, ou une *retro in jure cessio*[3]. Justinien, il est vrai, lui accorda une revendication directe et immédiate, mais de là à une *successio per universitatem* et à une *actio in rem universalis*, il y a loin.

II. La conclusion à tirer de tout ce qui précède, c'est que l'hérédité seule peut être régie par le sénatus-consulte Juventianum. Or la loi 20, § 10, *De hered. pet.* 5, 3, semble dire le contraire : d'après elle, le sénatus-consulte devrait s'appliquer

[1] Donneau, *Pand.*, liv. XIV, tit. III, chap. V.

[2] A partir donc du moment où l'obligation de restituer a commencé, la *subrogation générale* peut s'opérer.

[3] Cf. Schweppe, *Römische Rechtsgesch*, § 400, p. 705 (3e édit., Gœttingue, 1832), *Röm. Privatrecht*, IV. § 690 (4e édit., Gœttingue, 1832).

également au *peculium castrense* et à d'autres *universitates*. Cette contradiction n'est qu'apparente, on peut fort bien expliquer la loi dans notre système.

Parlons d'abord du *peculium castrense*, nommément désigné par Ulpien.

Si le fils de famille avait sur son *peculium costrense* des droits plus étendus que sur un autre pécule, s'il pouvait notamment en disposer par testament, il n'était pourtant pas considéré entièrement comme *pater-familias* à l'égard des biens qui le composaient (L. 10 pr., *Ad senatus-consult. Trebell.* 38, 17). Il restait toujours quelque chose de ce droit, originairement si vaste, du père de famille sur le pécule de ses fils ou de ses esclaves; on se disait toujours que ce fils qui disposait de son *peculium castrense* n'était pas, en définitive, *sui juris*, qu'il se trouvait sous la puissance d'un autre. C'est ce qui explique pourquoi ce pécule retournait, à défaut de testament, au père de famille (Inst. II. *Quibus non* est permis, 12 pr. L. 2, L. 9, L. 19, § 3, *De cast. pecul.* 49, 17, L. 1, § 22, *De collat.* 37, 6). C'est ce qui explique encore pourquoi l'on maintenait éventuellement, pour le cas où le pécule lui reviendrait, les actes de disposition du père (L. 18 pr., § 1, *De cast. pecul.* 49, 17). On pouvait dès lors douter très-sérieusement si l'héritier institué par le fils pour succéder à son *peculium castrense*, était un héritier véritable, s'il avait l'*hereditatis petitio*. Ces doutes, nous les voyons percer partout : nous en trouvons des traces dans les lois 2, L. 9, *hered. tit.*, L. 2, § 2, *Familiæ hercis.* (C. 10, 2), etc.—Les avis étaient partagés; Paul, en accordant l'*hered. pet.* à l'héritier du fils, nous avertit que ce n'est là qu'une opinion personnelle (L. 34 pr., *De hered. pet.*, 5, 3). Mais Ulpien nous apprend que la pratique s'est fixée en ce sens ; et où le fait-il ? précisément dans la loi 20, § 10, *De hered. pet.* Le pécule dont il s'agit là, c'est le *peculium castrense in quod succeditur*. Pourquoi sans cela, une mention spéciale serait-elle faite de ce pécule plutôt que de tout autre ?

Cette interprétation est conforme au commentaire du Scholiaste aux *Basiliques* sur notre texte[1]. Il distingue très-nettement le cas où le père de famille succède *jure hereditario* de celui où il succède *jure peculii*. Dans la première hypothèse, il lui accorde une *actio in rem universalis*, la pétition d'hérédité ;

dans l'autre, il lui permet seulement de revendiquer individuellement les divers biens compris dans le pécule, en ajoutant : « Nec enim possumus universitatem peculii generali in rem « actione vindicare. »

Cela posé, on ne peut entendre aussi par *alia universitas* dans la loi 20, § 10, autre chose que l'universalité à laquelle une personne succède comme *heres* ou *quasi heres, universitas in quam succeditur*. Ainsi *in alia universitate* est synonyme ici de *in alia successione* (Cf. L. 16 pr., § 2. *Ad sen.-cons. Trebell.* 36, 1). Il n'est guère difficile d'expliquer pourquoi Ulpien a cru devoir rappeler et placer sous l'application du sénatus-consulte les cas où l'*hereditatis petitio* n'est donnée que par extension. Ne pouvait-on pas douter peut-être si l'*hered. petitio possessoria* du *bonorum possessor* (Dig., *De posses. her. pet.*, 5, 5)[1], si l'*her. pet. fideicommissaria* du fidéicommissaire *ex senatus-consulto Trebelliano* (Dig. *De fideic. her.* 5, 6), si enfin l'*hered. petitio utilis* accordée à celui qui avait acheté du fisc une hérédité vacante (l. 54 pr., *De hered., pet.*, 5, 3) devaient être soumises aux règles nouvelles tracées par le sénatus-consulte Juventianum[2] ?

II. *Extension des lois* 70, § 3, 71, 72, *De legatis* 2°.—Si l'on a bien suivi mon raisonnement, et si celui-ci est exact, on doit être convaincu maintenant de ces deux points : 1° que la règle *Res succedit in locum pretii, pretium in locum rei* traduit très-mal les dispositions du sénatus-consulte où l'on a cru la trouver ; 2° que c'est une erreur grave d'étendre à d'autres universalités ce sénatus-consulte applicable à l'hérédité seule, ce qu'on a voulu faire en ajoutant à la règle précédente les mots : *In judiciis universalibus*.

Il nous reste à examiner si la maxime ne pourrait pas se référer à la *subrogation générale* dont les lois 70, § 3, 71, 72, *De*

[1] Schol., 5, *Ad leg.* 20, § 10. *De hered. pet.* Ed. Fabrot (1647), vol. V, p. 611.

[2] Je crois, en effet, que l'*her. petitio possessoria* existait déjà au temps de Gaïus et d'Ulpien. Il serait trop long de développer mes raisons. Voir en sens contraire, Leist, *Die Bonorum Possessio, ihre geschichtl. Entwicklung und heut. Geltung* (Göttingen, 1848), t. II, p. 21 et suiv. — Fabricius, *Rheinisches Museum*, IV, p. 178 et suiv., p. 209 et suiv. *Ursprung und Entwicklung der Bon. Possessio*, p. 200 (Berlin, 1837).

leg. 2°, nous montrent une application. Dans ce sens encore, conçue comme elle l'est, je la crois inexacte.

Comment réunir dans une même formule les droits si distincts qui peuvent compéter à une personne sur une masse de biens? — Ou bien c'est l'universalité dans l'état où elle se trouvait à une époque déterminée qui fait l'objet de mon droit, et alors je puis méconnaître, en général, les actes qui l'ont modifiée postérieurement, méconnaître la subrogation qui s'est opérée à la suite de ces actes. — Ou bien c'est l'universalité telle qu'elle sera composée au moment de l'exercice de mon droit, qui doit me revenir, et les actes qui en auront opéré une transformation me seront, en principe, opposables, de même que je pourrai les invoquer. Mais encore faut-il qu'ils ne soient pas faits en fraude de mes droits ; en certains cas, qu'ils soient des actes de bonne administration émanant de personnes capables et aussi qu'ils n'aillent pas contre une disposition de la loi ! Ajoutez que l'intention d'opérer subrogation dans l'universalité dont s'agit est indispensable de la part des auteurs de ces actes.

Que de distinctions, on le voit ! Que de règles diverses, contradictoires ! Et l'on pense les ramener toutes à cette abstraite formule : « In judiciis universalibus res succedit in locum pre-« tii, pretium in locum rei ! » Mais si l'on entend par là (et c'est bien ce qu'expriment les termes dont on se sert) que la subrogation qui se produit de plein droit dans une universalité est toujours opposable à celui qui prétend à cette universalité, c'est là une règle fausse dans les cas les plus fréquents, vraie sans doute dans quelques autres (L. 70, § 3, L. 71, 72, *De leg.* 2), mais sous le bénéfice seulement de distinctions nombreuses.

Si encore on s'était contenté d'exprimer le principe que dans toute universalité la subrogation se produit *ipso jure*, à la suite d'actes faits au nom du propriétaire, soit actuel, soit éventuel, que le prix notamment vient prendre la place de la chose vendue, abstraction faite de la question de savoir à qui cette subrogation profitera ou sera opposable. A la bonne heure ! cela aurait été exact ! Mais, outre que je ne vois pas bien ici la nécessité ou l'utilité d'une maxime de droit, il est certain que celle qui nous occupe n'a jamais eu et n'a jamais pu avoir cette signification. Si l'on ne veut pas déterminer au regard de quelles personnes la subrogation est censée s'être produite, y a-t-il lieu de parler soit de *judicia universalia*, soit de *judicia particularia*? Tout acte à titre onéreux fait naître la subrogation *générale*; seulement elle ne peut avoir d'effet que vis-à-vis de ceux qui ont un droit universel.

La conclusion à tirer de toute cette discussion est certainement que la maxime qui en a fait l'objet ne résiste pas à un examen un peu approfondi, et qu'elle doit être complétement abandonnée. La rejeter est d'autant plus nécessaire que, non content de l'appliquer à des hypothèses, où elle est fausse de tous points, on a altéré même le sens exact, qu'en certains cas elle peut avoir; on lui a attribué des effets qui font bien voir combien peu on s'est rendu compte de l'origine et de la portée d'une règle consacrée par un usage de plusieurs siècles. Ce sont ces effets que nous nous proposons d'étudier encore.

§ 4. — Effets attribués à la maxime précitée.

On veut faire de cette maxime la base de la distinction des universalités en *universitates facti* et *juris*. — On l'invoque ensuite pour soutenir que dans les *judicia universalia* il s'opère une *subrogation spéciale*.

1° *Distinction entre les* universitates facti *et les* universitates juris. — Aux *universitates juris* s'appliquerait la maxime, elle resterait étrangère aux *universitates facti* ou *rerum*. — Et l'on se félicite d'avoir trouvé un fondement solide pour cette distinction entre les universalités, à laquelle beaucoup d'auteurs semblent si fort tenir. N'aurait-on pas dû s'assurer au moins si la maxime ainsi invoquée était elle-même exacte? Précisément nous avons vu qu'elle ne l'est pas : comment donc construire sur elle l'échafaudage de distinctions fort délicates? Mais je veux même accepter la lutte sur le terrain si mouvant où on l'a placée; je veux supposer qu'il s'agit de cas où la maxime peut avoir quelque sens, c'est-à-dire de cas où il s'est opéré une subrogation générale au regard de la personne qui réclame un droit universel. Dans ces hypothèses mêmes toute distinction est impossible entre les universalités qu'on appelle *juris* et celles qu'on appelle *facti*. La subrogation générale s'effectue dans toute espèce d'universalité : un point développé dans le chapitre précédent et que nous allons voir consacré par le droit romain.

On peut avant tout se demander quelle a été l'origine de cette distinction entre les universalités dont on ne trouve pas trace dans les lois romaines. Je crois qu'il la faut chercher dans une interprétation de texte donnée par la glose, interprétation très-exacte au cas spécial, mais devenue fausse par la généralisation. La loi 1, § 8, *Quando de peculio act.*, 15, 2, prévoyant l'hypothèse où un héritier a été chargé de restituer l'hérédité, mais en retenant devers lui un esclave avec son pécule ne lui permet pas de repousser par l'exception du sénatus-consulte Trebellien l'*actio de peculio* intentée contre lui, bien qu'en général, les choses ainsi laissées à l'héritier doivent lui rester libres et franches, et sans qu'il puisse être inquiété par les créanciers du D.C. (Inst. II, *De fideic. hered.* 23, § 9). On s'explique parfaitement cette différence : elle est tirée de la nature même du pécule, lequel contient des valeurs passives tout comme des biens et des droits. — C'est là la réflexion fort simple qu'en veut faire la Glose, en se servant des expressions : « Peculium « est universitas incorporea et juris, in qua actiones continen- « tur[1], » et quand, à ce point de vue, elle oppose le pécule aux *corporeæ universitates*, telles qu'un *equitium*, qui, dit-elle, doivent recevoir l'application du paragraphe 9 aux *Institutes*, *De fideic. hered.* — Eh bien ! on est parti de là pour distinguer d'une manière générale et à tous égards les *universitates juris* et *facti*[2].

Où l'on voit déjà tout ce que cette distinction a d'arbitraire, c'est en considérant l'incertitude si grande qui a toujours régné sur le sens à attribuer ici au mot *jus*. Faut-il entendre que les *universitates juris* sont créées par la loi, les autres par la volonté de l'homme[3] ? Faut-il dire que le législateur a attaché aux premières certains droits, certains effets spéciaux qui leur

[1] *Glosa ad legem* 1, § 8, *Quando de peculio act.* (Ed. Nivelle, Paris 1576, I, p. 1552).

[2] Cf. notamment Glück, *Pand.*, II, § 172a.

[3] Lauterbachius, *Collegium theoretico-practicum* (Tubingæ, 1743), p. 632, lib. XXVIII, tit. I, § 1 ; Adm. Struve, *Syntagma juris civilis rec. ord. pandect.* Exerc. XI, § 15 (Francfort, 1738) ; Thibaut, *System des Pandectenrecht*, § 262 (5e édit., Iéna, 1818). — Cette opinion n'est plus reproduite dans la 8e édition de Thibaut (Iéna, 1834).

sont communs à toutes, mais n'appartiennent pas aux *universitates facti?* Ou bien encore que les *universitates juris* sont les seules intéressantes à considérer au point de vue du droit[1]? .—Tout cela est fort vague et fort contradictoire : quoi qu'il en soit, montrons rapidement qu'il n'y a pas un seul caractère vraiment juridique qui, en s'adaptant aux universalités qu'on est convenu d'appeler *juris*, puisse servir à les distinguer des soi-disant *universitates facti*. La seule distinction que je pourrais comprendre, mais purement doctrinale, celle-là, je l'ai laissé entrevoir au début de cette étude. Par *universitates facti* on entendrait les universalités qui existent manifestement en fait, que tout homme, juriste ou non, peut aisément apercevoir, qui *sautent aux yeux*, si l'on me permet cette locution vulgaire rendant bien ma pensée. Les *universitates juris*, au contraire, seraient celles qui échappent facilement à un œil peu exercé, qui ont besoin d'être envisagées à un point de vue juridique : elles sont nées, sans doute, des rapports journaliers des hommes avant que le droit ne s'en soit occupé, mais elles ont reçu de lui une signification propre, des effets déterminés. Mais où serait l'utilité pratique d'une pareille distinction?

Il est temps d'arriver aux caractères distinctifs ou prétendus tels des *universitates juris*. Jetez un simple coup d'œil sur tout ce qui a été écrit à ce sujet, et vous serez presque convaincu déjà qu'il n'y a nul criterium certain qui puisse servir à reconnaître si telle universalité est une *universitas juris* ou une *universitas facti*. Autant de partisans de cette distinction, autant de classifications différentes des universalités. — Quant aux *universitates juris* d'abord, certains auteurs ne trouvent que deux universalités qui méritent véritablement ce nom, l'*hereditas* et le patrimoine ; d'autres se contentent de donner des exemples[2]; d'autres enfin énumèrent l'*hereditas*, la *dos*, le *peculium*, la *jurisdictio*[3]. —Même incertitude quant aux *universi-*

[1] Schweppe, *Römisch. Privatrecht*, § 92 (Göttingen, 1828).

[2] Hufeland, *Abhandlung aus dem Civilrecht*, I, § 80 (Giessen, 1815) ; *Begriff und die juristische Wichtigkeit der sogen. Universitas Rerum* ; Höpfner, *Commentar über die Heinec. Inst.*, § 278, p. 202, 203 (éd. 1783); Mackeldey, *Lehrbuch*, § 150, etc.

[3] Pardoux-Duprat (Pardulphus Patreius, jurisconsulte du seizième siècle)

tates facti. —Suivant la plupart, il faut ranger dans cette catégorie tout ensemble de choses corporelles : un *instrumentum fundi*, une *taberna*, un troupeau, etc. (M. Warnkœnig[1] en exclut cependant une bibliothèque, une collection de tableaux : nous verrons bientôt pour quels motifs.) Suivant quelques-uns[2], on ne peut y comprendre que des choses identiquement de la même espèce[3] : la bibliothèque et le troupeau seraient les seules *universitates facti*. — Pour mettre le comble à cette confusion étrange, certains auteurs ont donné des définitions des *universitates juris* qui s'appliquent également bien aux *universitates facti*, dès qu'on admet que la subrogation générale se produit dans toute espèce d'universalité.

Voyons cependant de plus près les principales différences qu'on a prétendu signaler entre les *universitates juris* et *facti*, en nous arrêtant surtout à celle qui serait contenue dans la règle : « In judiciis universalibus res succedit in locum pretii, pretium in locum rei. »

1° Les *universitates juris*, dit-on, sont composées de biens corporels et incorporels, de choses et de droits : —les *universitates facti* ne sont que des ensembles de *res corporeæ*, en général de même espèce[4].

Il n'est pas difficile pourtant de trouver des universalités que l'on ne classe pas parmi les *universitates juris* et qui n'en comprennent pas moins des biens corporels. Ainsi, une personne peut léguer, soit séparément, soit avec d'autres biens, son *calendarium*, c'est-à-dire l'ensemble de ses créances : or un

dit quelque part dans son *Lexicon juris civilis et canonici*, que les *actiones universales* sont celles « quibus persequimur corpus aliquod juris, ut sunt « hereditas, peculium, dos, *jurisdictio*. » On a peine à voir, en tout cas, comment la *jurisdictio* peut être une universalité. — Cf. Hasse, *Archiv. für civil. Praxis*, V, p. 66-68.

1 Warnkœnig *Ueber den Archiv. für civil. Praxis*, XI, p. 183 (Heidelberg, 1828).

2 Cf. Gesterding *Ausbeute von Narforsch. üb. verschiedene Rechtsmaterien*, IV, n° 2, § 6, p. 83 seq. (Greifswald, 1826-1837).

3 Ces auteurs ne regardent donc pas comme universalités les autres ensembles de choses corporelles : c'est là une erreur évidente et qu'il serait bien facile de réduire à sa juste valeur.

4 Cf. Burchardi, *System des Röm. Privatrechts*, § 380, p. 1257 (Stuttgard, 1841-1847).

pareil legs est considéré comme legs d'universalité ; les créances nouvelles acquises au moyen de deniers provenant des anciennes sont parfaitement comprises dans le legs[1] (L. 6, *De instruct. vel instrum. leg.* 33, 7, L. 88 pr., *De legatis* 2°, I. 64, *De leg.* 3°). Voilà donc une *universitas facti* formée de *res incorporales*[2].

2° C'est la loi qui attribuerait leur caractère aux *universitates juris ;* c'est la volonté de l'homme qui donnerait naissance aux *universitates facti*[3].

Cependant, n'est-ce pas la volonté du maître ou du père de famille qui crée le pécule, *universitas juris*, et en détermine la composition ? — A l'inverse, n'est-ce pas la loi qui décide quand il y a ou non une *familia servorum, universitas facti?* (L. 40, § 3, *De verb. sign.*, 50, 16.) Un ancien auteur, Lauterbach, le sentait bien quand il disait du pécule : « ... Licet constituatur « voluntate patris vel domini... » Mais il pensait justifier son opinion en ajoutant : « ... Trahit tamen originem ex ipso « jure ; » ce qui veut dire probablement que le pécule n'aurait pu être une universalité si la loi ne l'avait voulu. A ce compte-là on pourrait tout aussi bien soutenir que les *universitates facti* tirent leur origine de la loi, puisque c'est elle qui y attache des effets juridiques.

3° La loi ferait produire aux *universitates juris* certains effets qu'elle dénierait aux *universitates facti.*

Le premier de ces effets serait que les *universitates juris* peuvent être revendiquées par une *actio in rem universalis.* Nous savons à quoi nous en tenir à cet égard : l'héritier et le *quasi heres*

[1] Voir surtout, parmi les partisans de cette différence, Warnkœnig, *op. cit.*, p. 177, 178 ; Mackeldey, *Lehrbuch des Röm. Rechts*, § 150, I, p. 220 (12e édit., 1842); Thibaut, *System des Pand. Rechts*, I, § 175 (8e édit., Iéna, 1834) ; Hoffmann, *Ueber den Einfluss allgemein. Pfandrechte*, p. 39 (Darmstadt, 1830); Gesterding, *op. cit.*, § 1, p. 75 seq.; Rosshirt, *Zeitschrift für Civil und Criminalrecht*, n° 1, p. 114 seq. (Heidelberg, 1831-1833). — *Contra*, Mühlenbruch, *Archiv für civilistische Praxis*, XVII, p. 350 (Heidelberg, 1834).

[2] Et ce n'est pas la seule. Comme le *calendarium*, un *mensæ negotium*, une affaire de banque, pouvait être légué avec les créances et les dettes s'y rattachant. (L. 77, § 16, *De legatis* 2°) Cf. Westphal, *Hermen. Syst. Darstellung der Rechte von Vermächtnissen*, I, § 208 (Leipzig, 1791).

[3] Struve, *op. et loc. supra citt.*; Thibaut, § 262 (Anc. éditions); Lauterbachius, *op. et loc. cit.*; Hoffmann, *op. cit.*, p. 20, etc.— *Contra*, Mühlenbruch, *op. cit.*, p. 362.

avaient seuls une pareille action. On peut même remarquer que si quelques universalités donnent lieu à des actions se rapprochant, en certains points, de la pétition d'hérédité, ce sont plutôt encore les *universitates facti*. Ainsi, les loi 1, § 3, loi 2, loi 3, pr., *De rei vindic.*, 6, 1, permettent la revendication d'un troupeau comme *corpus*; la loi 21, § 1, *De except. rei jud.*, 44, 2, à l'instar de ce qui est dit pour l'*hereditatis petitio* dans la loi 7, § 4, *eod. tit.*, décide qu'on ne peut plus revendiquer les parties de l'universalité après avoir revendiqué le tout.

Le deuxième effet consisterait dans l'application aux *universitates juris* [1], ou au moins à certaines d'entre elles [2], de la maxime : « Res succedit in locum pretii, pretium in locum rei. » Pour nous, la question ne peut plus être que celle-ci : la subrogation générale se produit-elle exclusivement dans les *universitates juris?*

Qu'elle s'y produit, cela n'est pas niable : il y a des textes précis, pour le pécule surtout. (Loi 31, § 1, *De rebus creditis*, 12, 1 loi 22, pr.; loi 23, *De peculio leg.* 33, 8. C. 1, *De castr. pec.*, 12, 37, etc.).

Mais au-dessus de tous ces textes s'en trouve un, la loi 76, *De judiciis*, 5, 1, qui proclame l'existence de la subrogation réelle dans ce qu'elle a de plus large, de plus étendu, pour toute espèce de *res composita*, pour tout *corpus*, pour toute universalité par suite, car l'universalité n'est-elle pas un *corpus*, une *res composita* (Inst. II, *De legatis*, 20, § 18)? S'étonnera-t-on, après lecture de cette loi, que nous ayons appelé *générale* la subrogation dont il y est question? Voudra-t-on prétendre encore qu'elle ne peut se rencontrer dans les universalités qu'il a plu de nommer *facti?* Je sais bien qu'on fait ce raisonnement-ci : les *universitates facti* sont composées de choses d'une certaine espèce, d'objets déterminés : un troupeau de tels animaux ne peut comprendre des animaux d'une espèce différente; une bibliothèque autre chose que des livres. Comment vouloir dès lors

[1] Buchholtz, *Versuche*, n° 3, p. 43 seq. (Berl., 1831).

[2] Thibaut, *op. et loc. cit.*, *System*, I, § 175; Schweppe, *op. et loc. cit.* : Mackeldey, *op. et loc. cit.*; Burchardi, *op. cit.*, § 49, p. 100; Haynz, *Éléments de droit romain*, I, § 117, p. 249, 250; Bechmann, *De surrogatione* (Iéna, 1674); Seuffert, *Lehrbuch des praktischen Pandektenrechts*, § 62, note 51 (Würtzbourg, 1825).

que le prix prenne la place des objets vendus, que les biens acquis de ce prix leur soient subrogés ? — Si l'on disait que la subrogation se produit plus rarement, on serait dans le vrai ; mais nier qu'elle puisse jamais se rencontrer dans de pareilles universalités ! Qu'est-ce qui empêche d'admettre que l'échange d'un animal du troupeau contre un autre de même espèce subroge celui-ci au premier? Qu'une *familia servorum* est restée la même, bien que les divers esclaves qui la composaient à l'origine aient été successivement remplacés par d'autres[1] ? Pourquoi même ne dirait-on pas, en cas de vente avec déclaration de remploi d'une chose de l'universalité et acquisition en place d'une chose nouvelle *de même espèce*, que celle-ci est subrogée à celle-là? — Sans doute si l'universalité est très-homogène, comme il peut arriver d'un troupeau ou d'une bibliothèque, la subrogation y sera moins fréquente que dans une autre composée d'éléments plus disparates, dans une *taberna*, un *instrumentum fundi*, dans les *universitates* appelées *juris ;* mais ce n'est pas une raison pour la déclarer impossible.

Les textes affluent pour montrer que ces idées étaient celles des jurisconsultes romains. Comment expliquer autrement que le droit de gage, constitué sur un troupeau ou une *taberna*. s'étende aux objets nouveaux qui ont pris la place de ceux formant l'universalité au moment de la constitution de ce droit? (L. 13, pr.; L. 34, pr., *De pignor. et hypoth.*, 20, 1.) Ne s'opère-t-il pas aussi une subrogation quand l'usufruitier d'une *universitas facti* substitue des biens de même espèce à ceux qui la composaient originairement, puisque le propriétaire de l'universalité peut exercer son droit sur eux? (Cbn., L. 10, § 8; L. 11, *Quibus modis usufr.*, 7, 4; L. 69; L. 70, §§ 1, 3, *De usufructu*, 7, 1.) Et, en cas de legs, n'en est-il pas de même encore, du moment que le droit du légataire d'une universalité subsiste malgré une transformation complète de cette dernière. (L. 22, *De legat.* 1; L. 65, § 1, *De legat.* 2; L. 3, pr., *De rei vind.*, 6, 1; Inst. II, *De legat.*, 20, § 13.) Mêmes observations pour le *Calendarium*. (L. 64, *De leg.* 3°.)

[1] Au besoin, ces solutions résulteraient de la loi 7, § 2, *Quod cujuscumque univers.*, 3, 4; la loi 30. pr., *De usurpat. et usucap.*, 41, 3, mettant sur la même ligne *populus*, *legio*, *grex*.

En présence de décisions aussi précises, ne faut-il pas s'étonner qu'on ait pendant si longtemps fermé les yeux à l'évidence, par amour pour une distinction surannée ? Nos anciens commentateurs du droit romain professaient les vrais principes. C'est ainsi que Barthole[1] range sur la même ligne, au point de vue de la subrogation, un troupeau, un pécule, une *taberna*; que Jason Maynus dit d'une manière fort significative, trop absolue peut-être : « Universitatum, puta *gregis, peculii* et *simi-* « *lium*, unum subrogatur loco alterius, ipsa universitas remanet « eadem[2]. » Mais ceux qui les suivirent, emportés par une véritable fièvre d'innovation, se persuadèrent bientôt et persuadèrent aux autres que dans les *universitates juris* seules la subrogation est possible.

Il faut dire cependant que dans ce siècle, depuis plusieurs années surtout, on a cherché à se départir des vieilles erreurs et à revenir aux idées des jurisconsultes romains et de leurs premiers commentateurs. Des auteurs distingués, Hassé, Mühlenbruch, Warnkœnig, sont entrés résolûment dans cette voie nouvelle[3] : les deux premiers, en enseignant que la distinction entre les *universitates juris* et *facti* est tout à fait arbitraire; M. Warnkœnig, en reconnaissant que dans toute universalité une chose est, en principe, susceptible d'être remplacée par une autre de même espèce. Toutefois, et malgré cette concession, ce dernier auteur s'en tient encore à la distinction repoussée par Hassé et Mühlenbruch ; de plus, il propose une restriction nouvelle, mais inadmissible, je crois, à la généralité de la subrogation : — Quand, dit-il[4], divers objets sont réunis de ma-

[1] Barthulus, *Ad leg.* 34, *De pignoribus* (Venise 1615).

[2] Jason Maynus, *Super Infortiatum*, l. 21, 22, *De leg.* 1 (Venise 1590).

[3] Cf. aussi Spangenberg, *Praktische Erörterungen aus allen Theilen der Rechtsgelehrsamkeit*, I, p. 77 (Hanovre, 1831). — Gintenis, *Das praktische gemeine Civilrecht*, I, § 41, note 60 (2e édit., Leipzig, 1860). — Vangerow, *Lehrbuch der Pandekten*, I, § 71, p. 106 et suiv. (7e édit., Marburg et Leipzig, 1863). — Unger, *System des œsterr. Privatrechts*, I, § 57, p. 471 et suiv. (2e édit., Leipzig, 1863). — Windscheid, *Lehrbuch des Pand. Rechts*, I (2e éd., 1867, Düsseldorf). — Arndts, *Lehrbuch der Pandekten*, § 48 (6e édit., Munich, 1868).

[4] Warnkœnig, *Ueber den Begriff*, etc., *der Universitas rerum*, op. cit., p. 183, 184.

nière à former un ensemble, mais qu'à raison de l'importance propre de chacun d'eux celui qui y a droit tient essentiellement à ce qu'ils restent les mêmes, qu'ils ne soient pas remplacés par d'autres biens ; cet ensemble n'est pas une universalité, c'est une réunion fortuite de différents objets, rien de plus ; car toute subrogation est impossible. Prenez une bibliothèque d'ouvrages d'une rareté extrême, continue M. Warnkœnig, une collection de tableaux, chefs-d'œuvre inestimables, pensez-vous que l'on puisse permettre la substitution d'un livre insignifiant à un ouvrage de valeur, d'un essai de rapin à une toile de grand maître ? Le créancier qui aurait un droit de gage sur la bibliothèque ou la collection de tableaux ne pourrait se voir opposer une substitution pareille. — Mais il me semble qu'on sort de la question : il ne s'agit pas de savoir si la subrogation sera ou non opposable à un créancier gagiste, mais bien si elle peut seulement se produire en fait. Or je ne vois rien, absolument rien, qui s'y oppose. Plaçons-nous même au point de vue de M. Warnkœnig. Pourquoi ne pourrait-il pas se rencontrer une subrogation dont le créancier aurait intérêt à se prévaloir ? Sans doute, plus la valeur des parties constitutives de l'universalité sera grande, plus cet intérêt sera difficile à imaginer ; mais il faudrait supposer une bibliothèque composée des ouvrages les plus précieux qui soient au monde, une galerie des tableaux les plus beaux que l'on connaisse, pour qu'une subrogation avantageuse ne puisse pas s'opérer. Un livre ou un tableau d'un grand prix ne pourrait-il pas être remplacé sans cela par un autre d'un prix plus grand encore ? — Tout ceci, du reste (je l'ai dit), se rattache à la question de savoir quand la subrogation pourra être invoquée ou opposée ; question qui devra être résolue d'après les mêmes principes pour toutes les universalités, du moment qu'il est constant (et je crois l'avoir établi) que la subrogation *générale* ne doit pas être restreinte aux seules *universitates juris*.

2° *Transmission des qualités spéciales des choses.* — Après les investigations auxquelles nous nous sommes livré sur le compte de la maxime *in judiciis universalibus*, il ne saurait être douteux pour nous qu'elle est entièrement étrangère à la subrogation *spéciale* ; qu'il ne peut, par exemple, en être question quand on veut rechercher si un bien est subrogé dans la qualité de *propre* ou de *chose dotale*. Nous ne devons pas trop nous étonner pourtant si nous la voyons invoquée précisément en de pareilles hypothèses. Le vrai sens d'une règle de droit n'étant pas établi, chacun peut l'interpréter à sa façon : c'est un peu ce qui a eu lieu ici.

Feuilletez, ne fût-ce que rapidement, nos anciens auteurs, vous y trouverez partout que les titres universels produisent la subrogation réelle, qu'ils la produisent *indistinctement* et *ipso jure*[1]. C'est au point qu'on a fini par donner le nom de *légale* à cette subrogation, bien que la loi fût muette à son endroit. Et c'est bien de la subrogation *spéciale* qu'il s'agit, on s'en convaincra aisément. -- « La règle *subrogatum sapit naturam subrogati* a lieu *inviolablement* en matière de communauté et de succession, » écrivait Duplessis[2]. — Lépine de Grainville[3] cite comme donnant naissance à des *propres de subrogation* la subrogation *légale*, qui se rencontre « in judiciis universalibus, pe« titione hereditatis, fideicommissis. » — D'Argentré reconnaît que la qualité de *propre* devrait être transmise *in judiciis universalibus* au prix des propres vendus ; une seule chose l'arrête : le prix deviendrait immeuble; or on admettait généralement que les qualités *intrinsèques* étaient intransmissibles par voie de subrogation[4].

Toutefois, c'est à la qualité de *propre de succession* seule que les divers auteurs dont il vient d'être question référaient la subrogation *in judiciis universalibus*. Il serait difficile, en effet, d'imaginer un cas où cette subrogation aurait pu s'appliquer aux *propres de communauté*. C'est ce qui a été cause que les auteurs modernes n'ont jamais cité la maxime *in judiciis universalibus...* en parlant de la subrogation dans la qualité de propre. Par contre, ils ont basé sur elle la transmission d'autres qua-

[1] Cf. Ferrière, *Corps et compilation sur la coutume de Paris*, II, p. 149, n° 1 ; Espiard de Saux sur Lebrun, *Des successions* (1743), add. 44, p. 22; Renusson, *Traité des propres*, chap. I, sect. X. n°s 2, 30, etc.

[2] Duplessis, *Sur la coutume de Paris*, p. 393 (édit. 1699).

[3] Lépine de Grainville, *Recueil d'arrêts de la 4e Chambre des enquêtes*, (Paris, 1750), sur arrêt du 30 août 1724.

[4] D'Argentré, *Sur la coutume de Bretagne*, art. 411, glose 2, n° 1. Cf. Renusson, *Des propres*, chap. I, sect. X, n° 28, *in fine*.

lités, celles de meuble ou d'immeuble elles-mêmes[1]. — Que nous sommes loin du sénatus-consulte *Juventianum* ou même des lois 70 et seq., *De legatis* 2° !

DEUXIÈME PARTIE.

DES DIVERS CAS DE SUBROGATION RÉELLE.

PREMIÈRE DIVISION. — De la subrogation spéciale.

Nombre d'applications que recevait la subrogation réelle, dans l'ancien droit, ont cessé d'exister depuis qu'a été abolie l'importante distinction des biens en *propres de succession* et *acquêts*. C'était alors une question souvent fort délicate de discerner s'il y avait ou non subrogation. Nous n'avons pas à nous en occuper ici : les seules qualités que la subrogation puisse encore transporter d'une chose à une autre sont celles de *propre de communauté* et de *bien dotal*.

Je ne reviendrai pas sur le caractère de *fiction* que nous avons reconnu à la subrogation réelle; mais je tâcherai de ne pas le perdre de vue, me gardant d'admettre la subrogation chaque fois que je ne pourrai pas la baser sur un texte. Toutefois, si elle était appelée *impérieusement* par des principes que le législateur a consacrés, on userait d'une rigueur trop grande en exigeant une disposition spéciale de la loi. Mais, qu'on veuille bien le remarquer, s'il y avait un autre moyen de satisfaire aux principes, la subrogation, en raison de son caractère de fiction, aurait besoin d'être établie expressément. Ainsi, sans l'article 1407, nous n'admettrions pas la subrogation en cas d'échange d'un immeuble propre; car le principe que la communauté ne doit pas être enrichie au détriment de l'un des époux serait sauf si l'on donnait à cet époux une action en reprise de la valeur du bien aliéné. C'est précisément pour cela que nous accorderons à l'époux la faculté de renoncer à la subrogation

[1] MM. Demolombe, *Successions*, t. V, p. 232, 233, Aubry et Rau, t. V, p. 218, note 30.

pour s'en tenir à l'action. De même, nous ne regarderions pas comme *propres* les deniers provenant de la vente d'un propre (le principe qui a présidé à la rédaction de l'article 1433 serait sauvegardé par une action en reprise), si nous ne pensions pas que cette subrogation se trouve établie par les articles 1433 et 1470.

Nous aurons à étudier la subrogation *spéciale* sous le régime de la communauté et sous le régime dotal.

Sous le régime de la communauté, deux principes, dont l'un est la conséquence de l'autre, donnent lieu à la subrogation. Le premier, que les conventions matrimoniales ne peuvent être modifiées, ni directement ni indirectement, par la volonté des époux, ou indépendamment de leur volonté par des aliénations forcées (art. 1395) ; l'autre, corollaire immédiat du précédent, que les aliénations des *propres* ne peuvent enrichir la communauté au détriment de l'un des époux (art. 1433). En voici les principales applications au point de vue de la subrogation :

1° Quand un propre de l'un des conjoints sort de ses mains, la valeur qui est payée en place lui est subrogée.

Ce sera pour nous la *subrogation du prix à la chose aliénée.* Nous aurons à en déterminer les effets et à examiner comment l'époux dont le propre a été aliéné pourra la faire valoir. Or, de deux choses l'une : ou bien le prix a été versé dans la communauté, ou bien il en est resté distinct. Au dernier cas l'époux conserve sur lui son droit de propriété ; dans le premier cas, au contraire, c'est la communauté qui en devient propriétaire, et l'époux n'a plus qu'une action en répétition contre elle. Cette action, le droit nouveau l'appelle *action en reprise*, l'ancien droit lui donnait le nom d'*action en remploi*. La dernière expression nous étonne un peu aujourd'hui ; en y réfléchissant, on se l'explique pourtant. Le *remploi*, à proprement parler, est tout *remplacement* d'une chose aliénée ou dénaturée. D'autre part, quand les parties avaient stipulé l'acquisition de biens nouveaux en remplacement de leurs propres aliénés, l'ancien droit accordait une *action en remploi*. Les acquisitions prescrites n'avaient-elles pas eu lieu, l'époux obtenait au moyen d'elle la valeur des propres qui auraient dû être remployés, et l'on disait qu'il y avait eu un *remploi fictif*. C'est ainsi que l'on arriva à donner à une véritable action en reprise le nom d'*action en remploi.*

2° Quand un bien est acheté à l'aide de deniers propres, avec l'accomplissement des formes et conditions prescrites pour un *emploi* régulier, il se produit une *subrogation de la chose au prix.*

3° En cas de vente d'un bien propre et acquisition d'un autre bien à l'aide du prix, le bien nouveau est subrogé à l'ancien, si les règles tracées par la loi en cette matière ont été observées. C'est un *remploi*, une *subrogation d'une chose nouvelle à une chose aliénée.*

4° Une subrogation analogue se rencontre en cas d'*échange.*

5° En cas de *licitation* du propre de l'un des époux ou de *partage* d'une succession à lui échue, il faut toujours veiller à ce que la communauté ne se trouve pas enrichie à son détriment. — Il y a encore là, suivant les circonstances, une cause de subrogation.

Sous le régime dotal, nous verrons les mêmes espèces de subrogation assujetties, souvent aux mêmes règles, fondées aussi sur le même principe de l'immutabilité des conventions matrimoniales, mais soumises à certaines limitations dérivant du caractère exceptionnel de ce régime.

CHAPITRE I.

DES ALIÉNATIONS AUTRES QUE L'ÉCHANGE ET LE PARTAGE.

SECTION I. — *Régime de la communauté.*

§ 1. — Subrogation du prix à la chose aliénée.

Notions préliminaires. — L'ancien droit n'avait pas toujours admis cette solution si équitable que le prix d'un propre aliéné ne doit jamais tomber définitivement dans la communauté. Les conjoints pouvaient bien se réserver un droit à récompense par une stipulation expresse insérée au contrat de mariage ou faite au moment de la vente; mais l'avaient-ils négligé, on décida pendant longtemps que le prix du propre serait versé dans la caisse commune [1]. C'était une jurisprudence constante sous l'ancienne coutume de Paris ; on la justifiait en disant que le remploi peut

[1] Renusson, *Des propres*, chap. IV, sect. III, n° 4. — Ferrière, *Corps et compilation*, etc., III, p. 316, n° 2. — Pothier, *De la communauté*, n° 585, etc.

être établi *lege aut conventione tantum*, et qu'en outre tous les biens meubles des époux doivent tomber en communauté [1].

Lors de la révision de la coutume, en 1580, on avait eu le temps de reconnaître les inconvénients de ce système, qui permettait aux époux de s'avantager à leur gré, si désastreux pour la femme qu'il avait donné naissance à cet adage célèbre : *Le mari se doit relever trois fois la nuit pour vendre le bien de sa femme* [2]. L'article 232 de la coutume réformée mit fin à ce déplorable état de choses en statuant que le prix de la vente d'un propre serait repris sur les biens de la communauté.

Cette disposition passa bientôt dans d'autres coutumes : dans celle d'Orléans (art. 192), quand elle fut réformée en 1583, dans celle de Calais (art. 34), qui fut publiée la même année. On la trouva tellement sage, qu'elle fut appliquée (après quelques hésitations pourtant [3]) dans les pays mêmes dont les coutumes ne l'avaient pas reproduite [4]. Certains auteurs, à la vérité, Duplessis entre autres (liv. II, chap. IV, sect. II, p. 468), n'admettaient cette extension que si la coutume permettait les avantages entre époux, mais quelques-uns par contre, au nombre desquels Lebrun [5], accordaient même l'action en remploi malgré une disposition contraire de la coutume.

L'article 232 de la coutume de Paris ne parlait que de la vente d'un héritage ou d'une rente propre; la jurisprudence l'étendit à toutes les aliénations qui procurent un avantage à la communauté (Pothier, *De la communauté*, n° 593).

Ce système de la coutume réformée a été reçu dans notre Code; les articles 1395, 1470, 1433 le consacrent. Ce dernier

[1] Argou, *Institution au droit français*, liv. III, chap. XII, p. 158, II (éd. 1771). — Ferrière, *loc. cit.*, arrêts du 27 novembre 1574, 23 décembre 1579, etc.

Cf. Renusson, *op. cit.*, *eod. loc.*

[2] Loisel, *Institutes coutumières*, liv. I, tit. II, XIV, n° 116 (édit. Dupin et Laboulaye, I, p. 152-153).

[3] Brodeau sur Louet, lettre R, somm. 30, nos 2-3, II, p. 530-531.

[4] Argou, *loc. cit.*—Brodeau, *loc. cit.*—Le Prêtre, cent. III, chap. LXXVIII. — Dufresne, liv. I, chap. IV. — Arrêts de 1604, 1610, 1623, etc. — Même jurisprudence dans les pays de droit écrit, en cas de stipulation de communauté (Ferrière sur l'article 232, Paris).

[5] Lebrun, *De la communauté*, liv. III, chap. II, sect. I, dist. II, n° 9. — Arrêt des Arondeaux du 16 mai 1629.

article doit être interprété comme la coutume de Paris (art. 232) l'avait été, et appliqué dans toutes les hypothèses où la communauté profiterait de l'aliénation d'un bien propre (Arg. d'ailleurs des art. 1395, 1437).

Dans toutes ces hypothèses nous pensons qu'il y a subrogation du prix à la chose aliénée. Mais, dira-t-on, sur quoi se fonde cette subrogation? Quel est le texte qui l'établit? Serait-ce l'article 1433? Il ne fait autre chose pourtant que donner au conjoint une action en reprise qui ne suppose nullement qu'il est devenu le propriétaire du prix. — Ou bien quel est le principe général qui pour être satisfait exige la subrogation du prix à la chose? Celui du non-enrichissement de la communauté au préjudice de l'un des époux? Mais pour en empêcher la violation ne suffit-il pas d'accorder un droit de créance contre la communauté à l'époux dont le propre a été aliéné?

A tout cela il y a réponse. — Pour rendre notre démonstration plus claire et plus complète nous remonterons encore à l'ancien droit. Pourquoi donc hésiterions-nous à le faire quand les rédacteurs du Code s'en sont inspirés si souvent, que beaucoup de dispositions de nos lois ne peuvent se bien comprendre si l'on n'étudie la source où elles ont été puisées?

I. ANCIEN DROIT ET DROIT NOUVEAU.

L'époux qui, dans l'ancien droit, obtenait une action en reprise ou en *remploi*, l'intentait-il à titre de propriétaire ou à titre de créancier? Trois solutions étaient possibles :

1° Ou bien il l'intentait *toujours à titre de créancier ;*

2° Ou bien il l'intentait *toujours à titre de propriétaire ;*

3° Ou bien il l'intentait *tantôt à titre de créancier, tantôt à titre de propriétaire.* — *A titre de créancier* quand il y avait eu confusion entre le prix et les biens communs, *à titre de propriétaire* dans le cas contraire.

Si l'on admettait la première solution, on décidait du même coup qu'il ne se faisait aucune subrogation du prix à la chose.

Au contraire, on arrivait à une conclusion diamétralement opposée si l'on optait pour l'une ou l'autre des deux solutions qui restaient. Du moment que l'époux pouvait (d'après la dernière solution) demander le prix qui se trouvait en nature, il en devenait propriétaire par l'aliénation; seulement son droit de propriété était dans certains cas transformé en un droit de créance. Quant à la seconde solution, il est à peine besoin de faire remarquer qu'elle suppose de toute façon la subrogation.

Demandons-nous, à présent, quelle a été de ces solutions celle admise par l'ancien droit. Certes la troisième est la plus logique et se présente le plus naturellement à l'esprit. Si je ne craignais de faire une digression, j'en trouverais une preuve dans les statuts qui régissaient la ville de Strasbourg avant 1789. D'après ces statuts, les biens propres qui étaient transformés pendant le mariage, *bona illata alterata*, tombaient dans la communauté (un tiers de cette communauté revenait à la femme, deux tiers au mari [1]). Et malgré cette disposition formelle les jurisconsultes le plus autorisés, Marc Otton, Schilter, décidèrent que le prix de vente d'un propre devenait *propre* par *subrogation*, mais pouvait tomber dans la communauté à charge de récompense [2]. — Mais nos anciens auteurs français avaient perdu assez généralement de vue le cas où le prix demeure en dehors de la communauté. Il ne restait plus alors que les deux solutions extrêmes : regarder le *remploi* comme une *dette personnelle* de la communauté, ou le traiter au contraire comme une *charge réelle*. Comment démêler, cela étant, les idées qui avaient cours à l'endroit de la subrogation? Qu'on le remarque, en effet, ceux qui opinaient dans le premier sens ne se prononçaient ni pour ni contre elle; la question n'était résolue que si l'on déclarait le remploi charge réelle. Or c'est là une opinion qui ne prit naissance que fort tard. Mettons cependant à profit les diverses indications que nous pourrons recueillir.

Pendant longtemps tout le monde fut d'accord pour regarder comme *créancier* l'époux qui avait droit au remploi du prix de ses propres versé dans la communauté [3]. Nous en avons la preuve saillante dans la solution donnée à cette question, importante alors, de savoir si les héritiers des propres du mari

1 Cf. Silberrad, *De acquæstu conjugali sec. jus statutarium Argentorat.* (1771), p. 28. — *Consilia argentoratensia* (a Marco Ottone, sed et ab aliis jurisconsultis Argentorat. Volumen novum curâ Schilteri 1701), resp. 177, p. 1311-1312.

2 *Consilia*, loc. cit.

3 Pothier, *De la communauté*, nos 584, 747.

pouvaient être tenus au payement du remploi de la femme, concurremment avec les héritiers des acquêts. Le remploi était-il une charge réelle, consistait-il en une *distraction de deniers* appartenant à la femme, les héritiers aux acquêts seuls devaient en supporter le poids; il devait se répartir, au contraire, entre tous les héritiers s'il était une dette de la communauté et partant du mari. C'est dans ce dernier sens que jurisprudence et doctrine tranchèrent la question [1]. Mais du temps de Pothier une opinion qu'il appelle *moderne* [2] osa déclarer que le remploi était une charge réelle, que les héritiers aux acquêts devaient en être seuls tenus, que la femme avait, pour exercer ses reprises, un privilége à l'encontre des créanciers du mari, celui-ci n'ayant été qu'un simple dépositaire de deniers [3]. On sentait, en effet, qu'il y avait là quelque chose de spécial, que l'époux avait eu un droit de propriété sur le prix; mais on ne comprit pas que l'usufruit de la communauté pouvait changer ce droit de propriété en un droit de créance ordinaire. Au lieu de se référer au cas prévu seul par l'opinion dominante, le cas où le prix avait été versé dans la communauté, l'*opinion moderne* aurait dû se restreindre à celui où le prix en est resté distinct. Alors, en effet, elle aurait eu raison de dire que la femme n'est pas créancière, qu'elle a un droit de propriété sur les deniers provenant de l'aliénation de son propre. Et ce dernier point, ses adversaires le lui auraient accordé, car Pothier reconnaît sans hésitation que la créance du prix d'un propre est propre elle-même [4].

En résumé, nos anciens auteurs étaient certainement d'accord pour repousser la *première solution*, suivant laquelle l'époux serait toujours à traiter comme un créancier à l'égard du prix de ses propres, en d'autres termes pour reconnaître qu'il se pro-

[1] Duplessis, *De la communauté*, liv. II, chap. IV, sect. III. — Renusson, *De la communauté*, 2e partie, chap. III, nos 47-48; *Des propres*, chap. III, sect. XIII, no 16. — Lebrun, *De la communauté*, liv. III, chap. II, sect. I, dist. II, no 43. — Ferrière, *Corps et compilation*, sur art. 334, glose I, § 2, no 2 (IV, p. 1015). — Arrêt d'avril 1619. — Brodeau sur Louet, lettre P, somm. 13, no 6, II, p. 331.

[2] Pothier, *Des successions*, chap. V, art. 2, § 1.

[3] Cf. Brodeau, *op.* et *loc. cit.*

[4] Pothier, *De la communauté*, no 99; cf. no 197, *ibid.* — Coquille sur Nivernais, 23, art. 31. — Dumoulin sur Anjou, art. 296. — René Choppin, *De moribus Parisiorum*, liv. II, tit. I, no 13. — Cf. coutumes du Maine (art. 311) d'Anjou (art. 296); du Bourbonnais (art. 240).

duisait une subrogation du prix à la chose. Mais ils différaient sur les effets à attacher à cette subrogation. Les uns (les partisans de l'opinion *moderne*) voulaient maintenir en tous cas la subrogation et le droit de propriété de l'époux sur le prix, la communauté n'étant jamais pour eux que dépositaire des deniers provenus de l'aliénation; ils admettaient la *seconde solution*, solution évidemment fausse quand le prix a été versé dans la caisse commune. C'est la *troisième solution*, la solution intermédiaire, que préférait le grand nombre, quoiqu'il ne s'en fût pas nettement expliqué, ne prévoyant en général que les cas où la communauté usufruitière devient propriétaire du prix. Dans ces hypothèses, en effet, l'époux est réduit à un droit de créance; mais si la confusion a été évitée, il peut reprendre le prix lui-même devenu propre par subrogation [1].

Eh bien, cette dernière solution, celle de Pothier et de nos anciens juristes les plus éminents, les rédacteurs du Code n'ont fait que la préciser dans l'article 1433, rendus attentifs (peut-être par l'opinion *moderne*) au cas où la propriété du prix n'est pas enlevée à l'époux au profit de la communauté. Toute la confusion, dans l'ancien droit, venait de ce qu'on n'avait pas indiqué clairement dans quel cas l'époux n'aurait qu'un droit de créance. L'article 1433 sera plus explicite : il ne donnera une action en récompense que *si le prix a été versé dans la communauté.* Ne sera-ce pas dire que s'il n'y a pas été versé, l'époux n'aurait que faire d'une pareille action, reprenant le prix à titre de propriétaire? Quelle autre interprétation pourrait-on donner, à moins de refuser dans ce cas à l'époux tout droit et au prix et à une récompense?

Or voici les conséquences qui découlent de la *troisième solution,* indiquée par nous comme possible, et de son adoption par le législateur dans l'article 1433. Si l'époux est propriétaire du prix non confondu dans la communauté, c'est que l'aliénation de son propre lui a conféré ce droit de propriété ; mais cette aliénation doit produire toujours ce même effet, encore que des circonstances postérieures puissent le modifier; donc le prix est en tous cas quelconques subrogé au propre aliéné. Que maintenant il survienne une confusion des deniers de la vente avec

[1] Voir les autorités citées à la note 4 de la page précédente.

les deniers communs, que le droit de propriété de l'époux soit transformé par là en un droit de créance, peu importe au point de vue de la subrogation ; cela n'empêchera pas qu'elle s'était opérée. Et il n'est nullement indifférent de le savoir, puisque nous allons montrer qu'en cas de confusion même du prix la subrogation mène à d'importantes conclusions.

II. Conséquences du principe qu'il se produit une subrogation du prix au propre aliéné.

A. *Cas où le prix n'a pas été versé dans la communauté.* — L'époux dont le propre a été aliéné est propriétaire du prix à la dissolution de la communauté. Les conséquences qui en résultent sont les suivantes :

1° *Le prix peut être repris par préférence aux créanciers de la communauté.* — Cet effet de la subrogation ne profite guère qu'à la femme. — Si la communauté est bonne, il n'a d'intérêt ni pour l'un, ni pour l'autre des époux au regard des créanciers. — Si elle est insuffisante, le mari, tenu personnellement des dettes, serait obligé de donner d'une main ce qu'il aurait pris de l'autre en invoquant la subrogation. Cependant il est tel cas où cette subrogation ne serait pas sans intérêt pour lui. Qu'on suppose une communauté rendue mauvaise par des dettes de la femme antérieures au mariage ou grevant des successions immobilières à elle échues, le mari n'étant tenu de ces dettes que pour moitié, il peut être avantageux pour lui d'être propriétaire plutôt que créancier [1]. Pour le mieux faire sentir, voici une espèce. Une communauté comprend une valeur de 20,000 fr. ; une somme de 10,000 francs provenue de la vente d'un propre du mari en est restée distincte ; des créanciers de la femme antérieurs au mariage viennent réclamer 50,000 francs qui leur sont dus. — Si le mari n'était que créancier des 10,000 francs, il y aurait un passif de 60,000 francs, un actif de 30,000 francs. Dans le partage au marc le franc qui s'ensuivrait, les créanciers antérieurs toucheraient 25,000 francs, pour 5,000 revenant au mari. Mais celui-ci, obligé personnellement à la moitié des dettes antérieures au mariage (art. 1485) se verrait contraint de

[1] Cet avantage n'existera toutefois que si la femme est privée du bénéfice de l'article 1483.

payer 12,500 francs aux créanciers, la moitié de ce qui leur resterait dû. De cette manière il supporterait une perte totale de 17,500 francs, quand son recours contre la femme (obligée en qualité de commune à la moitié de la récompense qui lui reste due) n'aboutit pas. — Si le mari, au contraire, est resté propriétaire des 10,000 francs prix de son propre, les créanciers font main basse sur la communauté composée de 20,000 francs, et quant aux 30,000 francs dont ils ne sont pas remplis encore, le mari et la femme en supportent chacun la moitié. En pareille hypothèse, on le voit, la subrogation du prix au propre offre de l'intérêt pour le mari.

La femme, elle, trouvera un avantage dans cette subrogation chaque fois que la communauté sera mauvaise [1]. Si elle renonce, elle n'aura que profit à soustraire le prix au concours des créanciers communs, surtout quand un recours contre les héritiers de son mari serait illusoire. Si elle accepte sous bénéfice d'inventaire, sa situation sera la même. Mais qu'on aille jusqu'à supposer le cas, fort rare assurément, où sans avoir fait d'inventaire elle acceptera une communauté mauvaise ; comme elle ne sera tenue que de la moitié des dettes, la subrogation lui sera aussi utile qu'elle l'était tout à l'heure au mari, obligé à la moitié seulement des dettes de sa femme antérieures au mariage.

2° *Les créanciers de la communauté ne peuvent saisir le prix d'un propre de la femme, s'il n'a pas été versé dans la communauté.* — Le prix d'un propre *de la femme.* — Les créanciers de la communauté étant, en effet, créanciers personnels du mari peuvent toujours le rechercher sur ses biens propres ; le prix de ces biens, pas plus que les biens eux-mêmes, ne peut être soustrait à leur action.

Une autre remarque : la proposition que nous avons émise n'est vraie que si la femme ne s'est pas elle-même engagée vis-à-vis des créanciers qui veulent saisir le prix, soit sous l'autorisation de son mari ou dans certains cas de justice, soit solidairement ou conjointement avec lui (art. 1419, 1427, 1431,

[1] Surtout si l'on décide, comme il semble naturel de le faire (Arg., art. 560, Com.), qu'en cas de faillite de son mari elle peut reprendre les deniers dont elle est restée propriétaire, à charge seulement de prouver leur identité par inventaire ou tout autre acte authentique.

1487). En pareille hypothèse la femme peut être actionnée sur ses biens personnels.

D'après cela, les créanciers qui ne peuvent saisir le prix subrogé au propre vendu de la femme sont ceux envers lesquels le mari a obligé la communauté. A leur égard la règle est certaine : la Cour de Nancy a jugé à plusieurs reprises [1] que le prix encore dû ne peut être saisi-arrêté par eux. C'est la femme et non la communauté qui en est créancière. M. Duranton [2], il est vrai, a blâmé la jurisprudence de la Cour de Nancy : Si l'acquéreur, dit-il, était devenu insolvable, qui aurait supporté cette insolvabilité? La communauté : on doit donc aussi permettre à ses créanciers de se faire payer par l'acquéreur du propre. — J'avoue humblement que je ne puis découvrir le motif qui devrait faire mettre à la charge de la communauté l'insolvabilité de cet acquéreur. La créance n'appartient-elle pas à la femme, par suite n'est-elle pas à ses risques et périls? Sans doute le mari, administrateur des biens personnels de la femme, pourrait être responsable de l'insolvabilité s'il n'avait pas fait toutes les diligences nécessaires; mais comment ses créanciers puiseraient-ils dans cette considération le droit de saisir-arrêter le prix du propre entre les mains de l'acquéreur?

3° *Le prix de la vente d'un propre est aux risques et périls de l'époux dont il est resté la propriété.* — Cette proposition se comprend d'elle-même; elle n'est qu'une application très-naturelle de la règle : *Res perit domino.* Pour ce qui est des cas où il y aura lieu de l'invoquer, nous venons d'en voir un, celui où l'acquéreur du propre devient insolvable avant d'avoir payé le prix. Un autre se rencontrerait, par exemple, si les deniers provenus de la vente ayant été placés à titre de prêt, avec indication de leur origine, l'emprunteur était tombé en faillite ou en déconfiture [3]. Cette insolvabilité, comme la précédente, pèsera sur l'époux et non sur la communauté.

B. *Cas où le prix a été versé dans la communauté.* — La com-

[1] Nancy, 20 août 1827 (Sir., 23, II, p. 39); Nancy, 3 mars 1837 (aff. Beugnot); Nancy, 7 février 1840 (Dev. et Car., 40, II, p. 484); *adde*, Besançon, 20 mars 1850 (Dev. et Car., 50, II, p. 446).

[2] Duranton, XIV, n° 318, *in fine*.

[3] Cf. Bourges, 6 août 1834 (Sir., 34, II, p. 531).

munauté est propriétaire du prix, mais ce prix avait été subrogé préalablement au propre vendu ; et ceci est important à noter, à deux points de vue surtout :

1° Si le prix était tombé dans la communauté, comme meuble, on pourrait être tenté de croire que les articles 1471 et 1472 reconnaissent à l'époux un droit de copropriété plus fort et entendent lui attribuer une part plus considérable dans la communauté à raison de cette valeur qui y est entrée de son chef. Et alors l'on déciderait que l'action en reprise doit être mobilière ou immobilière suivant que ce sont des meubles ou des immeubles qu'elle fait obtenir à l'époux. — Au contraire, si la propriété de l'époux a été transportée du bien aliéné sur le prix, si l'usufruit de la communauté seul la lui a ensuite enlevée momentanément, il devient manifeste que l'action en reprise tend uniquement à recouvrer cette propriété, que c'est bien le prix qui est demandé par l'époux, qu'enfin les divers prélèvements autorisés par les articles 1471 et 1472 constituent une simple *datio in solutum*. Toute incertitude disparaît sur la nature de l'action en reprise : tendant toujours à une chose mobilière, au prix, elle ne peut être que mobilière.

2° Le prix seul formant l'objet de l'action en reprise, le prélèvement n'étant qu'un mode exceptionnel de payement introduit en faveur de l'époux créancier, celui-ci peut renoncer à ce bénéfice et demander la vente de biens de la communauté (à défaut d'argent comptant, bien entendu) pour se payer sur le prix comme un créancier ordinaire [1]. Réciproquement, s'il n'y a pas dans la caisse de la communauté somme suffisante pour indemniser l'époux du prix de son propre, son conjoint ou les héritiers de celui-ci doivent être admis à payer de leur bourse la moitié de ce prix, sans qu'on puisse leur opposer les articles 1471 et 1472 [2]. En effet, qu'a voulu la loi? Uniquement que l'époux rentre dans son bien, qu'il recouvre le prix versé dans la communauté. Si, à défaut d'argent comptant, elle lui a permis de prélever des effets communs, de se payer en quelque

[1] Cf. dans l'*ancien droit* : Lebrun, *De la communauté*, liv. III, chap. II, sect. I, dist. II, n° 40. — Renusson, *Des propres*, chap. IV, sect. VI, n° 3.

[2] Cf. dans l'*ancien droit* : Guy Coquille sur Nivernais, tit. XXIII, art. 18. — Le Prêtre, *Questions notables de droit*, augmentées par Guéret (Paris 1679), cent. III, 78, n° 25.

sorte lui-même, c'est qu'elle a pensé que son but serait de cette manière plus facilement et plus sûrement atteint. Mais quand les héritiers de son conjoint ou son conjoint lui-même sont là, qui lui offrent le payement, de quoi donc l'époux créancier se plaindrait-il? N'est-il pas mis exactement dans la situation où il serait s'il trouvait de l'argent comptant dans la communauté?

III. Divers cas ou se produit la subrogation du prix a la chose.

Nous avons dit précédemment que l'article 1433 n'est pas fait seulement pour le cas spécial de vente d'un immeuble propre, mais pour tout cas d'aliénation quelconque d'un pareil bien. Ainsi, qu'il s'agisse d'une vente proprement dite ou de tout autre acte (même l'exercice d'une action) qui fasse sortir à titre onéreux un propre ou une partie d'un propre des mains de l'époux, il s'opère une subrogation du prix à la chose [1]. Suivant alors que le prix est ou non versé dans la communauté, l'époux exerce, à la dissolution, un droit de créance ou un droit de propriété [2]. Nous allons passer en revue les principaux cas où cette subrogation se rencontre.

I. *Vente d'un propre.* — On ne peut songer ici à une vente faite avant le contrat de mariage. A ce moment il n'y a ni propres, ni acquêts, ni conventions matrimoniales que la vente pourrait modifier. Mais une fois qu'est intervenu le contrat de mariage, une vente valablement faite, même avant la célébration du mariage, peut faire naître une subrogation.

A. *Vente faite entre le contrat et la célébration du mariage.* — Un immeuble qui aurait été exclu de la communauté est vendu ; le futur époux auquel il appartenait devient propriétaire du prix. Ce prix, comme meuble, tombera-t-il dans la communauté, une fois le mariage célébré, soit définitivement, soit à

[1] Quand le prix est un corps certain, meuble ou immeuble, on a affaire à un échange. Nous étudierons dans le chapitre suivant la subrogation qui se produit dans ce cas.

[2] Ce dernier droit pourra ne plus porter sur le prix, mais sur un autre bien acquis en place. Il en sera ainsi en cas de *remploi actuel.* Tout ce qui a trait à cette hypothèse sera développé dans le paragraphe 3.

charge de récompense, ou bien sera-t-il propre à l'époux, comme l'immeuble vendu l'aurait été? Je vais rechercher successivement : 1° si une action en reprise doit être en tous cas accordée au propriétaire de l'immeuble vendu; 2° si, bien plus, le prix est subrogé à cet immeuble tant et si bien qu'il reste propre à l'époux, chaque fois que l'usufruit de la communauté peut s'exercer sur lui sans le *consommer*.

1° L'époux obtiendra une *action en reprise*, quand la communauté deviendra propriétaire du prix.

Entre le contrat de mariage et la célébration les conventions matrimoniales ne peuvent être modifiées, si ce n'est sous les conditions indiquées par l'article 1396, de même qu'après la célébration tout changement est impossible sous quelque forme qu'il se présente (art. 1395). Voilà ce qui justifie, à mon sens, la proposition que l'on vient de lire. Si l'on déniait à l'époux le droit de reprendre le prix de son immeuble vendu, la communauté ne serait-elle pas enrichie d'une valeur qui devait en être exclue? n'y aurait-il pas eu un véritable ameublissement? les mesures prises par la loi dans l'intérêt des futurs époux ne seraient-elles pas rompues? Ce n'est pas seulement pour préserver chacun d'eux contre des actes préjudiciables de l'autre, c'est aussi, et surtout peut-être, pour prévenir des avantages irréfléchis que l'article 1396 a été écrit. — On n'a pu s'empêcher tout à fait de le reconnaître. Les circonstances, ont dit MM. Rodière et Pont, des partisans d'une opinion différente de la nôtre, pourraient faire modifier la solution; par exemple, s'il était constant que l'époux qui, après la rédaction du contrat, a aliéné des immeubles, n'a cédé en cela qu'aux instances et aux séductions soit de la famille de son conjoint, soit du conjoint lui-même [1]. — Cette distinction même condamne le système de ceux qui la proposent. Si l'article 1396 est applicable ici, il faudra toujours accorder à l'époux une action en reprise; s'il ne l'est pas, aucun texte n'autorise à le faire jamais. De plus, les *circonstances* dont on parle ne peuvent-elles pas se présumer la plupart du temps? N'est-il pas d'incessantes séductions qui portent un fiancé à avantager son futur conjoint, encore que celui-ci ou sa famille n'aient rien fait pour cela? Ne

[1] MM. Rodière et Pont, *Traité du contrat de mariage*, I, n° 329, p. 230.

faut-il pas autant ou même davantage le garder contre lui-même que contre les manœuvres de l'autre partie?

Il est un cas où personne ne peut refuser l'action en reprise; c'est celui où le futur époux dont l'immeuble a été valablement vendu est un mineur. Quand toute donation soit directe, soit indirecte, lui est interdite si elle n'a lieu dans un contrat de mariage passé en présence des personnes dont le consentement est requis (art. 903, 904, 1095, 1398), pourrait-il à l'insu et sans le concours de ces personnes se dépouiller au profit de son futur conjoint?

La principale objection qui a été soulevée contre notre manière de voir, on l'a prise de l'article 1404. Dans le cas inverse au nôtre (achat d'un immeuble par l'un des époux, dans l'intervalle du contrat à la célébration), une disposition expresse de la loi (art. 1404, al. 2) décide que le bien nouveau tombera en communauté. Si le législateur avait voulu que dans notre hypothèse le prix restât propre, il s'en serait de même expliqué : il ne l'a pas fait et l'on en conclut que les principes ordinaires doivent reprendre leur empire, que le prix, comme meuble, doit entrer dans la communauté « en vertu de la règle qui y fait tomber toute chose mobilière » (art. 1401). — Mais l'article 1401 n'est pas seul; il doit être combiné avec l'article 1396; son application n'est possible que si elle ne réalise pas une modification du pacte matrimonial. J'ajouterai que le silence des rédacteurs du Code sur le cas qui nous occupe n'est de longtemps pas aussi significatif qu'on veut bien le dire. Notre solution n'a pas besoin d'un texte spécial, elle se déduit de l'article 1396. Sans doute il en est de même du cas inverse, mais quoi d'étonnant que les rédacteurs aient rappelé ce dernier cas après avoir présenté une énumération des immeubles qui restent en dehors de la communauté? Pourquoi aussi argumenter *à contrario* de l'article 1404, al. 2, plutôt qu'*à pari* ou même *à fortiori*? Le législateur prend soin d'empêcher que l'un des futurs conjoints ne soit lésé par les actes de l'autre, quand cependant et ce conjoint et sa famille peuvent surveiller ces actes et, s'il y a lieu, rompre le mariage projeté. Et il laisserait sans protection celui qui, à l'insu de sa famille, se laisse glisser sur la pente des libéralités irréfléchies et pourra porter plus tard la peine de sa faiblesse d'un moment!

On a objecté encore l'article 1399, qui ne fait dater la communauté que du jour de la célébration du mariage. — Cette objection se comprendrait tout au plus si nous invoquions l'article 1433 ; or nous n'en faisons rien. — L'article 1396 s'oppose à ce qu'au moment où commence la communauté le prix d'un immeuble vendu entre la passation du contrat de mariage et la célébration ne tombe définitivement dans la caisse commune. Voilà tout ce que nous disons et je ne vois pas en quoi l'article 1399 infirme cette proposition.

Notre opinion, partagée aujourd'hui par beaucoup d'auteurs[1], était admise déjà dans l'ancien droit[2], sous l'empire des articles 258 de la coutume de Paris et 223 de celle d'Orléans, quoique ces textes ne défendissent formellement que les seuls changements par contre-lettres, quand aussi la plupart des coutumes, comme notre article 1399, marquaient le jour des *épousailles et bénédiction nuptiale* pour point de départ de la communauté[3].

2° L'époux dont l'immeuble a été vendu entre le contrat et la célébration conserve pendant le mariage la propriété du prix qui n'est pas consommé par la communauté.

Nous n'avons pas un texte analogue à l'article 1433 qui établisse, pour notre cas, la subrogation du prix à la chose vendue ; mais pourquoi n'argumenterions-nous pas de cet article même? Pourquoi, à la différence de ce qui se passe quand la vente est faite constant le mariage, le droit de propriété de l'époux serait-il transformé en un droit de créance, quand l'usufruit de la communauté ne l'exige pas ainsi? D'autre part, on ne voit non plus ce qui devrait faire traiter les deniers provenus de la vente autrement que les meubles réalisés ; or il est généralement reconnu que ces meubles ne cessent pas d'être la propriété de l'époux s'ils ne se consomment par le premier usage.

[1] *Dans notre sens* : MM. Aubry et Rau, IV, § 507, p. 241, note 6. — Troplong, *Contrat de mariage*, I, § 364. — Bellot des Minières, I, p. 170 et suiv. — Glandaz, *Encyclopédie*, v° COMMUNAUTÉ, n° 81, etc. — *En sens contraire* : MM. Rodière et Pont, *op. cit.*, I, n° 329. — Toullier, XII, n° 171. — Bugnet sur Pothier, VII, p. 316.

[2] Pothier, *Communauté*, n°s 281, 603. Introduction au titre X de la coutume d'Orléans, n° 109.— Lebrun, *Communauté*, liv. I, chap. IV, n°s 10-11.

[3] Coutumes de Paris, art. 220 ; Nivernais, tit. XXIII, art. 2, etc. — Voir Klimrath, travaux sur *l'Histoire du droit français* (1843), II, p. 279.

Pour nous résumer, quand un immeuble de l'un des futurs époux a été vendu dans l'intervalle qui sépare le pacte matrimonial de la célébration du mariage, le prix deviendra propre, mais il tombera plus tard dans la communauté à charge de récompense, si celle-ci ne peut en jouir sans le consommer.

B. *Ventes faites pendant le mariage.* — Pour qu'il y ait lieu à la subrogation que nous avons déduite de l'article 1433, il faut avant tout une vente valable.

L'aliénation a-t-elle été faite par la femme propriétaire, mais non régulièrement autorisée, une action en nullité est ouverte aux deux conjoints et à leurs héritiers ou ayants cause (art. 225, 1125, al. 2), action dont l'exercice empêche de toute manière la substitution des deniers au propre aliéné. Si cependant, avant cette action intentée et durant le mariage, il intervenait une confirmation du mari ou de la femme par lui autorisée, la subrogation serait rendue définitive.

Si le mari a vendu, sans son consentement, un des propres de la femme, et que celle-ci intente l'action en revendication qui lui compète, il ne peut être question de subrogation. Mais la femme pourrait avoir intérêt au maintien de la vente ; dans ce cas elle s'en tiendra au prix, elle invoquera sa subrogation au propre vendu, elle demandera l'application de l'article 1433 [1].

Deux remarques encore. — Tout ce qui vient d'être dit doit s'entendre de tout bien réservé propre, meuble ou immeuble, bien corporel ou incorporel de la vente d'un démembrement de la propriété comme de celle de la propriété pleine et entière. Ainsi la vente d'un meuble réalisé et non tombé dans la communauté, celle d'un usufruit immobilier, le rachat de services fonciers dus à des propres, la concession de servitudes passives sur des immeubles de l'un des époux, tous ces cas doivent être régis par les principes que nous venons de faire connaître.

C'est sous l'empire de ces mêmes principes que doivent être placés aussi certains cas de *partage* et de *licitation* où nous croyons découvrir une véritable vente de propre produisant subrogation. Il en sera question dans le chapitre III.

[1] Cf. Lebrun, *De la communauté*, liv. II, chap. II, sect. IV, n° 44. — Aubry et Rau, IV, § 510, note 22. — Rodière et Pont, I, n° 685, p. 619. — Troplong, II, n° 986, p. 261, 262.

II. *Action en rescision pour lésion, dirigée par l'un des époux contre la vente d'un de ses immeubles.* — *Payement du supplément par l'acquéreur.* — L'immeuble de l'un des époux avait été vendu à vil prix, soit avant, soit pendant le mariage; actionné en rescision pour lésion, l'acquéreur offre le supplément du juste prix; ce supplément est-il propre? tombe-t-il au contraire en communauté? C'est la première solution qui me paraît la bonne : le supplément du prix revêt la qualité de propre[1]. On s'est fondé, pour la justifier, sur le caractère immobilier qui appartient, je le veux bien, à l'action en rescision. Cette action est un propre de l'époux, a-t-on dit; le prix obtenu au moyen d'elle doit donc en être un aussi[2]. L'explication ne me satisfait pas pleinement; d'abord elle ne peut être donnée au cas où la vente est postérieure au contrat de mariage, car le caractère mobilier ou immobilier de l'action est alors de tous points indifférent[3]. En outre, j'ai peine à regarder cette action comme un bien propre de l'époux. L'action en rescision, qu'on ne l'oublie pas, tend à obtenir l'immeuble vendu lui-même; d'autre part, si la vente a eu lieu avant le contrat de mariage, le prix payé à ce moment est tombé en communauté. Voici donc, à la fois, dans le patrimoine de la communauté des deniers représentant l'immeuble vendu, en partie au moins, dans le patrimoine de l'époux une valeur équivalente à ce même immeuble! C'est là ce qui me paraît extraordinaire dans l'explication proposée et ce qui m'engage à en donner une autre.

Prenons une vente antérieure au contrat de mariage. Comme nous la supposons faite à vil prix, l'acheteur n'est devenu propriétaire que d'une partie de l'immeuble, celle correspondante au prix de la vente; et encore est-ce sous la condition seulement qu'il offrira le supplément du juste prix, sur l'action en

[1] MM. Aubry et Rau, IV, § 507, note 21. — Pont et Rodière, I, n° 433. — Marcadé sur 1408, n° 8 *bis* 2°. — Toullier, XII, n°s 186-188. — Cf. Lebrun, *Communauté*, liv. I, chap. V, sect. III, n° 14. — Pothier, *Communauté*, n° 598. Introduction au titre X de la coutume d'Orléans, n° 107.

Contrà, Delvincourt, t. III, notes, p. 170 et suiv.

[2] De même, l'immeuble abandonné par l'acquéreur actionné en rescision deviendrait propre comme subrogé à l'action.

[3] Aussi Pothier ne prévoit-il que le cas de vente antérieure au mariage (Pothier, *loc. cit.*).

rescision pour lésion; quant à l'autre partie de l'immeuble, on ne peut pas dire qu'elle soit vendue. Sans doute l'acquéreur a un certain droit sur elle, puisqu'il la détient jusqu'à l'exercice de l'action en rescision et qu'il lui suffira alors de payer le supplément du juste prix pour la faire entrer dans son patrimoine; mais jusque-là il n'en est pas propriétaire. Cela étant, une fois intervenus le contrat et la célébration du mariage, le prix payé pour l'immeuble vendu tombe en communauté s'il se retrouve à l'état de meuble, les droits réels qui appartiennent encore à l'époux sur la partie non aliénée lui restent propres. Mais cet époux peut exercer une action en rescision; s'il le fait, de deux choses l'une : ou bien la vente est rescindée, et alors l'immeuble tout entier est censé n'avoir jamais été vendu; il est propre pour le tout; la communauté est obligée de rembourser le prix qu'elle avait reçu. L'action, d'autre part, peut être arrêtée par l'offre de payer le supplément du juste prix; dans ce cas, les droits réels que l'époux avait retenus sur une partie de l'immeuble sont anéantis; mais comme ils étaient propres, le prix qui leur est subrogé doit avoir le même caractère.

Si la vente avait été faite postérieurement au contrat de mariage, les choses se seraient passées d'une manière analogue. L'acquéreur payant le supplément du juste prix, et ce supplément et le prix payé au moment de la vente auraient été propres, subrogés chacun à une partie de l'immeuble propre. Point de difficulté non plus s'il avait préféré délaisser l'immeuble; celui-ci n'aurait pas discontinué d'être propre.

III. *Action en rescision pour lésion, dirigée contre la vente de l'immeuble acquis par l'un des époux avant le contrat de mariage. — Délaissement.* — Avant son contrat de mariage l'un des époux avait acquis un immeuble à vil prix; pendant le mariage le vendeur exerce l'action en rescision qui lui compète; l'époux délaisse : le prix qu'on lui rembourse tombe-t-il en communauté? est-il propre? En droit strict, et si la volonté des parties ne devait pas être toute-puissante ici, il faudrait certainement considérer l'époux comme n'ayant jamais été propriétaire de l'immeuble : il en avait acquis conditionnellement une partie; par le délaissement la condition est défaillie. La somme qui lui est rendue devrait tomber en communauté comme elle y serait tombée si elle avait été entre les mains de l'époux à l'époque du contrat de mariage. C'est, en effet, la décision de Pothier[1]. — Cette solution pourtant me semble trop rigoureuse. La volonté des parties doit être consultée avant tout, en cette matière, puisque la loi la regarde comme souveraine dans le pacte matrimonial. Or, dans l'espèce, tout porte à croire que les futurs conjoints ont entendu exclure de la communauté la valeur de l'immeuble dont la vente est aujourd'hui rescindée. L'époux propriétaire était résolu à payer le supplément du juste prix; son conjoint ne comptait pas sur cet immeuble; il le regardait comme un propre, ignorant la plupart du temps le vice dont la vente était entachée, etc. Je crois donc que l'on se conformera à l'intention des conjoints et par suite à l'esprit de la loi, en regardant comme propre le prix remboursé par le vendeur[2].

IV. *Actions en nullité dirigées contre la vente de l'immeuble acquis par l'un des époux avant le contrat de mariage.* — L'acquisition d'un immeuble faite par l'un des époux antérieurement au contrat de mariage était entachée de nullité; le vendeur la fait tomber : le prix rendu à l'époux lui sera-t-il propre? Comme dans l'espèce précédente, il est incontestable que la propriété est perdue rétroactivement; que l'immeuble, à dire vrai, n'a jamais été le *propre* de l'époux. Mais, comme dans cette espèce aussi, je crois qu'il faut surtout rechercher quelle a été, quelle a dû être l'intention des parties. S'il apparaît clairement qu'elles ont entendu réserver propre l'immeuble ou sa valeur, si, par exemple, elles ignoraient toutes deux la nullité dont l'acquisition était menacée, pourquoi ne subrogerait-on pas le prix à la qualité de *propre* que les futurs conjoints ont voulu attacher à l'immeuble?

V. ÉVICTION. 1° *Cas où le titre de l'époux est reconnu entaché de nullité.* — Le véritable propriétaire d'un immeuble acquis *a non domino* par l'un des époux, avant tout contrat de mariage, triomphe par une action en revendication : faut-il regarder comme *propre* le prix qu'il est obligé de rembourser? Nous ne saurions donner une solution différente que dans le cas d'une

[1] Pothier, *Communauté*, n° 598. Introduction à la coutume (tit. X), n° 108.

[2] Cf. Lebrun, *Communauté*, liv. I, chap. v, sect. III, n° 14, *in fine*. — MM. Aubry et Rau, IV, § 507, note 22. — Troplong, I, n° 445. — Pont et Rodière, n° 419. — Toullier, XII, n° 189.

action en nullité; le *criterium*, c'est encore l'intention présumable des parties. — Et ceci nous le disons également pour les améliorations qui auraient, avant le contrat de mariage [1], augmenté la valeur de l'immeuble : leur prix devrait être traité comme celui de la vente; la raison de décider est la même [2].

2° *Cas où le titre de l'époux était valable ou peut être regardé comme l'ayant été.* — Si l'un des époux actionné par un tiers a, pour une certaine somme, abandonné un immeuble qu'il avait acquis antérieurement à son contrat de mariage, cette somme lui est propre. La nullité de son titre n'a pas été reconnue; il était donc né pour lui au moment de la vente certains droits réels, certaines prétentions sur l'immeuble qui ont pu tomber en communauté; ces droits il les aliène par la transaction qu'il consent : le prix qui leur est subrogé doit être propre.

La même subrogation se rencontre quand un époux est contraint, pour écarter une action hypothécaire, de délaisser l'immeuble qu'il avait acquis avant le contrat de mariage. Ce délaissement constitue une véritable aliénation de propre : le prix que fera obtenir à l'époux l'exercice de son action en garantie contre le débiteur principal (art. 2178) sera donc subrogé dans la qualité de propre du bien délaissé. — Ceci est-il vrai de l'immeuble tel qu'il a été vendu, ce doit l'être aussi de cet immeuble tel qu'il se trouvait à l'époque du pacte matrimonial. Les améliorations faites par l'époux constituaient une valeur immobilière qui n'a pu tomber dans la communauté et dont le prix doit par l'effet de la subrogation en être de même exclu [3].

VI. *Rachat du propre de l'un des époux.* — Une personne avait acheté un immeuble avec pacte de retrait; elle se marie sous le régime de la communauté, puis, sur l'action en réméré dirigée contre elle, est obligée de délaisser l'immeuble : peut-on dire

[1] Il ne saurait être question des améliorations faites à une autre époque, car ces améliorations ou bien ont eu lieu à l'aide de deniers communs ou destinés à le devenir, et alors l'époux doit à la communauté la somme qui lui a été payée de ce chef par le vendeur; ou bien elles ont été faites avec des deniers propres, auquel cas la somme dont s'agit ne peut être que propre.

[2] *Contrà*, Pothier, *Communauté*, n° 600. Introduction à la coutume (tit. X), n° 110, *in fine*.

[3] La même chose serait à dire des augmentations de valeur indépendantes de la volonté de l'époux.

que le prix qui lui est remboursé doit être propre par subrogation? Pothier le décidait [1], et avec raison, je crois; mais cette solution du grand jurisconsulte me paraît difficile à concilier avec celle qu'il donnait tout à l'heure, au cas où l'époux délaisse un immeuble sur l'action en rescision du vendeur lésé. Le prix ne peut être propre, disait-il alors, car l'époux est censé n'avoir jamais été que créancier d'une somme d'argent et non propriétaire de l'immeuble. — Mais n'en est-il pas de même ici? Le pacte de retrait ne renfermerait-il pas une condition résolutoire de la vente [2]? Or toute condition résolutoire en se réalisant anéantit rétroactivement l'acte auquel on l'avait attachée. Dans les deux cas donc l'époux est pendant un certain temps propriétaire de la totalité ou d'une partie de l'immeuble; puis son droit de propriété est résolu pour le passé comme pour l'avenir.

Le véritable motif de la solution donnée par Pothier ne serait-il pas plutôt que, dans la pensée des parties, l'immeuble acheté avec pacte de retrait, ou à son défaut la valeur qui le représentera, doit être exclu de la communauté? Ce motif a été celui de la décision que nous avons proposée au cas de rescision pour lésion, c'est lui aussi qui nous détermine à embrasser l'opinion de Pothier dans l'hypothèse actuelle.

VII. *Indemnité due à l'époux par une compagnie d'assurance.* — Il est hors de doute que l'indemnité payée, en cas de sinistre, par une compagnie d'assurance ne doit pas, à beaucoup d'égards, être traitée comme le prix payé par l'acquéreur, en cas d'aliénation. Les tiers qui n'ont de droits que sur l'immeuble lui-même ou sur son prix n'en peuvent évidemment prétendre aucun sur cette indemnité : pour eux l'immeuble a péri, encore que le propriétaire se trouve pleinement dédommagé, grâce au contrat aléatoire qu'il avait passé avec une compagnie d'assurance. Mais entre les époux et la communauté ces principes n'ont rien à faire. C'est en son nom personnel que l'un des conjoints avait fait cette convention aléatoire dont il vient d'être question, c'est pour avoir dans son patrimoine, le cas échéant, une valeur qui représente le propre qui a péri. L'indemnité est

[1] Pothier, *Communauté*, n° 507, *in fine*. Introduction à la coutume (tit. X), n° 109.

[2] Cf. Cass., 18 mai 1813 (Sir., 13, I, p. 376).

donc véritablement substituée à un propre et doit être propre elle-même [1].

IV. — QUELLE VALEUR EST SUBROGÉE AU PROPRE ALIÉNÉ.

La communauté ne devant pas être enrichie aux dépens de la fortune personnelle des époux, tout ce qui provient de l'aliénation d'un propre doit lui être subrogé et rester ainsi la propriété de l'époux auquel il avait appartenu. Les conséquences à en tirer sont les suivantes :

I. *L'époux devient propriétaire de tout le prix avec tous ses accessoires, autres que les intérêts. — De tout le prix.* — Cela est important à dire, car :

1° Si le propre avait augmenté de valeur pendant le mariage, soit par l'industrie de l'époux, soit par d'autres circonstances quelconques, ou bien s'il avait été vendu de beaucoup au-dessus de sa valeur réelle, la communauté ne pourrait pas prétendre qu'une partie du prix doit lui revenir [2]. En vain dirait-elle que l'excédant du prix sur la valeur réelle ou sur la valeur qu'avait le bien quand a commencé la communauté, doit être regardé comme un acquêt. C'est *sur le pied de la vente* que la reprise doit être faite d'après l'article 1436; « c'est *le prix de la vente* qui doit être repris, » disait déjà l'article 232 de la coutume de Paris : dès lors, toute distinction est impossible, toute prétention de la communauté à s'approprier partie du prix doit être repoussée. On pourrait ajouter qu'en attribuant à un bien la qualité de propre, l'époux a certainement entendu se réserver non-seulement la valeur actuelle du bien, mais aussi tous les droits que sa propriété pourra lui faire acquérir, tous les avantages qui en pourront découler pour lui.

2° L'époux dont le propre a été vendu peut prouver par tous moyens que le prix porté au contrat n'est pas le prix réel, et s'il fournit cette preuve, c'est la valeur qui a été véritablement payée qu'il reprendra [3].

[1] Cf. Bordeaux, 19 mars 1857 (Dev. Car., 57, II, p. 531).

[2] Cf. Cass., 9 juin 1836 (Sir., 36, I, p. 819).

[3] Cf. MM. Aubry et Rau, IV, § 511. — Troplong, II, n° 1162. — Pont et Rodière, I, n° 713. — Delvincourt, III, p. 63. — Paris, 25 juillet 1839, Cass., 14 février 1843 (Dev. et Car., 43, I, 193); Cass., 30 décembre 1857 (Dev. et Car., 58, I, 276). — *Contrà*, Lyon, 11 février 1842.

Cette solution est commandée par le principe du non-enrichissement de la communauté; mais on la peut fonder aussi sur l'article 1436. En disant que la récompense est due sur le pied de la vente, le législateur n'a pu se référer aux énonciations du contrat; il a eu en vue le prix effectivement convenu et payé. Si on ne le décidait ainsi, la femme ne serait-elle pas mise à la complète discrétion de son mari? Celui-ci porterait dans le contrat de vente du propre de la femme un prix de beaucoup inférieur au prix véritable, et le droit de reprise serait réduit d'autant. — Mais notre solution n'est pas moins certaine quand c'est un propre du mari qui a été vendu[1]. D'autres motifs ont pu faire dissimuler le prix réel[2], et dans ce cas pourquoi le mari ne pourrait-il pas prouver cette dissimulation? L'article 1341 y ferait-il obstacle? Mais la règle que la preuve testimoniale ne doit pas être admise contre et outre le contenu aux actes n'est vraie que s'il s'agit de déterminer les effets d'une convention entre les parties. Serait-ce que le mari ne peut alléguer une fraude dont il a été complice? Qu'il ne puisse pas s'en prévaloir, rien de mieux; mais qu'il ne puisse pas l'établir à l'encontre de la communauté qui en a profité[3], je ne saurais l'admettre.

Les *accessoires* du prix de vente aussi bien que le prix lui-même représentent le propre et lui sont subrogés. Ainsi l'époux pourra reprendre les *droits d'entrée*, *pots de vin*, *épingles*, etc.; il aura droit à récompense si le contrat de vente a, au profit de la communauté, imposé à l'acquéreur ou à l'immeuble aliéné des charges appréciables à prix d'argent[4].

II. *L'époux dont le propre a été aliéné ne peut prétendre à plus que le prix de l'aliénation.* — Nous disions précédemment *tout le prix*, nous disons ici *rien que le prix* : les droits que l'époux avait sur le propre sont transportés sur la valeur qui en a pris la place; ils ne peuvent s'étendre au delà. D'où l'on tire ce qui suit :

[1] *Contrà*, Douai, 28 avril 1851 (Dev. et Car., 52, II, p. 369).

[2] Notamment le désir de se soustraire au payement d'une partie des droits dus au fisc.

[3] La fraude ayant pour conséquence ordinaire une augmentation du prix et partant des revenus de la communauté.

[4] Pothier, *Communauté*, nos 587-588. — Pont et Rodière, I, no 714, p. 639.

1° L'époux ne sera pas écouté quand il viendra prétendre que la vente lui a été désavantageuse, que le prix est de beaucoup inférieur à la valeur du bien aliéné. Peu importe et tant pis pour lui : il était propriétaire d'un meuble réalisé ou d'un immeuble, il l'est maintenant du prix de vente ; c'est lui qui l'a voulu. Il était libre de donner ou de refuser son consentement ; il l'a donné, qu'il en supporte les conséquences[1]. L'article 1436 ne laisse pas de doute à cet égard[2].

2° L'autre conjoint ou ses ayants cause peuvent prouver que le prix porté au contrat est supérieur à celui qui a été réellement payé. — Cela n'arrive, en général, qu'au cas de vente d'un propre du mari; mais quand cela arrivera on ne pourra dénier à l'autre partie le droit d'établir quel a été le prix véritable (art. 1436).

3° *La communauté ne peut pas être recherchée à raison des fruits plus considérables que l'aliénation du propre lui fait acquérir. Réciproquement elle n'a pas droit à récompense si les intérêts du prix sont de moindre valeur que les fruits du propre vendu.* —Reprenons successivement ces deux propositions, qu'il est essentiel de solidement établir.

I. Un immeuble propre est vendu ; quoique d'une valeur considérable, c'était un bien peu productif. La communauté retire donc un grand avantage de la vente en touchant les intérêts d'une somme importante au lieu des revenus bien moindres que lui procurait l'immeuble. L'époux, cependant, pourrait-il demander une récompense de ce chef? La communauté n'est-elle pas usufruitière de tous les propres des deux conjoints? Et le prix de l'immeuble vendu n'a-t-il pas été subrogé dans la qualité de propre de cet immeuble? Aussi personne, que je sache, n'a voulu permettre à l'époux de demander, en pareil cas, plus que le fruit de son propre. Mais on a pensé que d'autres principes devaient prévaloir quand l'aliénation d'un *droit perpétuel propre*

[1] C'est cette idée que l'ancien droit avait exagérée, quand il décidait, avant 1580, que les époux ne devaient pas avoir de remploi de leurs propres aliénés hors les cas de stipulation expresse.

[2] Voir dans l'*ancien droit :* Pothier, *Communauté*, n° 586. Introduction au titre X de la coutume d'Orléans, n° 100, *in fine*.— Bourjon, *Droit commun de la France*, VIe partie, chap. II, sect. IV ; I, p. 616.

n'est plus faite moyennant une somme d'argent, mais moyennant la concession d'un *droit temporaire*.

Prenons l'hypothèse où un immeuble propre a été vendu à charge d'une rente viagère, et demandons-nous ce que l'époux auquel il appartenait pourra prétendre lors de la dissolution de la communauté. La question, pour moi, revient à déterminer quel est en ce cas le prix de la vente ; c'est ce prix, tout ce prix et rien que ce prix qui doit être remboursé à l'époux. Or que faut-il regarder comme le prix ? Les arrérages? la rente elle-même ?

Ce sont les arrérages, avaient dit quelques auteurs dans l'ancien droit[1]. Et partant de là ils avaient obligé la communauté de les restituer à l'époux, ne lui permettant de retenir que les intérêts qu'ils avaient ou auraient pu produire. Cette opinion ne peut plus se soutenir en présence des textes formels du Code. Partout on nous représente la rente comme un capital non exigible, les arrérages comme les intérêts de ce capital (art. 584, 588, 610, 1401 2°, 1909, Cbn. 1910). Le véritable, le seul prix du propre vendu, c'est donc le droit à la rente viagère ; c'est lui qui a été mis à la place de l'immeuble ; c'est lui qui a revêtu le caractère de propre : c'est donc lui aussi que l'époux reprendra, s'il existe encore, à la dissolution de la communauté (art. 1433). Quant aux arrérages, fruits civils, ils sont acquis irrévocablement à la communauté, comme le seraient les intérêts de tout capital ou de toutes créances propres à l'un des époux. Nous ne faisons là qu'une application bien simple des principes. Et cependant c'est un système très-accrédité que celui qui oblige la communauté à rembourser à l'époux l'excédant des arrérages sur les fruits du propre vendu. L'ancien droit l'avait généralement admis[2]: Pothier l'enseignait[3] ; aujourd'hui encore il est adopté par nombre d'auteurs[4] et consacré par plusieurs Cours

[1] Cf. Lebrun, *Communauté*, liv. I, chap. v, dist. II, n° 15, p. 103 et suiv.

[2] Cf. Bourjon, *Droit commun de la France*, VIe partie, chap. II, sect. IV, I, p. 618 (Paris, 1770), I, p. 545. — Prévot de la Jannès, *Principes de la jurisprudence française*, II, n° 369, p. 85 (Paris, 1770).

[3] Pothier, *Communauté*, n° 594, *in fine*. Introduction au titre X de la coutume, n° 105.

[4] MM. Aubry et Rau, IV, p. 302, note 10. — Troplong, II, n° 1090. — Duranton, n° 243. — Glandaz, *Encyclopédie*, v° COMMUNAUTÉ, n° 260. — Bellot des Minières, II, p. 394. — Taulier, V, p. 106, etc.

impériales[1]. Malgré l'autorité dont tant d'assentiments revêtent cette opinion, je dois la repousser, je dois la combattre.

Quels principes, quels textes peut-on invoquer pour mettre à la charge de la communauté l'obligation de rendre une partie des fruits qu'elle a perçus? L'article 1401 ne décide-t-il pas qu'elle doit acquérir tous les fruits, tant naturels que civils, les intérêts des sommes d'argent et les arrérages des rentes propres? Et la rente viagère, moyennant laquelle un immeuble a été vendu, n'a-t-elle pas été subrogée dans la qualité de propre de cet immeuble? (Art. 1433.) Je comprenais que dans l'opinion de Lebrun on exigeât la restitution intégrale des arrérages moins les intérêts; les arrérages étant regardés comme le prix du propre, l'époux devait les reprendre: c'était logique. Mais que l'on m'explique comment, si c'est la rente elle-même qui constitue le prix, on peut vouloir accorder plus que ce prix à l'époux, une partie des fruits qu'il a produits.

Dira-t-on qu'il y a enrichissement de la communauté? Si cela est, tant mieux pour elle. Serait-elle condamnée à ne recevoir jamais qu'une même valeur comme usufruitière des propres? Dans le cas d'une vente ordinaire, si le prix d'un immeuble rapporte plus en intérêts que l'immeuble lui-même ne rapportait en fruits naturels ou civils, la communauté n'est-elle pas dispensée de restituer l'excédant de ces intérêts sur ces fruits? Pourquoi s'écarter de ce système dans l'hypothèse actuelle et s'exposer ainsi à des erreurs et à des contradictions de toutes sortes? Car enfin qu'en sait-on? L'immeuble vendu moyennant une rente viagère aurait pu augmenter de valeur et produire des fruits plus considérables; or l'on prend pour base des calculs la valeur de ceux qu'il produisait au moment de la vente.

On répliquera sans doute que l'enrichissement ne s'en fait pas moins au détriment de l'un des époux, et que pour ce motif il doit donner lieu à récompense. — Mais la situation n'est-elle pas exactement la même dans ce cas de vente ordinaire dont je viens de parler, quand l'immeuble est payé moins qu'il ne vaut? De plus, il est loin d'être exact que l'époux est toujours consti-

[1] Douai, 9 mai 1849 (Dev. Car., 50, II, 180). — Angers, 12 mai 1852 (Dev. Car., 53, II, 369), etc.

tué en perte. Il obtient ce qu'il voulait : il voulait une rente viagère, il l'a. Il a passé un contrat aléatoire qui peut lui profiter, comme il peut tourner à son préjudice. Il lui profitera si la communauté se dissout au bout d'un court espace de temps par le prédécès de l'autre époux ou une séparation de biens ; il lui sera désavantageux si elle se dissout par sa mort. D'un autre côté, nous pourrons établir plus loin que dans le système que nous combattons c'est l'époux qui s'enrichit souvent aux dépens de la communauté.

Tenons-nous-en fermement à notre point de départ : l'article 1433 ne permet à l'époux de reprendre que le prix subrogé au propre vendu ; or ce prix est ici le droit à la rente viagère : c'est donc ce droit seul qui revient à l'époux [1].

Quand nous raisonnons ainsi, certains auteurs nous accusent de faire une pétition de principes. La question, disent-ils, est précisément de savoir si la substitution de la rente viagère au propre aliéné peut s'effectuer sans faire naître un droit de récompense au profit de l'époux. Mais qu'on ne s'y trompe pas : nous ne disons pas seulement que là où il y aurait un immeuble il y a une rente maintenant ; nous soutenons qu'en vertu de l'article 1433 cette rente a été *subrogée* dans la qualité de propre qui appartenait à l'immeuble, et qu'en vertu du même article, ce n'est que le prix ainsi subrogé qui peut être prétendu par l'époux. Nous avons, en effet, expliqué précédemment quelles sont les conséquences de cette subrogation : quand le prix est versé dans la communauté, l'époux a droit à récompense ; mais s'il reste en dehors (comme cela a lieu ici), c'est ce prix lui-même devenu propre que l'époux reprend, sans qu'aucune récompense lui soit due : car il obtient de cette manière la valeur qui représente son bien, et quant aux fruits, ils sont naturellement acquis à la communauté usufruitière des propres des époux. On me semble avoir méconnu de tout point le sens de l'article 1433 quand on a voulu, pour l'appui du système contraire, en tirer cette conclusion absolue, que la vente d'un propre

[1] Dans notre sens : MM. Pont et Rodière, I, n° 716, p. 640 et suiv. — Bugnet sur Pothier, VII, p. 311, n° 2. — Boileux, III, p. 68. — Marcadé sur l'article 1436, n° 2. — Proudhon, *De l'usufruit*, V, n° 2675. — Besançon, 18 février 1853 (Dev. Car., 53, II, p. 457). — Nancy, 3 juin 1853 (Dev. Car., 55, II, p. 253.)

donne toujours lieu à récompense. Oui, si la communauté est devenue propriétaire du prix. Non, si la propriété est restée sur la tête de l'époux, si le prix, comme dans l'espèce, n'a pas été confondu avec les biens communs.

Une autre objection a été faite : admettre notre doctrine, ce serait permettre les libéralités irrévocables entre époux. Il est facile de répondre. D'abord l'époux ne donne pas à la communauté le prix de son propre : ce prix, c'est la rente, qui ne discontinue pas de rester sur sa tête. Quant aux arrérages, il est tout naturel que la communauté les gagne en vertu de l'article 1401. Si l'on pouvait même voir une donation indirecte dans cette vente faite moyennant une rente viagère, est-ce à dire que cette donation serait irrévocable? L'époux ne peut-il pas en arrêter les effets dès qu'il lui plaît, soit en vendant, soit en donnant à un tiers son droit à la rente viagère?

Quelques mots, pour finir, sur les conséquences du système contraire. Supposons qu'un immeuble propre qui rapportait 200 francs par an ait été vendu moyennant une rente viagère de 500 francs; au bout de dix ans, la communauté est dissoute; au bout de dix autres années, l'époux propriétaire meurt. Dans le système adverse, cet époux a touché 8 000 francs pour prix de son propre : 3 000 francs de récompense lors de la dissolution de la communauté, 5 000 francs d'arrérages depuis. Ne peut-on pas dire qu'il s'est enrichi au détriment du fond commun? La jouissance de la rente après la dissolution du mariage lui a procuré la valeur de son immeuble, et, outre cela, il avait exigé de la communauté des fruits, consommés depuis longtemps sans doute.

II. La communauté n'a pas droit à récompense quand l'aliénation d'un propre entraîne une diminution de ses revenus. L'étendue plus ou moins grande de son usufruit est entièrement subordonnée à la propriété de l'époux : si le bien propre périt ou fait l'objet d'une donation, le droit de la communauté est anéanti; si le propre a seulement diminué de valeur, est devenu moins productif, l'usufruit de la communauté est diminué d'autant. Ces principes doivent être vrais, que ce soit un *droit temporaire* ou un *droit perpétuel* qui ait été aliéné; au premier cas pourtant on les a méconnus.

Occupons-nous de l'hypothèse où une rente viagère propre a

été vendue. L'époux a droit, suivant nous, au prix pour lequel l'aliénation a eu lieu ; ce prix a été *subrogé* à la rente, il est devenu propre : il doit donc donner naissance à une action en reprise.

Deux autres opinions ont été mises en avant :

La première [1] prétend dénier toute récompense à l'époux quand c'est par sa mort que la communauté a pris fin ; dans tous autres cas, elle se rallie à la seconde opinion, dont nous nous occuperons séparément.

Pour l'appui de la proposition spéciale de ce premier système, on a dit qu'un *droit temporaire* consistant uniquement dans la jouissance de la chose d'autrui et se consumant par l'exercice de cette jouissance, la rente viagère doit être considérée comme ayant appartenu à la communauté quand le mariage se dissout par le prédécès de l'époux sur la tête duquel elle avait été constituée. N'est-ce pas cette communauté qui, sans l'aliénation, en aurait eu la jouissance et l'aurait consumée successivement de manière qu'elle fût entièrement anéantie à l'époque de la dissolution du mariage? Mais alors elle doit avoir aussi ce qui représente la rente, le prix de l'aliénation ? — La base de ce raisonnement est erronée. On y suppose que la communauté a un droit acquis sur la jouissance de la rente pour toute la durée du mariage ; que, malgré la vente, elle doit être considérée dans ses rapports avec l'époux comme continuant d'exercer cette jouissance ; que celle-ci est entrée une fois pour toutes dans son patrimoine. — Or cela n'est pas. La jouissance qu'a la communauté d'un bien propre ne peut s'exercer qu'aussi longtemps que ce bien reste entre les mains de l'époux. En sort-il, elle se reporte sur la valeur qui a pris sa place. En un mot, comme nous l'indiquions en commençant, le droit d'usufruit de la communauté est corrélatif du droit de propriété de l'époux : les objets sur lesquels portent ces deux droits sont les mêmes.

[1] MM. Aubry et Rau, IV, § 511, p. 301, texte, note 8.— Duranton, XIV, n° 340. — Delvincourt, III, p. 60. — Cass., 10 avril 1855 (Dev. Car., 55, I, p. 241). — Cf. *dans l'ancien droit :* Pothier, Introduction au titre X de la coutume, n° 106. — Poullain du Parc, *Coutumes générales du pays et duché de Bretagne et usements locaux* (Rennes, 1745-1748), III, p. 154-155, note N. — *Principes du droit français suivant les maximes de Bretagne* (Rennes, 1767-1771), V, p. 187-188.

Dans notre espèce, tant que l'époux avait la propriété de la rente viagère, la communauté en avait l'usufruit : une fois que la rente a été remplacée par un prix, c'est de ce prix seul que la communauté a eu la jouissance, de même que c'est ce prix seul qui a été propre à l'époux.

L'opinion que nous repoussons dépouillerait du reste l'un des époux au profit de la communauté. Une valeur propre est entrée dans la caisse commune, et les héritiers de l'époux ne pourraient pas l'y reprendre, sur le fondement que la communauté avait la jouissance du droit aliéné !

Ne faut-il pas au moins, tout en reconnaissant à l'époux un droit à récompense, permettre à la communauté de retenir sur le prix l'excédant des arrérages que produisait la rente sur les intérêts que produit le prix? — La première opinion le décide au cas où la communauté s'est dissoute pour toute autre cause que le prédécès de l'époux propriétaire [1]. — La seconde opinion que nous avons annoncée donne cette solution en tous cas quelconques de dissolution de la communauté [2]. — Ce que nous venons de dire suffit pour réfuter ces deux systèmes. Du moment que la communauté n'a pas de droit acquis sur la jouissance de la rente viagère, que son usufruit dès l'instant de la vente ne peut plus s'exercer que sur le prix, il devient évident qu'elle doit faire une restitution intégrale de ce prix subrogé dans la qualité de propre. En vain dirait-elle qu'elle ne doit rendre que ce dont elle s'est enrichie, l'appauvrissement qui a pu résulter de la vente doit être supporté par elle et non par l'époux.

Ainsi, en cas d'aliénation d'un *droit temporaire* propre, le prix qui en est payé lui est subrogé, et l'époux, dont il est devenu un propre, peut le reprendre intégralement [3].

VI. *De l'action en reprise.* — Etablir qu'il se produit une su-

[1] MM. Aubry et Rau, *loc. cit.* — Duranton, *loc. cit.*, etc.

[2] Merlin, *Répert.*, v° REMPLOI, § 2, n° 2. — Bellot des Minières, II, p. 382. — Toullier, XII, n° 347 et suiv., p. 507-510. — Cf. *dans l'ancien droit :* Prévot de la Jannès, *Principes de la jurisprudence française*, II, n° 369, p. 86. — Pothier, *Communauté*, n° 592.

[3] *Dans notre sens :* MM. Pont et Rodière, n° 716, p. 641-642. — Mourlon, n°s 46-47. — Proudhon, *De l'usufruit*, n°s 2672-2674, V, p. 119 et suiv. — Boileux, III, p. 68. — Marcadé sur l'article 1436, n° 2.

brogation en cas d'aliénation d'un propre, étudier les divers cas d'aliénations, déterminer les effets et l'étendue de cette subrogation, c'est à cela que jusqu'à présent ont tendu nos efforts. Il nous reste à nous occuper de l'action donnée aux époux pour faire valoir les droits que la subrogation crée à leur profit, à parler de l'*action en reprise*. Nous le ferons à un double point de vue, suivant que l'époux est propriétaire ou créancier du prix.

1° *Le prix n'a pas été versé dans la communauté.* — Nous savons que dans ce cas l'époux est resté propriétaire du prix ; c'est de ce droit de propriété qu'il se prévaudra lors de la dissolution de la communauté. Il pourra donc exercer son action en reprise par préférence aux créanciers communs, mais il ne pourra la faire porter que sur le prix qui se retrouve. Ce sont deux points qui ont été développés précédemment.

Nous pouvons être bref aussi dans l'indication d'hypothèses où le prix n'est pas confondu avec les biens communs. Il nous suffira de rappeler que la créance du prix de vente, la rente viagère ou le droit d'usufruit, moyennant lesquels l'aliénation a eu lieu, restent propres à l'époux ; que c'est une action en répétition contre l'emprunteur et non une action en récompense contre la communauté qui sera donnée à l'époux, si le prix de son propre a été immédiatement transporté à un tiers, à titre de prêt, avec indication dans l'acte de transport de la provenance des deniers. Un cas pourtant peut faire difficulté. — Il a été enseigné et jugé[1] que le mari qui dissipe le prix de son propre vendu a droit à récompense tout comme si la communauté en avait profité. Cette manière de voir, je ne saurais la partager. Le prix a-t-il été versé dans la communauté ? Non, car il est bien entendu que le mari vient de toucher ce prix, et que ce sont les deniers mêmes reçus par lui qu'il a fait servir à ses libéralités ou à ses folles dépenses ; on ne voudra pas prétendre, du reste, que ces dissipations constituent l'exercice de l'usufruit auquel la communauté a droit. La communauté donc, n'étant pas devenue propriétaire du prix de vente, ne peut être tenue à récompense : le mari a disposé, comme il en avait le droit, d'un bien propre qui lui appartenait.

[1] MM. Aubry et Rau, IV, § 511, note 4, *in fine*, p. 299. — Pont et Rodière, I, n° 709, p. 635. — Angers, 7 mars 1845 (Dev. Car., 46, II, p. 79). — *Contrà*. M. Troplong, II, n° 1093, p. 374 et suiv.

2° *Le prix a été versé dans la communauté.* — Quand le prix du propre aliéné a passé dans les biens de la communauté, soit par sa confusion avec ces biens, soit par l'usage qui en a été fait, un droit de créance, une action en reprise, voilà tout ce qui reste à l'époux. Encore l'exercice de ce droit, de cette action, est-il subordonné, en général, à la preuve que le prix est réellement entré dans la communauté : nulle présomption n'est admise en faveur de l'époux. Car enfin de ce que ce prix ne se retrouve pas en nature est-on autorisé à conclure qu'il a été versé dans la caisse commune? N'a-t-il pu rester propre et périr pour le compte de l'époux? Cependant ce que nous venons de dire doit être appliqué au mari seul. La femme, étant demeurée étrangère aussi bien à l'administration de ses propres qu'à celle de la communauté, pourrait être fort embarrassée souvent de fournir la preuve que le prix a profité à cette dernière; d'autre part, il est naturel de présumer que le mari a touché ce prix. A lui donc d'établir, le cas échéant, que les deniers provenant de l'aliénation sont restés en dehors de la communauté [1].

Je ne reviendrai pas sur ce qui a été dit plus haut que l'époux, dans notre hypothèse, doit être traité comme un créancier ordinaire, ni sur les conséquences que nous avons déduites alors de ce principe. Je ne puis davantage m'arrêter à l'étude des diverses règles selon lesquelles doivent se faire les prélèvements des époux, ou plus généralement les payements de leurs reprises. Qu'il suffise de rappeler que la femme exerce ses prélèvements avant le mari, et qu'en cas d'insuffisance des biens communs, elle peut s'en prendre aux propres de ce dernier (art. 1471-1472); enfin que c'est à la femme acceptante seule qu'est accordé le bénéfice de se payer elle-même sur les biens de la communauté, la femme renonçante étant assimilée, sous ce rapport, à tout créancier quelconque [2] (art. 1493), et ne pouvant se venger sur ces biens que par voie d'exécution forcée.

Section II. — Régime dotal.

La subrogation du prix au bien aliéné a-t-elle lieu sous le ré-

[1] Cf. MM. Aubry et Rau, IV, § 511, note 4, p. 299.— Troplong, n° 1096, *in fine*, II, p. 376-377. — Pont et Rodière, I, p. 636-637, n° 711.

[2] Sauf qu'elle a une hypothèque légale sur les conquêts de communauté comme sur les propres du mari.

gime dotal? et si elle a lieu, dans quels cas? sous quelles conditions? suivant quelles règles? C'est l'examen de ces diverses questions que nous allons aborder, après avoir jeté un rapide coup d'œil sur la législation romaine en cette matière.

I. *Droit romain.* — Le mari, en droit romain, est, tant que dure la société conjugale, le seul maître de la dot, *dominus dotis;* il en a la propriété [1], soit quiritaire, soit bonitaire [2]. Mais, comme nous l'avons montré en recherchant le sens de la règle : *In judiciis universalibus res succedit loco pretii, pretium loco rei,* la dot ne constitue pas une universalité pendant le mariage : il y a dans le patrimoine du mari certains biens, revêtus de caractères particuliers, soumis à des règles spéciales, sujets à une restitution conditionnelle ; voilà tout. S'il en était autrement, la subrogation *générale* se produirait dans la *dos* comme dans toute universalité : par le seul fait de l'aliénation d'une chose dotale, sous la condition que cette aliénation fût valable, il s'opérerait une transformation de la dot : le prix deviendrait dotal comme la chose l'était. Mais, puisque les différents biens dotaux ne forment pas un tout juridique, le seul effet de l'aliénation est de remplacer un bien par un autre dans le patrimoine du mari, sans attribuer au bien nouveau le caractère dotal qui appartenait à l'ancien : ce caractère, c'est une subrogation *spéciale* qui peut seul le lui transmettre; les jurisconsultes romains la faisaient résulter d'une convention expresse des époux en cas de vente volontaire, d'une convention présumée dans le cas d'une aliénation forcée. Précisons ces diverses hypothèses où se rencontre une subrogation du prix à la chose dotale.

1° *Vente volontaire faite par le mari seul.* — La célèbre *lex Julia de fundo dotali* ne défendait au mari que la vente des *prædia* [3], et cette prohibition même ne frappait, paraît-il, que

[1] L. 7, § 3; l. 9, § 1; l. 75, *De jure dotium* (23, 3); *J. pr. Quibus alien.* (2, 8); l. 49, *De furtis* (47, 2); l. 13, § 2; *De fundo dotali* (23, 5); c. 9, *De rei vindic.* (3, 32), etc. — Cujacius, observ. X, cap. XXXII. — Zimmern, *Rechtsgesch,* I, §§ 160-161. — Vangerow, *Lehrbuch der Pandekten* (7e édit. 1863), I, § 218, p. 399 et suiv. — Lœhr et Grolmann, *Magazin,* IV, n° 5, p. 57 et suiv. — Demangeat, *De fundo dotali.* Introduction, p. 3 et suiv., etc. — *Contrà,* Tigerström, I, § 41, p. 202 et suiv.

[2] Cf. Savigny, *System des heutigen röm. Rechts,* II, § 72, p. 113 et suiv. — Pellat, *Textes sur la dot,* p. 72-73.

[3] L. 5, l. 6, l. 13, pr., §§ 1-3; *De fundo dotali* (23, 5); J. II, *Quibus alien. licet,* 8, pr.

les fonds italiques[1]. Il était donc nombre de choses dotales dont le mari pouvait disposer seul, sans le concours de sa femme. Mais un pareil acte de disposition entraînait-il une transformation de la dot? Le prix que touchait le mari, qui devenait sa propriété, était-il frappé de dotalité, était-il subrogé dans la qualité de bien dotal du bien vendu? Il faut répondre oui, si la femme y a donné son assentiment; non, dans le cas contraire.

Le mari peut bien changer les divers objets sur lesquels porte son droit de propriété; mais là s'arrête son pouvoir; il ne peut imprimer le caractère dotal aux biens qu'il acquiert : le consentement de la femme est nécessaire pour que le prix devienne dotal. Plusieurs textes nous permettent de regarder ce point comme incontestable : la loi 25, *De jure dotium* (23, 3), par ces mots : *Permutatio dotium conventione fieri potest*, exclut l'idée que la transformation de la dot puisse se faire indépendamment de toute convention : développant la règle finale du texte précédent, la loi 26, *eod. tit.*, indique précisément le cas qui nous occupe, la *permutatio ex re in pecuniam ;* la loi 32, *eod.*, enfin subordonne de même la dotalité du prix au consentement de la femme, puisqu'elle suppose que ce consentement a été donné dans l'hypothèse d'une vente que le mari pouvait faire seul, d'une vente de choses mobilières (*lapidis ex lapidiciniis, vel arborum quæ fructus non essent*).

Ainsi, quand la femme n'a pas figuré à la vente, le bien dotal vendu est censé rester en dot; à la dissolution du mariage, le mari ne sera pas toujours libéré par la restitution du prix qu'il a reçu : si ce prix est inférieur à la valeur réelle de la chose aliénée ou à l'estimation qui en avait été faite *taxationis causa*, c'est cette valeur ou cette estimation que devra le mari. D'un autre côté, il n'aura pas la faculté de faire la restitution *annua, bima, trima die;* il sera obligé à une restitution immédiate, comme si le bien vendu lui-même se trouvait encore entre ses mains.

Mais, quand le mari s'est assuré du consentement de sa femme, le prix doit être traité comme toute valeur dotale; c'est ce prix qui sera restitué, et il le sera conformément aux règles admises pour les choses fongibles (Ulpien, VI, § 8).

2° *Vente volontaire faite conjointement par les deux époux.* —

[1] J. II, *Quibus alien. licet*, 8, pr.; c. 1, § 15; *De rei uxor. act.* (5, 13.) — Cf. Gaïus, II, § 63.

Sous l'empire de la *lex Julia,* avant les innovations introduites par Justinien [1], le mari pouvait avec le consentement de la femme aliéner les immeubles dotaux [2]. Quand une pareille vente était faite, le prix en devenait dotal par application de la règle : *Permutatio dotium conventione fieri potest,* car on était en droit de supposer que les deux époux avaient voulu le subroger à l'immeuble aliéné. La solution était la même, comme nous l'avons indiqué plus haut, quand les époux avaient vendu conjointement une chose dotale dont le mari aurait pu disposer seul. Les deux hypothèses sont mentionnées et mises sur la même ligne par la loi 32, *De jure dotium* (23, 3).

Le consentement [3] de la femme ne pouvait cependant être présumé quand la vente était désavantageuse pour elle. (L. 26, *De jure dotium,* 23, 3; l. 21, *De pactis dot.,* 23, 4.) En pareil cas, la subrogation ne s'opérait pas; le mari était obligé de restituer (et cela immédiatement), à la dissolution du mariage, la valeur ou l'estimation de la chose vendue. Peut-être même faut-il aller plus loin et étendre cette règle à toute vente qui, sans être préjudiciable à la femme, ne lui est cependant d'aucune utilité. Pourquoi, peut-on dire, la femme aurait-elle consenti à une transformation de la dot sans profit pour elle? Comment admettre qu'elle n'a pas voulu subordonner à la condition qu'elle retirerait, elle aussi, un avantage de la vente, la faculté qui en doit résulter pour le mari d'échelonner ses payements par tiers, d'année en année, lors de la dissolution du mariage? Cette interprétation, Modestin semble l'autoriser quand il dit dans la loi 26, *De jure dotium : Si hoc mulieri utile sit.*

[1] C. 1, § 15; *De rei ux. act.* (5, 13).

[2] Gaïus, II, § 63. — Paul, *Sent. recept.,* 21, B, § 2. — J. II, *Quibus alien.,* 8, pr.

[3] J'entends le consentement donné à la *permutatio dotis,* car entre les tiers et le mari on ne peut songer à arrêter l'exécution du contrat. Le consentement de la femme a, en général, une double portée : permettre au mari de faire une aliénation valable, entraîner une transformation de la dot. Or ces deux objets sont loin d'être indivisibles : le consentement qui porte sur la vente peut fort bien être pur et simple, et celui portant sur les effets de la vente, conditionnel. C'est précisément ce qu'on présume ici : la femme a autorisé la vente d'une manière absolue vis-à-vis des tiers mais selon toute apparence elle a entendu que cette vente devait être faite aux risques et périls du mari, que ce dernier ne serait pas libéré par la restitution du prix, si ce prix était inférieur à la valeur du bien vendu.

(Adde l. 21, *De pactis dot.*, 23, 4.) On objecte que la *permutatio dotis* n'aurait pas été possible dans ce système, puisque les époux ne peuvent s'avantager pendant le mariage [1]. Mais n'est-il pas telle aliénation qui profite également aux deux parties? qui n'enrichit point l'une aux dépens de l'autre? Et puis il reste toujours les ventes faites à des tiers, dans lesquelles la *permutatio dotis* peut avoir lieu tout comme dans celles consenties entre époux. Qu'est-ce qui s'oppose dans le cas de pareilles ventes à ce que la femme trouve de grands avantages au contrat?

3° *Vente forcée du fonds dotal.* — De même que l'aliénation forcée du fonds dotal ne tombait pas sous l'empire de la *lex Julia*, qu'elle n'exigeait pas pour sa validité le consentement de la femme [2], de même aussi une telle aliénation entraînait de plein droit la *permutatio dotis*, la subrogation du prix à l'immeuble aliéné. C'est qu'une convention des époux était facile à sous-entendre, c'est que tout portait à leur attribuer le désir de voir rester en dot la valeur du fonds dotal, ce fonds ne pouvant rester lui-même entre les mains du mari. Les textes nous offrent surtout deux exemples de cette subrogation, l'un en cas de *licitation*, l'autre en cas d'*éviction*.

(*a*) *Licitation du fonds dotal.* — Quand l'immeuble dotal est indivis entre le mari et des tiers, la licitation provoquée par ces derniers entraîne une aliénation nécessaire [3], à moins qu'elle ne sont tranchée au profit du mari, hypothèse qui ne doit pas nous occuper pour le moment. Cette aliénation se produit donc en deux cas : ou bien quand un copropriétaire du mari se rend adjudicataire, ou bien quand le fonds est adjugé à un étranger; dans l'un et l'autre cas, la partie du prix qui revient au mari est subrogée au fonds dotal. Tryphoninus le décide dans la loi 78, § 4, *De jure dotium* (23, 3); mais il détermine en même temps les limites dans lesquelles cette subrogation doit être renfermée. Sans doute, la soulte payée par le copropriétaire, la part qui revient au mari dans le prix que doit l'étranger

[1] M. Pellat, *Textes sur la dot*, p. 132.

[2] Cf. l. 3, § 1; l. 13, § 4; l. 1, pr., *De fundo dotali* (23, 5). — Glück, *Erlaüter. der Pandekten*, XXIII, § 1250.

[3] Ce serait au contraire une aliénation volontaire, si la licitation avait été provoquée par le mari : il faudrait appliquer alors les règles étudiées précédemment (c. 2, *De fundo dotali*, 5, 23).

adjudicataire prennent la qualité de choses dotales; mais c'est cette qualité seule qui leur est transférée, le prix n'est pas tellement subrogé au fonds vendu (*non vice corporis habetur*), qu'on puisse le regarder comme un corps certain et, comme tel, le faire restituer par le mari, suivant les mêmes règles que l'immeuble aurait été restitué. Les deux époux ont dû vouloir que la valeur qui représente le fonds dotal reste en dot : elle y restera; mais obliger le mari à la restituer immédiatement lors de la dissolution du mariage, lui qui n'a point provoqué l'aliénation de l'immeuble, et qui jouit en général du bénéfice de ne restituer les quantités qu'à l'expiration de certains délais, ce serait pousser trop loin l'idée de la subrogation et s'exposer à méconnaître l'intention des parties.

(*b*) *Eviction d'un bien dotal.* — Quand le mari est évincé d'un bien dotal, il est très-important de distinguer le cas où ce bien avait été estimé de celui où il ne l'avait pas été. Y avait-il eu estimation *venditionis causa*, le mari en cas d'éviction peut agir contre le constituant par l'action *ex empto*, comme tout acquéreur agirait contre son vendeur. Si la chose avait été, au contraire, livrée sans estimation, le mari n'a aucun recours en garantie, s'il n'établit un dol à la charge du constituant. Rien n'empêche pourtant ce constituant de promettre une indemnité en vue de l'éviction, et il faut se poser dès lors pour l'une et l'autre hypothèse, pour celle où il a été fait une estimation comme pour celle où il n'y en a point eu, la question de savoir si le prix que reçoit le mari en place de l'immeuble évincé est subrogé à cet immeuble.

Commençons par le cas où la chose dotale n'a pas été estimée et supposons avec Marcien (l. 52, *De jure dotium*) que, sans être tenue, la femme a promis le *double*. Cette indemnité sera-t-elle dotale? Dans quelle mesure le sera-t-elle? — La partie qui correspond à la valeur du bien évincé sera tout d'abord subrogée à ce bien et entrera en dot : les motifs sont ceux que nous avons développés au cas de licitation. Mais le restant de l'indemnité? Il deviendra dotal aussi, non plus en vertu de la subrogation, mais en conformité du principe que tout ce qui est acquis à l'occasion d'un bien dotal doit être rendu avec ce bien.

Voilà pourquoi Marcien peut dire : « Quia ipse fundus in dote « est, quodcumque propter eum consecutus fuerit a muliere ma-

« ritus, quandoque restituet mulieri de dolo agenti. » (L. 52, *De jure dotium*, 23, 3[1].)

Reste le cas où le bien dotal avait été estimé *venditionis causa*. Dès avant l'éviction, ce qui est en dot, ce n'est pas le bien, c'est le prix d'estimation ; par suite, peu importe, une fois l'éviction faite, que ce prix soit censé rester en dot ou que son équivalent lui soit subrogé. Quant à l'excédant de l'indemnité sur cet équivalent, Ulpien le déclare également dotal, l'éviction ne devant pas procurer un avantage au mari au détriment de la femme. (L. 16, *De jure dotium*, 23, 3.)

II. *Droit français.* — Le droit romain attribuait au consentement des époux manifesté pendant le mariage la vertu de transformer la dot, de faire naître la subrogation. Sous l'empire du Code, les choses sont changées : une fois le mariage célébré, les époux ne peuvent plus, quelque vif qu'en soit leur désir, quelque complet que soit leur accord, apporter des modifications à la composition de la dot. Par contre, ils sont libres d'autoriser à l'avance, dans leur pacte matrimonial, toute transformation ultérieure de la dot, d'imprimer le cachet de dotalité aux biens qui, constant le mariage, pourront prendre la place de choses dotales aliénées. De même donc qu'en droit romain on devait, lors de chaque aliénation, se demander si les époux avaient songé à une *permutatio dotis*, de même il faut rechercher dans notre droit si, par leur contrat de mariage, ils ont entendu permettre la subrogation d'un bien nouveau à un bien dotal. Et remarquons de suite qu'il convient peut-être de se montrer plus large dans l'interprétation de la volonté des parties qu'on ne pouvait l'être en droit romain, car ce n'est plus le mari, c'est la femme qui est propriétaire de la dot. N'admet-on pas la subrogation, la valeur du bien vendu de dotale qu'elle était devient paraphernale, c'est-à-dire se trouve mise à la disposition de la femme ; d'un autre côté, la dot est plus profondément modifiée, puisque l'on ne peut plus regarder le bien vendu comme y restant fictivement.

Nous allons donc, en recherchant quelle a été l'intention des parties au contrat de mariage et en nous appuyant constamment sur les dispositions, soit spéciales, soit plus générales de la loi

[1] Cf. l. 3, *De fundo dotali* (23, 5) ; l. 7, § 12 ; l. 61, *Soluto matr.* (24, 3.)

(nous n'oublions pas que c'est elle la base de toute subrogation), déterminer quand le prix est subrogé à la chose dotale aliénée, et quels sont les effets de cette subrogation.

1° *Vente volontaire autorisée par le contrat de mariage.* — La dot immobilière est inaliénable (art. 1554) ; mais les époux en peuvent autoriser la vente par leur contrat de mariage. Une pareille disposition existe-t-elle sans être accompagnée d'une clause exclusive de la subrogation, on en peut induire l'intention des époux de rendre dotal le prix qui proviendra de l'aliénation. Seulement, si ce prix devient dotal, si le mari en obtient l'administration et la jouissance, s'il peut en acquérir la propriété par l'exercice de son usufruit, à charge d'en restituer le montant plus tard, c'est à cela aussi que se restreint la portée de la subrogation ; son effet ne va pas jusqu'à frapper le prix d'indisponibilité entre les mains du mari, jusqu'à forcer ce dernier à une restitution immédiate, lors de la dissolution du mariage, tout comme si l'immeuble lui-même était resté dotal.

2° *Vente volontaire de meubles dotaux.* — Nous touchons ici à une question brûlante : la dot mobilière est-elle aliénable ? Il ne peut s'agir pour nous que de rechercher s'il s'opère une subrogation quand on admet qu'un meuble dotal peut faire l'objet d'une vente, soit de la part de la femme, soit de celle du mari. Nous laissons ainsi de côté le système de l'inaliénabilité absolue.

Dans l'opinion qui reconnaît à la femme le droit de vendre ses meubles dotaux avec l'autorisation du mari, je crois que la subrogation du prix doit être toujours admise. Quelle différence voudrait-on faire entre une pareille vente et celle autorisée par le contrat de mariage, dont nous parlions il n'y a qu'un instant ? Les époux n'ont-ils pas, en adoptant le régime dotal, permis implicitement et par avance l'aliénation des meubles dotaux ? Ce consentement tacite ne renferme-t-il pas, tout comme le consentement exprès, l'intention de subroger le prix au bien dotal vendu ? Car enfin il est bien plus naturel, ce me semble, d'attribuer aux époux une volonté qui ne touche que légèrement à leurs conventions matrimoniales qu'une autre qui les modifierait profondément. D'après le contrat de mariage, il devait y avoir en dot une certaine valeur mobilière aliénable. Pourquoi ne pas y maintenir cette valeur ? pourquoi donner à une aliénation qui, dans l'intention des parties, ne devait, selon toute apparence, que changer les objets mobiliers en d'autres de même valeur, l'effet exorbitant de rendre une valeur dotale paraphernale ?

Les mêmes motifs s'imposent et doivent conduire à des solutions identiques dans le système de la Cour de cassation sur l'aliénabilité de la dot mobilière. Une restriction est à faire pourtant : elle se déduit de la nature même des pouvoirs que l'on reconnaît au mari. — Le mari peut disposer des meubles dotaux ; il le peut en qualité d'administrateur, *cum liberrima potestate:* la femme est censée lui avoir accordé ce pouvoir dans le contrat de mariage. Cela étant, nul acte de mauvaise administration ne doit opérer une transformation de la dot. La vente elle-même est valable, cela ne peut faire de doute ; mais il est impossible d'admettre que la femme ait entendu consentir à une modification de sa dot mobilière qui lui serait désavantageuse. Le mari donc, lors de la dissolution du mariage, ne se libérera pas en restituant le prix de vente ; il devra la valeur réelle du meuble vendu. — Ces mêmes principes, nous les avons vus consacrés en droit romain : le consentement alors était donné pendant le mariage ; aujourd'hui il ne peut s'induire que du pacte matrimonial, ce qui rend plus inadmissible encore la présomption que la femme aurait voulu permettre une subrogation préjudiciable à ses intérêts.

3° *Aliénations forcées d'immeubles dotaux.* — Se fait-il une subrogation du prix de l'immeuble dotal au cas d'aliénation forcée de cet immeuble? C'est l'importante question que je vais m'attacher à résoudre.

Il est toute une série d'hypothèses où la vente est plutôt forcée que volontaire, mais où nulle difficulté ne peut s'élever : celles que vise la disposition finale de l'article 1558. On est plus embarrassé quand on a affaire à d'autres aliénations qui méritent peut-être plus encore le nom *d'aliénations forcées,* mais dont la loi n'a point déterminé les effets. Pourtant je n'hésite pas à les mettre sur la même ligne que celles prévues formellement par le Code.

On objectera que la subrogation est de droit strict. Mais l'intention du législateur n'est-elle pas certaine ? S'il veut que le prix devienne dotal dans les cas qu'il a eus spécialement en vue, pourquoi exclurait-il la subrogation dans les cas analogues, où l'aliénation présente le même caractère, sinon un caractère plus accentué encore, où il y a plus que parité de motifs? Quand l'esprit de la loi est manifeste, à quoi bon un texte spécial? Peut-on même exiger du législateur qu'il indique toutes les hypothèses où une règle une fois posée peut recevoir application, que cette règle se trouve établie d'une manière absolue ou qu'elle ne se laisse qu'entrevoir incidemment? — Il était nécessaire de dire que les époux peuvent, dans certains cas, aliéner les immeubles dotaux : le législateur l'a dit et en même temps a déterminé la nature du prix provenant de pareilles ventes. Mais il y a d'autres aliénations que les époux peuvent être obligés de consentir. Conclura-t-on du silence de la loi à leur égard qu'elles doivent être soumises à d'autres règles? Autant vaudrait en conclure que l'immeuble dotal ne peut pas être atteint par d'autres aliénations forcées que celles énumérées dans l'article 1558?

Ce que nous venons de dire suffirait peut-être déjà pour justifier l'opinion que nous avons émise; mais nous pouvons la renforcer par d'autres arguments que je crois décisifs.

Le droit romain d'abord témoigne en faveur de notre système : la *permutatio dotis* résultait, nous l'avons vu, des aliénations forcées. Et le Code n'attribuerait pas le même effet à ces aliénations! Il n'appliquerait pas à la licitation notamment, qu'il mentionne dans l'article 1558, la décision de la loi 78, § 4, *De jure dotium!* Mais pour quel motif, je le demande? Mais c'est *à fortiori* qu'il doit le faire. Car, en définitive, si la subrogation ne s'était pas produite en droit romain, le prix n'en serait pas moins devenu la propriété du mari, tandis que si elle ne se produisait pas dans notre droit, ce prix serait à la complète disposition de la femme, au moins quant à l'administration.

Nous avons mieux : le principe même qui sert de base au dernier alinéa de l'article 1558, aussi bien qu'à la disposition finale de l'article 1559, commande également la subrogation du prix à l'immeuble dotal dans les autres cas d'aliénations forcées. Il est à peine besoin de dire que ce principe est celui de l'immutabilité des conventions matrimoniales. Pour moi, l'économie des articles 1558 et 1559 est la suivante : ils renferment une double exception à la règle de l'article 1395 et, en regard, une double application de cette même règle. Voyons cela d'un peu plus près.

Une première exception, une première modification des conventions matrimoniales autorisée par nos articles, consiste en ce qu'un immeuble, inaliénable d'après le contrat de mariage, peut sortir des mains du mari. Mais, pour émousser autant que possible les effets de cette exception, pour sauvegarder dans une juste mesure l'intention des époux, les articles 1558 et 1559 subrogent à l'immeuble dotal ce qui restera du prix de l'aliénation. C'est là la première application de l'article 1395 : la valeur qui était en dot reste en dot, moins ce qui a été employé pour les besoins des époux.

La deuxième exception que nous avons annoncée est une conséquence de la première : l'immeuble aliéné est remplacé (en tout ou en partie) par une valeur mobilière ; d'immobilière et d'inaliénable qu'elle était, la dot est devenue mobilière et aliénable. — Et cependant l'intention des parties est certaine : ce n'est pas une dot disponible entre leurs mains, offrant prise à leurs créanciers, que les époux ont voulu avoir ; c'est une dot immobilière, inaliénable, insaisissable. S'ils avaient pu prévoir l'aliénation forcée qui leur enlève aujourd'hui leur immeuble dotal, ils auraient à coup sûr stipulé le remploi. Aussi pour remettre les choses dans l'état où elles devaient être d'après les conventions matrimoniales, nos articles exigent que le prix de l'aliénation soit remployé, consacrant une seconde fois de la sorte le principe de l'article 1395 ; la valeur dotale frappée d'inaliénabilité par le contrat de mariage restera inaliénable.

Que résulte-t-il de cette explication des articles 1558 et 1559 ? — Le voici : ces textes n'étant, dans leurs dispositions finales, que des applications de principes généraux, rien ne s'oppose à ce que les règles qu'ils contiennent soient étendues aux cas non prévus par eux, où il se rencontre parité de raisons. Le dernier alinéa des articles 1558 et 1559 n'existerait pas, que nous donnerions la solution qui s'y trouve et aux cas indiqués dans ces articles et aux cas analogues. Il n'est pas difficile de voir quels sont ces *cas analogues :* ce sont tous ceux où l'on est obligé d'admettre les deux exceptions que nous avons vu apportées par les articles 1558 et 1559 au principe de l'immutabilité du pacte matrimonial ; les exceptions existant, les applications destinées à les contre-balancer doivent exister également. Donc, dans tous les cas d'aliénations forcées, le prix est subrogé à l'immeuble aliéné, et subrogé tellement qu'il y a je ne sais quoi d'immobilier qui s'attache à lui et force le mari à en faire le remploi en immeubles. Sur ce dernier point, on ne nous opposera pas les expressions : *Pretium non corporis vice habeatur,* dont Tryphoninus, au cas de licitation, se sert dans la loi 78, § 4, *De jure dotium* (23, 3). Ces expressions, synonymes de celles-ci : « Le prix ne doit pas être regardé comme représentant un *corps certain,* » n'ont trait qu'à la question de savoir comment se fera la restitution du prix lors de la dissolution du mariage. Or, à cet égard, l'intention des époux est plus que douteuse : rien ne nous autorise à croire qu'ils ont entendu soumettre la restitution du prix aux mêmes règles que celle d'un immeuble dotal. Au contraire, c'est bien certainement se conformer à leur désir que de conserver son caractère immobilier à la valeur dotale que représentait l'immeuble aliéné. La coutume de Normandie l'avait reconnu et avait même poussé cette idée jusqu'à introduire, au cas d'aliénation d'immeubles dotaux, le remploi de plein droit sur les immeubles acquis par le mari depuis la célébration du mariage (art. 540, 541)[1].

Il nous reste à indiquer les divers cas où il y a aliénation forcée, subrogation du prix et nécessité de remploi.

Cas divers d'aliénations forcées. — 1° En première ligne se placent les hypothèses de l'article 1558, où une nécessité impérieuse, que la justice a reconnue, amène la vente de l'immeuble dotal. — Dans toutes ces hypothèses, à l'exception de la dernière (celle de *licitation*), une partie au moins du prix est immédiatement dépensée, soit pour venir en aide aux époux, soit pour assurer la conservation de la dot, soit enfin pour satisfaire les créanciers du constituant.

Mais ce qui n'est pas absorbé par ces dépenses, ce qui reste du prix entre les mains des époux, devient dotal et doit, aux termes mêmes de la loi, être remployé au profit de la femme : nous en avons dit les motifs. Aussi nous dispenserons-nous de

[1] La même coutume imposait au mari l'obligation de remployer les deniers provenant du rachat des rentes foncières dotales, disposition qui passa ensuite dans l'article 4 de la loi des 18-29 décembre 1790.

réfuter longuement l'opinion de M. Bellot des Minières[1], qui décharge le mari de l'obligation d'employer l'excédant du prix, quand cet excédant est peu considérable. Cette opinion n'a rien pour elle, ni le texte ni l'esprit de la loi, et il ne faut pas trop s'étonner si elle n'a trouvé aucun crédit[2].

Dans le dernier cas prévu par l'article 1558, la subrogation n'est pas établie expressément; mais, comme nous l'avons vu, les principes suffisent. Nous nous réservons d'ailleurs d'y revenir quand nous traiterons de *la subrogation dans le partage et la licitation*, de même que nous renvoyons l'examen détaillé de l'article 1559 au chapitre spécial qui sera consacré à l'*échange*.

2° L'indemnité allouée par le jury en cas d'*expropriation pour cause d'utilité publique* d'un immeuble dotal est subrogée à cet immeuble et sujette à remploi[3].

Si, au lieu de laisser intervenir un jugement d'expropriation, les époux passent un traité amiable avec l'administration, l'article 13 de la loi du 3 mai 1841 permet au tribunal d'ordonner les mesures de *conservation* et de *remploi*. On remet donc aux mains de la justice le soin de veiller à la sûreté de la dot et au maintien des conventions matrimoniales; mais si elle négligeait de le faire, la subrogation n'en subsisterait pas moins, aussi bien que l'obligation qui en découle pour le mari de faire remploi des deniers qu'il touche[4].

3° En cas d'incendie d'un immeuble dotal, l'indemnité payée par une *compagnie d'assurance* revêt le caractère dotal et doit être *employée* au profit de la femme. — Ce n'est pas, à vrai dire, un prix; mais pour les époux elle représente l'immeuble, tout comme un prix le ferait.

4° L'aliénation *partielle* d'un immeuble dotal opère également, quand elle est forcée, la subrogation du prix à la valeur immobilière vendue. — Qu'un propriétaire voisin use de la faculté qu'il tient de l'article 661 de se porter acquéreur de la mitoyenneté du mur d'un immeuble dotal, l'indemnité qu'il

[1] Bellot des Minières, *Traité du contrat de mariage*, IV, p. 145.

[2] *Voir surtout* : Benech, *De l'emploi et du remploi de la dot*, n° 120, p. 273. — Sériziat, *Traité du régime dotal*, n° 172.

[3] Cass., 5 décembre 1845 (Dev. et Car., 46, 1, p. 161).

[4] Cf. M. Benech, *De l'emploi et du remploi*, n° 123, p. 278. — *Contrà*, MM. Pont et Rodière, II, n° 566, p. 423.

devra payer sera marquée du cachet de dotalité; le mari, de plus, sera tenu d'en faire *emploi*. Autre exemple : le propriétaire d'un fonds enclavé exerce sur un immeuble dotal la servitude de passage à laquelle l'article 682 lui donne droit, ou bien un tiers, invoquant l'article 1er de la loi des 29 avril-1er mai 1845, obtient le passage sur le fonds dotal des eaux destinées à l'irrigation de ses propriétés; il naît, dans l'un et l'autre cas, et la subrogation de l'indemnité que reçoivent les époux à la valeur dotale qu'ils ont perdue et l'obligation pour le mari de faire emploi de cette indemnité.

Puisque j'en suis aux aliénations partielles des immeubles dotaux, je veux relever ce que je crois une inexactitude ou au moins une inadvertance de M. Benech[1]. Cet excellent auteur, d'ordinaire si précis et si exact, veut, en se fondant sur la loi 32, *De jure dotium*, mettre sur la même ligne que les aliénations forcées les cas de vente d'un droit de superficie sur des immeubles dotaux, ou de certaines choses tirées de ces immeubles et ne pouvant être regardées comme des fruits. — Mais la preuve que le droit romain ne voyait pas d'aliénations forcées dans ces ventes, c'est qu'il exigeait le consentement de la femme pour que la *permutatio dotis* en pût sortir, ou même, à l'égard de certaines d'entre elles, pour qu'elles fussent valables (vente du droit de superficie). Il doit en être de même dans notre droit : l'aliénation des produits, autres que des fruits retirés des immeubles, sera soumise aux mêmes règles que toute aliénation volontaire de meubles dotaux; et quant à la vente d'un droit de superficie, elle ne sera possible que sous les mêmes conditions et produira les mêmes effets que toute aliénation de la dot immobilière.

5° Si le mari est évincé d'un immeuble dotal, les deniers qu'il obtient par l'exercice de son action en garantie contre le constituant deviennent dotaux; emploi, de plus, doit en être fait[2]. Sans doute, l'immeuble n'avait été que temporairement un immeuble dotal; mais l'intention des époux d'avoir une dot immobilière peut-elle être révoquée en doute? *Fundus in dote est*, n'hésitait pas à dire le droit romain dans un cas pareil. (L. 52, *De jure dotium*, 23, 3.)

[1] M. Benech, *Traité de l'emploi et du remploi de la dot*, n° **124**, p. **279**.

[2] Cf. M. Benech, *op. cit.*, n° **121**, p. **274**. — *Contrà*, MM. Tessier, *Traité de la dot*, I, p. **283**. — Duranton, XV, n° **435**.

6° Qu'au lieu d'une éviction, on songe à l'exercice d'une action en nullité ou en rescision, ou aussi d'un retrait conventionnel, et l'on sera conduit à la même solution que nous venons de donner, pourvu que le mari ait reçu une certaine valeur en place de l'immeuble qui est sorti de ses mains.

§ 2. — Subrogation de la chose acquise au prix qui a servi à l'acquérir.

La subrogation dont nous terminons l'étude est intéressante à bien des égards; mais il faut reconnaître qu'elle est empêchée trop souvent de sortir son effet, à raison du droit de jouissance qui appartient, suivant les régimes, ou au mari ou à la communauté. Sous ce rapport, elle est moins importante que celle qui doit faire l'objet de ce paragraphe. Nous avons vu jusqu'à présent la qualité de propre ou de bien dotal transmise presque toujours à des choses fongibles; nous allons la voir passer à des corps certains dont l'un des époux aura et conservera la propriété exclusive. Cette nouvelle subrogation a lieu en cas d'*emploi*. Fidèle au plan suivi jusqu'à ce moment, je l'étudierai d'abord sous le régime de la communauté, sous le régime dotal ensuite, en laissant momentanément de côté ce qui se rattache à l'échange ou au partage.

SECTION I. — De l'emploi sous le régime de la communauté.

Transformer des deniers propres en un immeuble propre, voilà l'emploi. — On comprend l'intérêt que cette transformation peut avoir pour le mari comme pour la femme. Pour le mari? Si l'acquisition est faite avec des deniers lui appartenant, elle peut constituer un placement avantageux et lui permettre de réaliser des profits; si elle est faite pour le compte de la femme, la communauté est dégrevée d'autant, et, comme usufruitière, pourra retirer de l'immeuble acquis plus que ne lui rapportait la somme employée. Quant à la femme, s'il s'agit d'un emploi de ses deniers, qu'elle ne se plaigne pas [1]. Laissée

[1] Toute fraude de la part du mari n'est sans doute pas impossible; il pourrait notamment *exagérer* le prix pour retenir l'excédant de ce prix simulé sur le prix réel. A la femme ou à ses héritiers à rechercher et à

juge de la question de savoir si l'emploi qu'on lui offre présente ou non des dangers pour elle, elle pourra le refuser dans le premier cas, l'accepter au cas contraire. Une fois rassurée sur l'opportunité de l'acquisition, comment la femme n'aurait-elle pas tout avantage à *enfoncer ses deniers en fonds d'héritages?* selon le pittoresque langage des vieux juristes de la Bretagne. Au lieu d'une somme d'argent dont le mari avait la libre disposition, et qui, même pour un bon administrateur, est une *fragilis res,* aujourd'hui plus encore peut-être qu'au temps où Proculus l'entendait dire par des *rustici senes*[1]; au lieu d'une créance contre la communauté dont le mari est seigneur et maître, qu'il peut amoindrir chaque jour par son incurie ou ses folles dépenses, la femme, grâce à la subrogation, aura un propre immobilier dont la perte est moins à redouter[2], dont l'aliénation ne peut avoir lieu sans son consentement. — S'agit-il même de l'emploi de deniers propres au mari, la femme ne pourra le voir que d'un bon œil, à raison de la garantie plus grande qu'il lui procure.

Maintenant que nous sommes convaincus de l'importance de la subrogation que produit l'emploi, nous pouvons déterminer les cas où elle se présente, les conditions auxquelles son existence est subordonnée. A cet effet, nous distinguerons deux espèces d'emploi : l'emploi stipulé et l'emploi non stipulé dans le contrat de mariage.

I. *De l'emploi non stipulé dans le contrat de mariage.* — Des deniers ont été réservés propres aux époux : une clause de réalisation expresse ou tacite (autre que la clause d'emploi) leur a attribué ce caractère, ou bien ils ont été donnés ou légués sous la condition expresse qu'ils ne tomberaient pas en communauté, ou bien enfin ils ont été tirés d'immeubles propres. Une acquisition immobilière est faite avec la déclaration que c'est des deniers propres de l'un des époux, et en général avec l'accomplissement de toutes les conditions que réclame l'emploi : l'im-

prouver l'existence d'une pareille fraude. Ils pourront en faire la preuve par tous moyens.

[1] L. 79, § 1, *De legatis,* 3°.

[2] « Facilius perit pecunia quam corpora, » disait le président Favre (Codex Fabrianus, *De jure dotium*, def. II, note 6 (*Opera omnia,* t. IX).

meuble ainsi acquis sera-t-il subrogé à la valeur propre [1] qui a servi à son acquisition? On s'est élevé contre cette subrogation, on en a nié l'existence [2]; mais, en le faisant, on ne s'est pas souvenu des traditions que l'ancien droit nous a léguées, ni des dispositions très-probantes que le législateur moderne a inscrites dans nos Codes.

Ce n'est pas que nos vieux auteurs nous présentent un système complet sur la matière, mais nous trouvons au moins dans leurs ouvrages des indications suffisantes pour être autorisé à dire que, dans l'ancien droit, l'emploi opérait subrogation sans qu'il eût besoin d'être stipulé dans le contrat de mariage. Au seizième siècle déjà, d'Argentré reconnaît au mari la faculté d'offrir un emploi à la femme; il le fait dans des termes qui excluent toute idée de *stipulation* et de *charge* d'emploi : « Ex « quo et ipse vir, dit-il, *si libet*, constante matrimonio, compen- « sationes dare *non vetatur*, assignando æquivalentia prædia [3]. » Duplessis, au siècle suivant, est plus explicite encore; il dit formellement : « Car il le peut faire aussy (l'emploi) quoyqu'il n'y ait point eu de stipulation d'employ par le contrat de mariage [4]. » Interrogeons-nous Lebrun et Pothier, les réponses sont les mêmes. Lebrun, prévoyant le cas où le mari, pour prix d'acquisition d'une terre, a donné une *obligation* que le vendeur lui devait, n'élève pas le moindre doute sur l'existence de la subrogation; il exige seulement, pour que l'immeuble devienne propre, qu'il y ait eu une déclaration d'emploi [5]. Pothier enfin, le père de notre droit actuel, pose le principe de la subrogation dans les termes les plus généraux qui se puissent désirer : « Lorsque j'achète, dit-il, durant la communauté, un héritage,

[1] Peu importe, du reste, que les deniers aient été confondus dans la communauté : la propriété en est momentanément rendue à l'époux, quand ils sont tirés de la caisse commune pour payer l'acquisition de l'immeuble.

[2] MM. Duranton, XIV, n°s 389 390. — Dalloz, *Répertoire*, X, n° 60. p. 196. — Douai, 2 avril 1846 (Dev. et Car., 47, II, p. 413).

[3] Duplessis, *Traités sur la coutume de Paris. De la communauté*, liv. II, sect. II, p. 471 (édit. 1699).

[4] D'Argentré sur Bretagne, art. 419, glose 5, n° 3.

[5] Lebrun, *De la communauté*, liv. III, chap. II, sect. I, dist. 2, n° 68, p. 318. — Cf. encore Tronçon, *Le droit français et coutume de la prévôté de Paris*, sur art. 232. — Pierre le Maistre, *Coutume de Paris*, ibid., p. 268 (édit. 1741).

avec déclaration que c'est des deniers qui m'étaient propres... l'héritage acquis avec cette déclaration, quoique acquis durant la communauté, a par la subrogation la qualité de propre de communauté [1]. »

S'il en était ainsi dans l'ancien droit, pourquoi en serait-il autrement sous l'empire du Code? Si l'on ne distinguait pas alors entre l'emploi stipulé et l'emploi non stipulé, pourquoi cette distinction aurait elle été faite par le législateur de 1804? — Mais, dit on, les articles 1434 et 1435 ne parlent que du remploi; on a donc entendu laisser les immeubles acquis en emploi sous la présomption de l'article 1402. — Ne jouons pas sur les mots. Si l'on veut se donner la peine d'examiner les choses d'un peu près, on se convaincra aisément qu'il est impossible de ne pas mettre sur la même ligne l'emploi et le remploi. L'emploi! le remploi! Où est la différence? Le remploi n'est-il pas tout simplement un cas spécial d'emploi? Qu'importe que les deniers servant à l'acquisition soient devenus propres par leur subrogation à un propre vendu, ou le soient devenus de toute autre manière? Dans les deux cas, il y aura un emploi fait avec des deniers propres. Il suffit donc que la loi se soit expliquée au sujet de l'un de ces cas, celui qui se présentait le plus naturellement à l'esprit quand on venait de s'occuper de l'aliénation des immeubles propres; ce qui est dit pour ce cas est censé dit pour l'autre. Il nous sera même facile de montrer, le texte de la loi à la main, que telle a été la pensée des rédacteurs du Code.

Faisons voir d'abord que cette interprétation a été donnée par le législateur lui-même. — L'article 558 du Code de commerce permet à la femme du failli de reprendre les immeubles qui avaient été acquis en emploi de deniers à elle échus par succession ou donation; il exige seulement que les conditions des articles 1434 et 1435 aient été remplies, et, de plus (disposition spéciale à la faillite), que l'origine des deniers soit constatée par un acte authentique. Ce serait là une anomalie, une exception aux règles ordinaires admises en matière de faillite, si l'emploi ne produisait subrogation. Au contraire, on s'explique fort bien l'article 558, on le trouve concordant, on ne peut mieux, avec

[1] Pothier, *De la communauté*, n° 198.

l'ensemble du système qui règle les droits de la femme dont l'époux est failli, dès que l'on regarde les immeubles acquis en emploi comme appartenant à la femme, comme subrogés à ses deniers propres. Que peut, en effet, reprendre la femme du failli d'après les articles 557 et 560? Uniquement ses propres existant en nature, les biens dont elle a gardé et prouve avoir gardé la propriété. Si donc l'article 558 l'autorise à retirer les immeubles acquis en emploi, tout porte à croire qu'il considère ces immeubles comme des propres de subrogation existant en nature; cette explication est même la seule qui se concilie avec les termes dont le législateur a fait usage [1].

Revenons aux dispositions du Code Napoléon. — Nous avons vu précédemment que les articles 1434 et 1435 appellent *remploi* ce qui n'est, à vrai dire, qu'un *emploi* de deniers provenant de la vente d'un propre, et nous en avons conclu que ces textes devaient être appliqués à toute espèce d'emploi. — La preuve que cette conclusion n'était pas téméraire va nous être fournie par l'article 1470. — Tandis que les articles 1434 et 1435 ne prévoyaient expressément que l'hypothèse spéciale où les deniers employés étaient devenus propres par subrogation, notre article 1470 embrasse tous les cas d'emploi, et les désignant par le mot de *remploi* montre qu'ils doivent être régis par les articles 1434 et 1435. Il est ainsi conçu :

« Art. 1470. Sur la masse des biens chaque époux ou son héritier prélève :

« 1° Ses *biens personnels* qui ne sont point entrés en communauté, s'ils existent en nature, ou *ceux qui ont été acquis en remploi;*

« 2° Le prix de ses *immeubles* qui ont été aliénés pendant la communauté et dont il n'a pas été fait *remploi*... »

Voilà qui est clair : l'époux peut reprendre, comme propriétaire, tous ses biens personnels, c'est-à-dire ses immeubles propres et ses valeurs mobilières qui n'ont pas été confondues avec les biens de la communauté. — Si ces différents biens n'existent plus en nature, mais ont été remployés, en d'autres

[1] L'article 558, ainsi entendu, est d'autant plus probant qu'il se réfère à une hypothèse où les rédacteurs n'ont pu songer à une stipulation d'emploi insérée dans le contrat de mariage.

termes, si du prix des immeubles propres vendus d'autres immeubles ont été acquis conformément aux articles 1434 et 1435, si les deniers propres ont été *employés* en acquisitions immobilières, les nouveaux immeubles sont propres de subrogation et peuvent être repris par l'époux. — Ainsi l'article 1470 prouve invinciblement que l'emploi de deniers propres opère subrogation.

Ce ne sont pourtant pas là les seuls arguments que l'on peut invoquer à l'appui de notre thèse : il en est d'autres encore que nous pourrions produire ; mais je n'en veux plus rapporter qu'un seul : il se tire de l'article 1595, al. 2. L'une des ventes permises entre époux est, aux termes de cet article, la cession faite par le mari d'immeubles lui appartenant, en emploi de deniers propres de la femme. Ces immeubles entrent donc dans le domaine de la femme ! ils sont subrogés à ses deniers propres ! — Dira-t-on que cet emploi a lieu dans des circonstances exceptionnelles ? — Mais comment justifier raisonnablement une distinction entre le cas où le mari cède à sa femme des immeubles qu'il avait acquis antérieurement, et celui où il lui cède (toujours si elle le veut bien) des immeubles qu'il vient d'acquérir en déclarant que c'est avec des deniers de la femme et en emploi de ces deniers?

Tenons donc pour certain que la subrogation se produit même en cas d'emploi non stipulé dans le contrat de mariage[1]. Mais sous quelles conditions? avec quels effets? C'est ce que nous allons rechercher.

A. *Conditions de la subrogation en cas d'emploi non stipulé dans le contrat de mariage.* — Comme la principale application de la subrogation réelle se rencontre précisément en cas d'emploi et de remploi, que cette matière, d'autre part, est encore l'objet de vives controverses entre les auteurs, il ne sera peut-être pas hors de propos d'étudier avec soin ce qu'il faut pour qu'il puisse y avoir emploi et partant subrogation, d'étudier, en d'autres termes, les dispositions des articles 1434 et 1435;

[1] *Dans notre sens :* MM. Aubry et Rau, IV, § 507, note 81. — Troplong, *Contrat de mariage*, II, n°s 1155-1157. — Rodière et Pont, I, n° 513. — Toullier, XII, n° 356. — Caen, 6 mai 1839. — Paris, 9 juillet 1841 (Dev. et Car., 41, II, p. 534). — Cass., 16 novembre 1859 (Dev. et Car., 60, I, p. 241). — Douai, 15 juin 1861 (Dev. et Car., 62, II, p. 65).

car, nous l'avons vu, ces textes doivent être appliqués à toute espèce d'*emploi* des biens propres, le mot pris dans son acception la plus large.

I. *De l'emploi des deniers propres du mari.*

a. De la déclaration d'emploi et de l'indication de l'origine des deniers. — L'article 1434 semble exiger du mari une double déclaration : déclaration d'emploi, indication de l'origine des deniers. Mais tout le monde n'est pas d'accord à ce sujet : quelques auteurs se contentent de l'une quelconque de ces déclarations, tandis que d'autres font une distinction, et qu'une troisième opinion trouve dans l'article 1434 deux conditions également indispensables. Examinons chacun de ces systèmes :

1° D'après les partisans du premier [1], l'emploi serait effectué, la subrogation produite et dans le cas où le mari s'est contenté d'indiquer l'origine des deniers et dans celui où il a fait une simple déclaration d'emploi. Opposez-leur le texte de l'article 1434, et ils vous répondent : « C'est *par inadvertance* que cette disposition a été rédigée ainsi, que les rédacteurs du Code ont substitué la particule *et* à la disjonctive *ou* dont Pothier s'était servi. Sans cela, il faudrait admettre qu'ils ont voulu revenir sur une jurisprudence constante dans l'ancien droit. » — Quoi ! c'est une erreur de copie qui aurait donné naissance à la disposition de l'article 1434, et une fois l'erreur commise, tout le monde aurait continué à se méprendre sur le sentiment de Pothier, et les rédacteurs eux-mêmes, et les tribunaux de cassation et d'appel, et le conseil d'Etat, et le Tribunat, qui tous s'occupèrent spécialement de ce texte ! Non, certes, il n'y a pas eu de méprise : les rédacteurs ont écrit ce qu'ils voulaient écrire ; ils savaient consacrer une opinion universellement admise avant eux ; car, n'en déplaise à nos adversaires, si l'ancienne jurisprudence a été constante en un sens, ce n'est pas en celui qu'ils pensent. Duplessis, Renusson, Lebrun, Brodeau et beaucoup d'autres s'expliquent de la façon la plus catégorique [2] sur la

[1] MM. Odier, *Traité du contrat de mariage*, I, n° 325. — Duvergier sur Toullier, XII, n° 370. — Duranton, XV, n° 428.

[2] Si l'on veut mettre une inadvertance sur le compte de quelqu'un, c'est donc plutôt sur celui de Pothier qu'il faudrait la mettre, d'autant qu'il ne parle que très-incidemment de notre question.

nécessité d'une double déclaration. — Ecoutez Duplessis[1] : « Pour former le remploi, dit-il, il faut que le mari par le contrat d'acquisition déclare que c'est des deniers stipulés propres à lui... et qu'*il stipule en même temps* que ces héritages ou rentes nouvellement acquises demeureront propres pour lui servir de remploi. » — Renusson nous montre tout aussi clairement comment la déclaration du mari doit être formulée, quand il se pose cette question : « Que dira-t-on si le mari, depuis le contrat d'acquisition, a déclaré par quelque acte postérieurement fait que les acquisitions par lui faites sont des deniers dotaux de la femme, et qu'il les a faites pour lui tenir lieu d'emploi[2] ». — Lebrun tient le même langage[3]. — Brodeau rapporte un arrêt du 23 mars 1611 où il est jugé que « la subrogation n'a pas lieu, le mari n'ayant pas déclaré lors de l'exécution du retrait[4] que c'étaient des deniers procédant de la vente de son propre et pour lui tenir lieu de propre[5]. » — Ces auteurs sont loin d'être les seuls de leur opinion[6]; mais les diverses propositions que nous avons glanées dans leurs écrits suffisent pour faire voir que, si les rédacteurs du Code ont imposé au mari la nécessité d'une double déclaration, ce n'est pas là le jeu du hasard, le résultat d'une inadvertance, c'est qu'ils ont voulu conserver sous la législation nouvelle une théorie qui avait poussé de si profondes racines dans l'ancien droit.

[1] Duplessis, *Traités sur la coutume de Paris. De la communauté*, liv. II, chap. IV, sect. II.

[2] Renusson, *Des propres*, chap. VI, sect. VII, n° 27.

[3] Lebrun, *De la communauté*, liv. III, chap. II, sect. I, dist. 2, n° 62, p. 316, et n° 68, p. 318.

[4] Il s'agissait, dans l'espèce, d'un immeuble retiré au moyen de deniers provenus de l'aliénation d'un propre.

[5] Brodeau sur Louet, *Lettre R.* som. 30, II, p. 531 (édit. 1742).

[6] *Voir encore* : d'Aguesseau, 27e plaidoyer, p. 644. — Chassanée sur Bourgogne, *Des droits appartenant à gens mariés*, chap. XIV, § 2. — Bretonnier, *Recueil des principales questions de droit*, v° SUBROGATION, p. 365 (édit. 1783), etc. — Jusque dans notre droit local (anciens statuts de la ville de Strasbourg), on avait senti la nécessité d'une pareille déclaration. On regardait comme acquêt le bien acquis à l'aide de deniers provenant d'un propre « Nisi emendo alteram domum protestatus sit et *declaraverit* se « velle ut *pecunia ex venditione suæ patrimonialis domus* redacta *teneat* « *locum illius.* » (*Consilia argentoratensia*, vol. IX, 1701). Resp. 177, p. 1314. — Cf. Silberrad, *De acquæstu conjugali secundum jus statutarium arg.*, § 15, p. 31.

Si même l'ancienne jurisprudence avait été tout autre qu'elle n'a été réellement, il me paraîtrait impossible de prêter au législateur une autre intention que celle de subordonner à une double condition la validité de l'emploi. Eh quoi ! non contents d'avoir exigé une première fois dans l'article 1434 les deux déclarations que l'on connaît, les rédacteurs insistent ; il les présentent une seconde fois dans l'article suivant comme aussi indispensables l'une que l'autre, et l'on ne se déclare pas satisfait ! et l'on élève des doutes sur l'intention qui a présidé à la confection de ces articles ! et l'on accuse le législateur d'inadvertance ! On a été long, en tout cas, à s'apercevoir de cette inadvertance, puisqu'en 1807, quand on a rédigé le Code de commerce, en 1838, quand on l'a si profondément modifié, personne n'a songé à la réparer, mais qu'on s'en est tenu à la double déclaration exigée par les articles 1434 et 1435 (art. 546, anc. Cod. de comm. ; art. 558, nouv. Cod.) [loi du 28 mai 1838].

Si l'opinion que je combats se met en opposition avec le texte de la loi, elle ne se met pas moins en opposition avec les principes reçus depuis longtemps en matière de subrogation. — Fiction juridique, celle-ci est de droit strict, et les circonstances dans lesquelles elle peut naître doivent être déterminées avec une rigueur pour ainsi dire mathématique. Ainsi, quand la loi permet aux parties de subroger un bien à un autre, il faut pour cela que leur intention soit certaine, qu'elles aient déclaré formellement vouloir user du droit que le législateur leur confère. — « Les subrogations, a dit Renusson en un passage que nous avons déjà cité [1], ne se suppléent point *par présomption* et *par induction.* » Fidèle à ce principe dans les articles 1250, al. 2, et 2103, al. 2, au cas de subrogation personnelle, le Code a certainement voulu le consacrer aussi quant à la subrogation réelle par les articles 1434 et 1435. Or l'une quelconque des déclarations dont il est question dans ces textes aurait-elle pu suffire à sauvegarder ce principe? Ne fallait-il pas d'une part obliger les époux à préciser la valeur propre à laquelle le nouveau bien devait être subrogé? Ne fallait-il pas, d'un autre côté, être certain, grâce à une déclaration expresse émanant d'eux, qu'ils avaient bien l'intention de faire naître une subrogation ?

[1] Renusson, *Des propres*, chap. IV, sect. V, n° 1, p. 190.

— La première déclaration, celle de l'origine des deniers, fait-elle défaut, l'objet même de la subrogation est indéterminé et l'incertitude la plus grande règne, pour les tiers, sur la qualité du bien acquis. — Le mari avait-il effectivement des deniers propres auxquels cet immeuble a pu être subrogé ? — Quelle était, en tout cas, la valeur de ces deniers? La subrogation a-t-elle pu transférer la qualité de propre à tout ou partie seulement du bien nouveau ? — Autant de questions dont la solution ne peut être laissée en suspens dans une matière où tout est rigueur.

Que si le mari, tout en indiquant l'origine des deniers, omet de déclarer que l'acquisition est faite pour lui servir d'emploi, comment cette simple indication pourrait-elle opérer subrogation ? — Qu'importe qu'un immeuble ait été payé de deniers propres ou de deniers de la communauté. « Tout immeuble, dit l'article 1402, est réputé acquêt de communauté. » Le mari est censé vouloir acquérir pour la communauté, sauf son droit de récompense s'il a payé avec des deniers à lui propres. Les tiers pourront toujours invoquer cette présomption contre lui s'il n'a pas déclaré *formellement* qu'il entend garder pour lui l'immeuble acquis en le subrogeant à ses deniers propres. Or, encore une fois, cette subrogation ne s'opère pas de plein droit, par cela seul que des deniers propres servent à l'acquisition d'un immeuble; la loi la fait dépendre de la volonté clairement exprimée des parties. — Et l'on ne peut que rendre hommage à la sagesse du législateur. Que de difficultés surgiraient si l'on n'exigeait une déclaration expresse d'emploi! que de fraudes seraient à craindre de la part du mari! — Une acquisition aurait-elle été avantageuse, le mari viendrait dire, à la dissolution du mariage, que son intention avait toujours été de faire servir l'immeuble d'emploi à ses deniers propres. L'immeuble, au contraire, aurait-il péri, il s'empresserait de soutenir que, s'il a déclaré l'origine des deniers, ce n'a été que pour affirmer sa créance contre la communauté et nullement pour indiquer qu'il voulait faire une acquisition en emploi.

Voilà pour la première opinion, passons à la seconde.

Deuxième opinion. — Tout en reconnaissant avec nous qu'une déclaration d'emploi est toujours nécessaire, on a pensé, dans un second système, qu'elle doit être regardée comme suffisante[1]. A quoi bon une indication, la plupart du temps inexacte, de l'origine des deniers, du moment que le mari s'exprime, lors de l'acquisition, en des termes qui ne laissent aucun doute sur sa volonté d'effectuer un emploi? Les articles 1434 et 1435 semblent, il est vrai, exiger l'une et l'autre déclaration; mais s'ils ont rappelé celle relative à l'origine des deniers, « c'est bien moins comme une condition distincte de la déclaration d'emploi que pour exprimer l'idée qu'elle serait insuffisante si elle n'était accompagnée de cette déclaration. »

Cette opinion soulève, en partie, les mêmes objections que la précédente : les articles 1434 et 1435 N., 553 C. font dépendre la subrogation de la double déclaration qu'ils mentionnent; en matière de subrogation, il faut s'attacher autant que possible à la lettre de la loi; ces textes sont en conformité parfaite avec l'ancien droit, et nous pouvons même ajouter à ce que nous avons dit à ce sujet, que si quelques auteurs semblent parfois se contenter de la seule déclaration d'emploi, celle qu'ils ont en vue est toujours formulée de manière à contenir en elle une indication de l'origine des deniers. Ainsi Pothier, qu'on nous opposait tout à l'heure, dit dans le même numéro 198 de son *Traité de la communauté :* « Si j'ai vendu mon héritage propre pour le prix de 1 200 livres et que j'en aie acheté un autre... avec déclaration que c'était pour me tenir lieu de *remploi du prix qui m'était dû de celui que j'ai vendu* 1 200 *livres...* » Bacquet, prévoyant un cas différent de celui qui nous occupe, mais où les mêmes déclarations sont exigées, le cas d'emploi des deniers propres de la femme qui ont été l'objet d'une stipulation d'emploi dans le contrat de mariage ne regarde pas les acquisitions comme appartenant à la femme, « si elles ne portent par *mots exprès* qu'elles ont été faites pour satisfaire à la *clause de remploy portée par son contrat de mariage*[2]. »

On objecte que l'indication de l'origine des deniers serait sans objet. Nous avons vu, au contraire, qu'elle est nécessitée par les principes mêmes de la subrogation, que sans elle les tiers seraient exposés à la plus fâcheuse incertitude sur l'existence et l'étendue de l'emploi. Il y a plus, l'intérêt de la femme

[1] MM. Aubry et Rau, IV, § 507, note 64, p. 259.

[2] Bacquet, *Des droits de justice,* chap. XXI, n° 301, p. 235 (édit. 1688).

exige cette indication. Si elle n'était pas faite, comment lui serait-il possible, à elle ou à ses héritiers, de prouver, lors de la dissolution du mariage, que les deniers qui ont payé l'acquisition ne pouvaient être propres au mari, que celui-ci n'avait alors aucuns biens personnels qu'il pût *employer*, ni deniers tombés dans la communauté à charge de récompense ni deniers restés en dehors de cette communauté ? N'y aurait-il pas un vaste champ ouvert aux hypothèses ? Le mari ne pourrait-il pas toujours soutenir, d'une manière ou d'une autre, qu'il venait de toucher des deniers à lui propres, et que ce sont ces deniers qu'il a employés ? — Peut-être même évitera-t-on un autre danger encore par l'indication de l'origine des deniers. Qu'on en dispense le mari, et qu'on lui laisse faire simultanément plusieurs acquisitions immobilières excédant la valeur de ses deniers propres avec la simple déclaration d'emploi. Que va-t-il arriver? S'il ne lui échoit pas de nouveaux deniers propres, le mari pourra revendiquer comme siens les immeubles les plus avantageux jusqu'à concurrence des deniers employés, et laisser les autres à la charge de la communauté, en disant qu'à leur égard il avait entendu faire *un emploi anticipé* qui n'a pas pu se réaliser. On va se récrier : « C'est une fraude évidente ! » Mais puisque vous faites tout dépendre de l'intention d'opérer l'emploi, le mari ne pourra-t-il pas vous dire : « Prouvez-moi que mon intention manifestée d'une manière générale par la déclaration d'emploi a porté actuellement sur tel immeuble plutôt que sur tel autre. » — Après ces nouveaux développements, je me crois autorisé à prétendre que la déclaration de l'origine des deniers est loin d'être sans objet.

3° Le dernier système enfin n'admet la subrogation que si l'acte d'acquisition contient à la fois une déclaration d'emploi et une mention de l'origine des deniers[1]. Il est tout justifié par la critique même des deux autres. Je ne m'y rangerai pourtant pas sans proposer un amendement. Au lieu d'exiger toujours la déclaration de l'origine des deniers, je me contenterais, en cer-

[1] MM. Rodière et Pont, n° 504, I, p. 437 et suiv. — Troplong, II, n°s 1119-1120, II, p. 394-397. — Benech, *De l'emploi et du remploi*, n° 36, p. 65 et suiv. — Rolland de Villargues, *Répert. du notariat*, v° REMPLOI, § 1, art. 2, n° 36. — Marcadé, sur 1434-1435, n° 2. — Cour de Nancy, 26 juin 1833. — Cass., 23 mai 1838 (Dev. et Car., 38, I, p. 525).

tains cas, d'un équivalent. Que le mari fasse la déclaration ordinaire d'emploi, qu'outre cela l'existence de deniers propres se trouve constatée par un écrit, soit authentique, soit sous seing privé ayant date certaine, que leur identité enfin soit clairement prouvée, et rien, à mon sens, ne s'opposera à ce que la subrogation se produise. Sans doute l'identité de deniers propres est loin de suffire si elle n'est pas accompagnée d'une déclaration d'emploi [1]. Mais quand cette déclaration existe à côté d'elle, le but que l'indication de l'origine des deniers doit faire atteindre est atteint par cela même. En veut-on un exemple? On n'a qu'à supposer une acquisition faite (avec déclaration d'emploi) à l'aide d'une créance stipulée propre au mari dans le contrat de mariage ; en un cas pareil, indiquer l'origine de la valeur employée ne serait-ce pas chose bien superflue ? Lebrun paraît avoir été de cet avis, car il n'impose dans ce cas au mari que l'obligation de déclarer qu'il entend effectuer l'emploi [2].

Rien que quelques mots sur la forme que peut revêtir et l'époque où doit être faite la double déclaration dont l'objet et le but viennent d'être précisés.

La forme n'a rien de sacramentel. Que veut la loi ? Que le mari soit définitivement lié, les tiers avertis, toute fraude rendue impossible. Ce résultat atteint, que faut-il de plus [3] ?

Quant au temps où la déclaration doit intervenir, la solution à donner ne saurait souffrir plus de difficulté. Ce serait vraiment faire la partie trop belle au mari que de le laisser libre d'ajourner sa déclaration jusqu'au moment qui lui paraîtrait opportun, et de s'approprier ainsi le bénéfice d'acquisitions avantageuses qui semblaient faites originairement pour le compte de la communauté. L'ancien droit déjà exigeait que la déclaration

[1] Cela n'a jamais fait difficulté dans l'ancien droit. Duplessis, par exemple, dit que la subrogation n'a pas lieu, manquant la double déclaration... « quand même l'acquisition aurait été faite le lendemain du contrat. » (Duplessis, *op. cit.*, liv. II, chap. IV, sect. II). — *Adde præsertim* : Brodeau sur Louet, *Lettre R. som.*, 30, annot. A, II, p. 531. — Renusson, *Des propres*, chap. VI, sect. VII, n° 22, p. 313 ; n° 24, p. 314.

[2] Lebrun, *De la communauté*, liv. III, chap. II, sect. I, dist. 2, n° 68 p. 318.

[3] Cf. MM. Aubry et Rau, IV, § 507, p. 258-259. — Troplong, II, n° 1123, p. 399. — Rodière et Pont, n° 505, p. 442. — Cass, 23 mai 1838 (Dev. et Car., 38, I, p. 525).

du mari fût faite *in continenti*[1]; l'article 1434 veut, à son exemple, qu'elle ait lieu *lors de l'acquisition.* C'est donc dans le contrat même d'acquisition qu'elle doit être contenue[2].

b. Des biens que le mari peut acquérir en emploi. — Le mari jouit de la latitude la plus grande dans le choix du bien qu'il veut subroger à ses deniers propres. Meuble ou immeuble, corporel ou incorporel, tout bien pourra être acquis des tiers et servir d'emploi. Mais la femme ne peut ni céder au mari un de ses propres à titre d'emploi, ni consentir à ce qu'au même titre il prenne un bien de la communauté. La première proposition est incontestable : la femme n'est pas tenue et ne sera pas tenue, lors de la dissolution du mariage, de payer sur ses biens personnels la récompense due au mari à raison de ses deniers propres. Rien n'autoriserait donc à faire rentrer la cession d'un propre de la femme dans l'une des exceptions que l'article 1595 apporte à la prohibition de la vente entre époux[3]. Mais la solution me paraît certaine aussi quand la femme veut seulement permettre à son mari de subroger un immeuble de la communauté à une valeur qui lui est propre[4]. Peut-on songer en ce cas à une dation en payement et à une dette personnelle de la femme, comme dans les cas où la vente est exceptionnellement permise entre conjoints?

c. Du temps où l'emploi peut être fait. — Aussi longtemps que dure la communauté, le mari peut faire l'emploi ; mais le peut-il faire dès avant le mariage, entre le contrat et la célébration? Je crois que les biens acquis, à ce moment, au moyen de deniers stipulés propres sont subrogés à ces deniers[5], encore

[1] Brodeau sur Louet, *Lettre R.*, som. 30, II, p. 531 (arrêt 23 mars 1611). — Renusson, *Des propres*, chap. VI, sect. VII, n° 27, p. 314-315.— Pothier, *De la communauté*, n° 198, *in fine.* — Lebrun, *De la communauté*, liv. III, chap. II, sect. I, dist. 2, n° 63, p. 317.

[2] Cf. MM. Aubry et Rau, IV, § 507, note 65, p. 259. — Benech, *op. cit.*, n° 33, p. 59 et suiv. — Troplong, II, n° 1122, p. 398. — Rodière et Pont, I, n° 506, p. 443, etc.

[3] Ce n'est pas sans motif que l'article 1595 parle seulement de la cession faite par le mari.

[4] *Contrà*, Toullier, XII, n° 366, p. 529.

[5] Nous pouvons regarder déjà ces deniers comme propres, car le mariage intervenant, le contrat de mariage a son effet du jour de sa date. Domat, *Loix civiles*, liv. I, tit. X, *Des dots*, p. 95 (édit. 1745).

qu'il n'y ait eu aucune déclaration faite par le mari. Il me paraît d'abord hors de doute que, sous peine de violation de l'article 1395, ces biens ne pourraient tomber dans la communauté qu'à charge de récompense. Mais je vais plus loin et je dis que les biens dont il s'agit sont entièrement exclus de la communauté. Stipuler tels deniers propres au mari, n'est-ce pas lui permettre de les transformer en d'autres valeurs, de les employer à l'acquisition de nouveaux biens auxquels la subrogation imprimera le caractère propre, le tout à la seule condition qu'il manifeste clairement son intention à ce sujet? Sans doute, une fois le mariage célébré, il faut une déclaration expresse, puisque les biens acquis à partir de ce moment sont présumés acquêts; mais avant que la communauté ait commencé à quoi bon une pareille déclaration? Le futur époux devient de toute façon propriétaire du bien payé de ses deniers, et la présomption doit être ici qu'il entend se le réserver propre à leur place.

La question, du reste, ne présente de véritable intérêt que si le bien acquis est un meuble, qui, sans la subrogation, tomberait en communauté. Un immeuble que le mari aurait acheté en serait exclu par son caractère même, sans qu'on puisse se prévaloir en sens contraire de l'article 1404, al. 2 : car, *cessante legis ratione, cessat effectus*.

II. *De l'emploi des deniers propres de la femme.*

a. De la double déclaration. — L'emploi des deniers de la femme exige les mêmes déclarations que celui fait au profit du mari. Il ne doit point y avoir de doute sur l'intention d'opérer la subrogation; de là, la déclaration d'emploi. — L'existence et la valeur des deniers propres doivent être certaines; de là, la nécessité d'indiquer leur origine. Cette indication aura encore pour autre conséquence d'empêcher les avantages que par une déclaration mensongère d'emploi le mari pourrait procurer à sa femme, au détriment de ses créanciers ou de ses héritiers à réserve.

Si ce premier point est généralement admis, il n'en est pas tout à fait de même de cet autre, à savoir : que la déclaration, comme en cas d'emploi des deniers du mari, doit être contenue dans l'acte d'acquisition. On a prétendu qu'elle pouvait se produire *ex intervallo*, en s'autorisant de l'opinion de Dumoulin et en invoquant l'article 1595, *décisif*, a-t-on dit[1].

[1] MM. Rodière et Pont, n° 507, p. 444.—Marcadé sur 1434 et 1435, n° 3.

Il faudrait pourtant en finir une bonne fois avec cette vieille erreur, très-répandue déjà dans l'ancien droit, que Dumoulin se contentait d'une déclaration d'emploi postérieure au contrat d'acquisition pour que la subrogation s'opérât en faveur de la femme. Pas plus que Pothier[1], que Lebrun[2], que Renusson[3], Dumoulin n'a jamais rien enseigné de pareil; les divers passages où l'on a cru découvrir cette doctrine ont trait à une question tout autre, celle de savoir si, en cas d'aliénation d'un de ses propres, la femme avait droit à récompense. Quand Dumoulin écrivait, la coutume de Paris n'avait pas été réformée encore; l'article 232, qui introduisit le *remploi* de plein droit, n'existait pas; on n'accordait dès lors à la femme le droit de reprendre le prix de son propre aliéné que s'il y en avait eu une stipulation expresse lors de la vente. C'est cette stipulation que, dans l'intérêt de la femme, Dumoulin permet de faire même *ex intervallo*, après l'aliénation du propre; il la considère avec raison comme une reconnaissance fort équitable d'une dette de la communauté envers la femme. Pour se convaincre que c'est là l'unique portée des observations du grand jurisconsulte, il suffit de se reporter à leur texte même. Les passages dont on s'est prévalu sont des notes sur les articles 164 de la coutume de Blois et 238 de celle de Bourbonnais.

La coutume de Blois, art. 164, est ainsi conçue[4] :

« Si, constant le mariage de deux conjoints, l'un d'eux vend son héritage propre, l'autre desdits conjoints peut accorder audit vendeur que les deniers qui en istront soient employés en héritage qui sera le propre dudit vendeur, ou que les deniers soient premiers prins par ledit vendeur ou ses hoirs, après le décès de l'un d'iceux. »

Sur les mots *soient premiers prins*, Dumoulin remarque[5] : « Id est super massa communi, non autem super portione « hæredum tantum, et dico quod *consensus* iste fieri potest *ex*

[1] Pothier, *De la communauté*, n° 199, *init.*

[2] Lebrun, *De la communauté*, liv. III, chap. II, sect. I, dist. 2, n°s 62-63, p. 316-317.

[3] Renusson, *Des propres*, chap. VI, sect. VII, n° 27, p. 314-315.

[4] Coutumier général de Bourdot de Richebourg (1724), III, p. 1059.

[5] « Molinæi notæ solemnes ad consuetudines gallicas. » *Coustumes de Blois*, II, p. 736 (*Opera omnia*. Parisiis, 1681).

« *intervallo*, etiam *in testamento*, quia est *recognitio bonæ fidei*;
« et ita per arrestum judicatum fuit etiam sub consuetudinem
« Parisiensem. »

Quant à la coutume de Bourbonnais, art. 238, elle porte[1] :
« La femme peut vendre, donner et échanger et autrement aliéner ses héritages de l'autorité de son mary, sans en être récompensée. »

Dumoulin ajoute au mot *récompensée* la note suivante[2] : « Sane
« intelligendum ne fiat ad motum viri vel suorum; maritus
« etiam poterit ex intervallo, *fidem agnoscendo, recompensare*
« uxorem. »

On le voit, il n'est partout question que de la récompense due à la femme, nulle part de la déclaration d'emploi, sur laquelle Dumoulin ne s'est expliqué positivement en aucune partie de ses œuvres. D'Aguesseau[3] commet une double erreur quand il nous le représente comme s'étant contenté d'abord (dans les passages que nous avons rapportés) d'une déclaration postérieure d'emploi, comme étant revenu plus tard sur sa première opinion dans ses notes sur l'article 225 de la coutume de Melun[4]. L'une de ces affirmations n'est pas plus exacte que l'autre : les notes de Dumoulin sur l'article 225, tout comme cet article lui-même, sont étrangères à la déclaration d'emploi proprement dite. Elles se réfèrent à *la protestation de faire le remploi* que l'ancien droit exigeait au moment de la vente d'un propre, pour que le prix pût plus tard être employé.

Que l'opinion contraire cesse donc d'invoquer Dumoulin; tout appui lui fait défaut de ce côté-là, de même que nous avons vu déjà qu'elle se met en contradiction avec une doctrine généralement reçue dans l'ancien droit[5]. Mais arrivons à la législation actuelle.

On se prévaut contre nous du silence de l'article 1435, qui ne dit pas expressément que la déclaration doit être faite *in conti-*

1 *Coutumier général*, III, p. 1250.

2 « Molinæi notæ solemnes. » *Coustume de Bourbonnais*, II, p. 713.

3 D'Aguesseau, 27e plaidoyer, p. 644-645.

4 *Coutumier général*, III, p. 449. — « Molinæi notæ solemnes. » *Coustume de Melun*, II, p. 697.

5 Cf. Lebrun, Pothier, Renusson, *locc. citt.* — Duplessis, *De la communauté*, liv. II, sect. II, etc.

nenti. — Mais il n'avait pas à le dire : son unique but était de compléter l'article précédent, d'exiger, outre la déclaration dont il avait été parlé dans ce texte, l'acceptation de la femme pour le compte de qui l'emploi est fait. Ç'aurait été une superfétation que de rappeler les conditions de la déclaration elle-même.

Sans doute, il n'y a pas à craindre, au cas qui nous occupe, que le mari cherche à s'enrichir au détriment de la communauté; mais un autre danger peut se présenter, c'est que le mari veuille avantager sa femme au préjudice de ses créanciers à lui. — Il achète un immeuble, sans déclaration aucune; l'immeuble augmente de valeur ; des accessions viennent s'y joindre; puis seulement il déclare que l'acquisition a été faite en emploi des deniers propres de sa femme. Si vous donnez effet à cette déclaration tardive, si vous dites qu'il se produira une subrogation, ayant date entre les parties du jour de l'acquisition, voyez donc où vous en arrivez ! La femme va prendre l'immeuble, tel qu'il se trouve, pour le prix porté au contrat, Et que pourront à cela les tiers qui ont traité avec le mari, comptant de bonne foi sur l'immeuble, ou seulement sur son augmentation de valeur? Ne faut-il pas, pour que l'on puisse attacher une telle efficacité à la déclaration, qu'ils soient avertis dès l'instant de l'acquisition ?

L'article 558 du Code de commerce confirme notre système, Il ne constitue nullement une exception expressément faite par la loi pour le cas de faillite du mari, comme le voudraient MM. Pont et Rodière : il consacre certainement le principe que ceux qui contractent avec le mari doivent être renseignés sur la qualité des biens qu'il possède, si l'on veut exhiber plus tard de cette qualité contre eux. Comment ce principe serait-il spécial à la faillite ?

Un dernier argument reste; on y attache un grand prix, on nous l'oppose avec confiance, on l'appelle *décisif !* De ce que le mari est autorisé par l'article 1595, al. 2, à céder un de ses immeubles en emploi des deniers propres de sa femme, on conclut que la déclaration peut n'intervenir qu'après l'acquisition. Le raisonnement est simple : si un immeuble acquis par le mari sans déclaration d'emploi peut devenir propre de la femme par une cession qui lui est faite plus tard, pourquoi la subrogation ne s'opérerait-elle pas de même en cas de déclaration postérieure? Une telle déclaration ne peut elle pas être regardée comme une cession? — Sans doute, rien ne s'opose à ce qu'une déclaration faite *ex intervallo* produise les mêmes effets qu'une cession faite au même moment, mais cette cession ne produit pas les mêmes effets qu'une déclaration faite *in continenti*. Voilà ce que n'ont pas vu nos adversaires, et ce qui détruit leur argumentation. Quand le mari acquiert un immeuble avec la déclaration que c'est en emploi des deniers de sa femme, la subrogation se produit immédiatement ; la femme, une fois qu'elle a accepté, est censée propriétaire du moment même de l'achat (sauf les droits réels concédés par le mari à des tiers avant l'acceptation) ; les accessions, les augmentations de valeur lui profitent, et les créanciers du mari seront malvenus, lors de la dissolution de la communauté, à soutenir que la femme prend l'immeuble à des conditions trop avantageuses. Au contraire, s'il n'y a eu qu'une cession postérieure à l'acquisition de l'immeuble par le mari, la subrogation ne remonte pas, quant à ses effets, au jour de cette acquisition : c'est la vente, la cession consentie à la femme qui constitue l'emploi et transfère la propriété *ex nunc*. Au cas donc où le mari voudrait céder l'immeuble pour un prix égal à celui porté dans le contrat d'acquisition, mais inférieur à la valeur actuelle, ses créanciers pourraient attaquer la cession comme faite en fraude de leurs droits et le contraindre, le cas échéant, à exercer l'action en rescision pour lésion (art. 1166-1167). De plus, ses héritiers réservataires seraient recevables à soutenir que la cession constitue pour la femme un avantage indirect (art. 1595, al. dern.).

On le voit, si même l'on accorde qu'une déclaration peut être traitée comme une cession, il ne sera pas dit par là qu'elle équivaut à une déclaration faite *in continenti*. Cette dernière est indispensable pour qu'il se produise un véritable emploi [1].

b. De l'acceptation de l'emploi par la femme. — Outre la déclaration d'emploi et l'indication de l'origine des deniers, il faut ici, pour que le bien acquis soit subrogé à l'argent propre, le consentement de la personne que cette subrogation intéresse

[1] Cf. MM. Aubry et Rau, IV, § 507, p. 259, note 65.— Troplong, nos 1117 et 1122. — Benech, *op. cit.*, no 35, p. 58 et suiv. — Rolland de Villargues, vo REMPLOI, no 38. — Duranton, XIV, nos 392 et 396. — Bourges, 26 avril 1837 (Dev. et Car., 37, II, p. 359).

le plus directement, l'*acceptation de la femme*. Le mari peut offrir à sa femme le moyen de faire un emploi, en acquérant un bien susceptible de prendre la place de ses deniers propres. Mais là doit s'arrêter son pouvoir. Lui, qui n'a pas le droit de vendre seul un immeuble propre de sa femme, pourrait-il avoir celui d'imposer son acquisition à cette dernière, de la rendre propriétaire malgré elle, d'employer son argent sans même prendre son avis ?

Rien ne s'explique donc mieux que cette disposition des articles 1435 et 1493, al. 2, qui exigent l'acceptation de la femme comme condition de l'emploi de ses deniers. Du reste, ce n'est pas là un principe nouveau : l'ancien droit le connaissait et l'appliquait depuis longtemps. — Au seizième siècle déjà, Guy Coquille écrivait : « Le plus sûr est, quand tel emploi se fait, que le mari ne fasse rien sans la volonté et consentement de sa femme [1]. » Ceci n'était dit que du cas où l'emploi avait été stipulé dans le contrat de mariage, mais ce devait être vrai, à plus forte raison, de celui qui nous occupe. — Aux siècles suivants, cette doctrine s'affirma avec une netteté très-grande ; point d'acceptation, point de subrogation. Renusson [2], Lebrun [3], Duplessis [4] et, en dernier lieu, Pothier [5] s'expriment à ce sujet de la manière la plus précise.

Pour l'explication de cette condition spéciale de l'emploi, nous nous bornerons à examiner les deux points que voici : 1° A quelle époque l'acceptation doit-elle être faite pour opérer subrogation ? — 2° Dans quelles formes doit-elle avoir lieu ?

1° *A quelle époque l'acceptation doit elle être faite ?* — L'acceptation de la femme n'a pas besoin, comme la déclaration d'emploi, d'être faite au moment même de l'acquisition, elle peut intervenir *ex intervallo*. Cela ne faisait pas difficulté dans

[1] Guy Coquille, *Questions et réponses sur les coutumes*, question 286, II, p. 314-315 (édit. Bordeaux, 1703).

[2] Renusson, *Des propres*, chap. VI, sect. VII, n° 25, p. 314.

[3] Lebrun, *De la communauté*, liv. III, chap. II, sect. I, dist. 2, n° 65, p. 317 ; liv. I, chap. V, sect. II, n° 7, dist. 3, p. 108.

[4] Duplessis, *Traités sur la coutume de Paris. Communauté*, liv. II, sect. II, p. 471 (édit. 1699).

[5] Pothier, *De la communauté*, n°s 199 et suiv.

l'ancien droit[1], cela n'en fait pas davantage sous l'empire du Code[2]. Ne faut-il pas, en effet, accorder un certain délai à la femme pour qu'elle puisse se renseigner sur les avantages ou les inconvénients que l'acquisition pourra présenter? Et les tiers ne sont-ils pas suffisamment avertis déjà par la déclaration d'emploi?

Mais on doit se demander alors si l'acceptation sera toujours possible, ou bien s'il n'arrivera pas un moment où elle serait tardivement faite? La règle me paraît être la suivante : La femme a le droit d'accepter l'emploi jusqu'à la dissolution de la communauté, à moins que le mari n'ait retiré auparavant l'offre qu'il lui avait faite.

Et d'abord, l'acceptation ne peut plus avoir lieu après la dissolution de la communauté. — Notre opinion, sur ce point, rencontre des contradicteurs. Dans l'ancien droit déjà elle n'était pas partagée par tout le monde ; et bien que de nombreux auteurs l'enseignassent[3], Pothier avait préféré ne pas se prononcer[4]. — Au conseil d'État, la question fut soulevée à propos de l'article 1435 et une assez vive discussion s'engagea. On réclama pour la femme le droit d'accepter après la dissolution de la communauté ; quelques voix appuyèrent cette proposition en la restreignant au cas où la femme n'avait pas eu connaissance, pendant le mariage, de la déclaration d'emploi faite en sa faveur. Finalement, la majorité du conseil d'Etat s'en tint au principe qu'une acceptation postérieure à la dissolution ne peut qu'être tardive[5].

Cette intention du législateur, à défaut des travaux prépara-

[1] Boucher d'Argis sur Bretonnier, *Questions de droit*, v° SUBROGATION, p. 365 (édit. 1783).— Lebrun, *De la communauté*, liv. III, chap. II, sect. I, dist. 2, n°s 66-67, p. 317-318. — Pothier, *De la communauté*, n° 200.

[2] MM. Troplong, n°s 1118-1125. — Pont et Rodière, n° 509, p. 445. — Beneeb, n° 44, p. 117. — Duranton, XIV, n° 393. — Malleville sur l'article 1435, III, p. 246, etc. — *Contrà*, Delvincourt, III, note 2, p. 62.

[3] Lebrun, *De la communauté*, liv. III, chap. II, sect. I, dist. 2, n° 67, p. 318. — Duplessis, *Communauté*, liv. II, chap. IV, sect. II, p. 472-473. — Valin, *Nouveau Commentaire sur la coutume de la Rochelle*, II, p. 618 (édit. 1756).

[4] Pothier, *De la communauté*, n° 200.

[5] Séance du 6 vendémiaire an XII (Locré, *Législation*, XIII, p. 193 et suiv., n° 16. — Malleville, *Analyse raisonnée*, III, p. 245-246).

toires, ressortirait clairement du seul texte de l'article 1435. Après nous avoir appris que l'emploi doit être accepté par la femme, on ajoute : « Si elle ne l'a pas accepté, elle a seulement droit, *lors de la dissolution de la communauté*, à la reprise du prix... » A quel moment donc faut-il apprécier, d'après l'article 1435, l'efficacité ou la non-efficacité de l'emploi ? Uniquement lors de la dissolution de la communauté. N'est-ce pas dire qu'après cette dissolution l'acceptation et la non-acceptation sont également indifférentes, que la déclaration d'emploi est censée n'avoir jamais eu lieu ? Si l'acceptation postérieure pouvait encore opérer subrogation, comment serait-il exact de dire, en se plaçant à l'époque de la dissolution du mariage, que la femme ne peut plus jamais avoir qu'une créance de reprise ?

Du reste, rien de plus juste que cette barrière opposée à la faculté d'accepter de la femme. Dans une opération aussi aléatoire que l'emploi, les deux parties doivent avoir des risques à courir ; or permettez à la femme d'accepter encore, une fois la communauté dissoute, et vous mettrez toutes les chances de perte du côté du mari et de ses créanciers, sans leur laisser aucun espoir de profiter de l'acquisition faite ; tandis que la femme optera, en parfaite connaissance de cause, pour le parti qui lui sera le plus avantageux. Et puis ne faut-il pas que les tiers soient une bonne fois fixés sur la qualité qui doit rester au bien acquis ? — A cela on objecte qu'en nous engageant sur ce terrain, nous serons logiquement conduit à exiger une acceptation *in continenti*. Quelle différence pourrons-nous faire entre l'acceptation qui précède et celle qui suit de quelques jours la dissolution de la communauté [1] ? — Cette objection ne nous touche pas. Si l'acceptation n'est possible que durant la communauté, la femme pourra-t-elle attendre le dernier moment pour la faire ? Saura-t-elle à l'avance l'époque où la dissolution arrivera ? Ne se hâtera-t-elle pas d'accepter l'emploi dès qu'elle croira y voir un intérêt sérieux ? De cette manière, le mari ne sera plus seul à supporter des risques, et la qualité du bien ne restera pas trop longtemps en suspens.

En décidant que l'acceptation de la femme doit être faite

[1] MM. Pont et Rodière, I, n° 509, p. 447-448.

avant la dissolution de la communauté [1], nous rejetons également et le système de ceux qui se contentent toujours d'une acceptation postérieure [2] et l'opinion nouvelle de MM. Rodière et Pont qui veulent que l'offre faite à la femme soit considérée comme éteinte par la mort du mari, mais qu'en dehors de ce cas, l'acceptation soit efficace à quelque époque qu'elle se produise [3].

D'après la deuxième partie de notre règle, l'acceptation doit être faite avant toute révocation de la déclaration d'emploi. La femme n'aurait aucun droit sur le bien acquis de ses deniers propres s'il n'y avait pas eu de déclaration d'emploi; le bien deviendrait conquêt, et elle se trouverait réduite à une créance, exigible seulement lors de la dissolution de la communauté. La déclaration d'emploi constitue donc une offre de payement anticipé que le mari n'était nullement obligé de faire, et qu'il est libre, par suite, de révoquer tant qu'elle n'a pas été acceptée par la femme. Cette révocation pourra être totale ou partielle, expresse ou tacite. Une révocation tacite totale sera l'aliénation par le mari du bien qu'il avait destiné d'abord à l'emploi; une révocation partielle, la concession de droits réels sur ce bien. Dans le dernier cas, rien ne s'oppose à ce que la femme accepte encore l'emploi; seulement la subrogation ne rendra l'immeuble propre que sous la réserve des droits accordés aux tiers. De même dans toutes autres hypothèses de révocation partielle.

2° *Des conditions de forme de l'acceptation.* — I. Il faut et il suffit que la volonté d'accepter soit certaine.

Une acceptation expresse n'est donc pas nécessaire. Il est vrai que la loi semble condamner cette manière de voir, l'article 1435 portant que le remploi doit être *formellement* accepté; il est vrai encore que dans l'ancien droit Bourjon écrivait : « A l'égard de la femme, son action de remploi ne cesse que lorsqu'elle a accepté le remploi... et il faut que cette acceptation soit *for-*

[1] Cf. *dans notre sens :* MM. Aubry et Rau, IV, § 507, note 70, p. 261. — Troplong, II, n° 1118, p. 393; n° 1126, p. 401 402. — Malleville, *Analyse raisonnée*, III, p. 245-246. — Benech, n° 93, p. 217-219. — Rolland de Villargues, *Répert.*, v° REMPLOI, n° 47. — Duranton, XIV, n° 393, p. 528 et suiv.

[2] Voir surtout Battur, *Traité de la communauté*, I, n° 211 (1829).

[3] MM. Pont et Rodière, I, n° 509, p. 447-448.

melle[1]. » Malgré cela, je crois que l'on irait trop loin si l'on décidait avec M. Benech qu'une acceptation tacite ne saurait en aucun cas suffire[2]. Pourquoi donc ce rigorisme extrême? Pourquoi ôter leur signification à des faits, à des circonstances qui parlent, qui sont une expression aussi certaine de la volonté de la femme que toutes les déclarations qu'elle pourrait faire? Le but que l'acceptation a pour mission de remplir n'est-il pas rempli? Les tribunaux ne discerneront-ils pas aisément les cas où la femme a évidemment entendu consentir à la subrogation de ceux où son consentement est douteux? — Je dis « où son consentement est *douteux* » : un simple doute en effet, la moindre incertitude sur l'intention de la femme devront faire obstacle à la subrogation. Si l'on peut se contenter d'une acceptation tacite, au moins faut-il qu'elle soit certaine; le décider autrement, ce serait livrer à l'arbitraire une matière qui demande la plus grande précision, ce serait heurter de front et le texte de l'article 1435 et l'esprit qui a présidé à sa rédaction, ce serait enlever à la femme les garanties que le législateur, en exigeant son acceptation, a voulu lui assurer.

Je ne verrai pas, d'après cela, une acceptation tacite dans la seule circonstance que la femme aurait été présente à l'achat ou qu'elle aurait même signé le contrat d'acquisition. Ne peut-on pas lui prêter une intention tout autre que celle d'accepter? N'a-t-elle pas pu vouloir garantir au vendeur le payement de son prix ou s'assurer de la sincérité de la convention? Il y a plus : je veux même qu'elle ait manifesté par sa présence son *désir* d'accepter l'emploi; est-ce à dire pour cela qu'elle se trouvera immédiatement liée? Ne faut-il pas présumer, s'il n'appert clairement du contraire, que, tout en avertissant les tiers de son intention d'accepter, elle veut se réserver un certain temps avant de le faire, pour se conseiller sur les avantages et les inconvénients probables de la subrogation[3]? Pothier, sans doute, se contentait de la présence de la femme ou de sa *souscription* au contrat : l'une et l'autre lui paraissaient une suffisante ac-

[1] Bourjon, *Droit commun de la France. Communauté*, VIe partie, chap. II, sect. IV, dist. 2, n° 72, I, p. 621.

[2] M. Benech, *De l'emploi et du remploi*, n° 43, p. 113-117.

[3] La faculté d'accepter *ex intervallo* est un véritable bénéfice accordé à la femme, dans l'intérêt de sa fortune personnelle : on ne doit donc admettre que difficilement l'abdication de cette faculté.

ceptation[1]; mais d'autres auteurs se montraient à bon droit plus rigoureux. Duplessis estimait « qu'il est nécessaire que la femme *parle* au contrat d'acquest où tel employ ou remploy de ses deniers propres ou provenant de ses propres est stipulé, et qu'elle y *consente* afin qu'il ait lieu[2]. » Lebrun me semble professer une opinion diamétralement opposée à celle de Pothier[3]. Bourjon enfin, comme nous l'avons vu, demande une acceptation *formelle*[4]. Et c'est précisément la même expression que nous trouvons dans l'article 1435. Je crois donc hors de doute que les rédacteurs du Code, tout en n'exigeant pas une acceptation *expresse*, ont voulu rejeter l'opinion de Pothier pour adopter celle de Duplessis, de Lebrun, de Bourjon, qui tous demandaient une manifestation de volonté sur laquelle la moindre incertitude ne fût pas possible[5].

II. L'acceptation ne peut être partielle. — Si le mari a fait, avec déclaration d'emploi, plusieurs acquisitions successives, l'acceptation intervenant après la dernière s'appliquera à toutes. Comment permettre à la femme de scinder l'offre qui lui est faite, de prendre pour elle les achats avantageux, de laisser les autres à la charge du mari[6]? Il va sans dire que notre règle est étrangère au cas où, après une première acceptation, une nouvelle acquisition en emploi serait faite : la femme sera parfaitement maîtresse de refuser cette acquisition nouvelle. Il n'y a pas ici un emploi, mais plusieurs.

III. L'acceptation doit avoir acquis date certaine pour qu'on puisse l'opposer aux tiers[7]. — Mais nous n'exigerons l'authenticité en aucun cas[8].

[1] Pothier, *De la communauté*, n° 200, *in fine*.

[2] Duplessis, *Traités sur la coutume de Paris. Communauté*, liv. II, sect. II, p. 471.

[3] Lebrun, *De la communauté*, liv. III, chap. II, sect. I, dist. 2, nos 69-72, p. 318-319.

[4] Bourjon, *loc. cit.*

[5] *Contrà*, MM. Aubry et Rau, IV, § 507, note 66, p. 260. — Troplong, II, n° 1129, p. 403-405. — Odier, I, n° 323. — Bruxelles, 10 février 1812. — Cass., 17 août 1813, etc. — *Dans notre sens :* MM. Pont et Rodière, n° 510, p. 449-450.

[6] Cf. l. 16, *De admin. et per. tut.* (26,7).

[7] Cf. MM. Benech, n° 46, p. 119. — Troplong, II, n° 1132, p. 406. — Pont et Rodière, I, n° 510, p. 450.

[8] Cf. MM. Pont et Rodière, *loc. cit.* — Troplong, *loc. cit.* — *Contrà*, MM. Duranton, XIV, n° 394. — Odier, I, n° 323.

B. *Effets de la subrogation que produit l'emploi.* — Tout se passe comme au cas où le prix subrogé à un propre vendu n'est pas versé dans la communauté. Il suffira de rappeler quelques points essentiels.

Le conjoint pour lequel l'emploi est fait devient propriétaire du bien acquis, et par suite :

1° Il perd tout droit de créance contre la communauté, à raison de la valeur propre employée, même pour le cas où le bien acquis en emploi périrait ou diminuerait considérablement de prix. Réciproquement aussi, tout ce qui augmente ce bien lui profite à l'exclusion de la communauté ;

2° Si l'emploi a été fait de deniers propres de la femme, le bien subrogé ne pourra être saisi par les créanciers du mari ou de la communauté, sous le bénéfice seulement des observations présentées par nous au précédent paragraphe ;

3° Le bien acquis en emploi est repris par l'époux par préférence aux créanciers communs.

Il reste à nous demander quelle est l'étendue de la subrogation que l'emploi fait naître et de quelle époque elle peut dater.

Quelle est l'étendue de la subrogation? — Ou bien le prix est entièrement payé de deniers propres ou bien ces deniers n'en ont pu couvrir qu'une partie. Au premier cas, le bien nouveau devient propre pour le tout ; dans le second cas, il ne le devient que jusqu'à concurrence des deniers employés ; il appartient à la communauté pour le surplus. Si l'excédant du prix sur les deniers propres était pourtant de peu d'importance, il serait naturel de présumer que les parties ont entendu le considérer lui-même comme propre et donner naissance à une subrogation qui embrasse tout le bien acquis [1]. Le Code ne s'en explique pas ; mais Pothier est si précis [2] et l'ancien droit en général consacrait si expressément cette règle [3], qu'on ne peut se méprendre sur le silence des rédacteurs [4].

[1] Il va sans dire que l'époux auquel la subrogation profite sera tenu à récompense envers la communauté.

[2] Pothier, *De la communauté*, n° 198.

[3] Cf., par exemple, *Coutume de Bourbonnais*, art. 239 (*Coutumier général*, III, p. 1250).

[4] Cf. MM. Aubry et Rau, IV, § 507, p. 264. — Troplong, II, n° 1151, p. 424, etc.

De quelle époque date la subrogation? — La question se présente à l'égard de l'emploi des deniers propres de la femme, cet emploi n'étant parfait que par l'acceptation et celle-ci pouvant avoir lieu *ex intervallo*. Je crois que la subrogation produit effet du jour de l'acquisition, comme au cas d'emploi des deniers propres du mari. — La déclaration d'emploi opère subrogation sous la condition *suspensive* de l'acceptation de la femme, et affecte ainsi la propriété du mari d'une condition *résolutoire*. Sans doute, cette résolution présente cela de particulier qu'elle ne peut faire tomber les droits réels concédés dans l'intervalle à des tiers, qu'elle ne peut donner lieu à l'application de la règle : *Resoluto jure dantis, resolvitur jus accipientis*, puisque la déclaration d'emploi, émanant du libre arbitre du mari, peut être retirée par lui partiellement comme elle peut l'être pour le tout. Mais, abstraction faite de ces révocations, quand l'acceptation de la femme intervient, la condition se réalise, la subrogation est censée s'être produite au moment même où la déclaration a été faite, le bien censé devenu propre dès cet instant ; de sorte que les créanciers de la communauté, ceux mêmes qui dans l'intervalle ont acquis des hypothèques légales ou judiciaires, n'ont aucuns droits sur ce bien. — Si l'on n'admettait pas cette rétroactivité, si l'on n'admettait pas que la subrogation est engendrée par la déclaration du mari, sous la condition suspensive de l'acceptation (ce qui, soit dit en passant, se concilie fort bien avec les termes de l'article 1435), en vertu de quel titre la propriété serait-elle transférée à la femme? Ce pourrait être à titre de dation en payement. Mais pourquoi cette dation ne serait-elle pas traitée comme toute cession ordinaire, pourquoi ne serait-elle pas gouvernée par les règles que nous avons vues appliquées à celle de l'article 1595, al. 2[1]? Et si l'on allait effectivement jusqu'à prétendre que les mêmes principes doivent être admis dans notre cas, quelle serait, je le demande, l'utilité de l'article 1435?

On a voulu expliquer encore la rétroactivité de l'acceptation en regardant le mari comme *negotiorum gestor* ou même comme

[1] Pourquoi notamment le montant des deniers propres nécessaires à l'emploi serait-il déterminé sur le pied de l'acquisition et non d'après la valeur du bien au moment de l'acceptation?

mandataire, l'acceptation contenant ratification [1]. Mais le mari peut-il tout seul, soit en qualité de mandataire, soit en qualité de *negotiorum gestor* surtout, subroger un bien aux deniers propres de sa femme ? — Ce doute même à part, pourquoi chercher si loin l'idée de mandat ou de gestion d'affaires, quand il suffit de remarquer que le bénéfice accordé à la femme de n'accepter qu'après mûre délibération ne devant pas pouvoir se retourner contre elle, il faut faire produire à l'acceptation, qui a eu lieu *ex intervallo,* les mêmes effets que si elle avait été faite au moment même de l'acquisition ?

II. *De l'emploi stipulé dans le contrat de mariage.* — C'était une clause du contrat de mariage bien fréquente dans l'ancien droit que celle appelée alors *stipulation d'emploi* et *destination de deniers* en achat d'héritage. Dès le seizième siècle, les écrits des jurisconsultes en font foi ; d'Argentré disait de cette clause : *Creberrima exempla in usu sunt* [2] ; Guy Coquille attestait qu'« ordinairement les femmes apportaient leur dot en deniers, et que la coutume était de convenir que partie de ces deniers dotaux serait employée en achat d'héritage propre pour elle et les siens [3]. » — Renusson écrivait plus tard qu'« il est apposé *très-souvent* dans les contrats de mariage une clause, par laquelle on stipule que les deniers ou autres effets mobiliers seront employés en achat d'héritage [4]. » — Enfin la coutume de Paris et celle d'Orléans, et elles n'étaient pas les seules [5], contenaient à ce sujet des dispositions expresses [6].

L'effet immédiat de la stipulation était de réaliser les deniers qui en faisaient l'objet, de les réserver propres à l'un des époux. C'était là un point universellement reconnu, que la coutume l'eût ou non expressément consacré [7]. Renusson nous l'apprend

[1] Labbé, *De la ratification des actes d'un gérant d'affaires,* nos 89-96. — Cf. Pothier, *De la communauté,* n° 200. — D'Aguesseau, *Œuvres,* II, p. 464, plaidoyer 27 (édit. Pardessus).

[2] D'Argentré sur Bretagne, art. 408.

[3] Guy Coquille, *Questions et Réponses sur les articles des coutumes,* rép. 112, II, p. 199 (Bordeaux, 1703).

[4] Renusson, *Des propres,* chap. VI, sect. VII, n° 1, p. 308.

[5] Cf. Laon, art. 111 (*Cout. général,* II, p. 463). — Nivernais, chap. XXIII, art. 17 (Guy Coquille, II, p. 226), etc.

[6] Paris, art. 93. — Orléans, art. 350.

[7] Cf. mêmes coutumes, plus Normandie, art. 497 (*Cout. général,* IV, p. 72), etc.

de la façon la plus positive : « C'est un droit commun dans la France coutumière que deniers destinés par contrat de mariage, encore qu'ils n'aient été employés, sont réputés immeubles à cause de la destination... Tous les docteurs sont convenus que cette destination ou stipulation d'emploi empêche que les deniers n'entrent en la communauté, et que cela doit avoir lieu même dans les coutumes qui n'en contiennent aucune disposition [1]. »

D'autre part, quand l'emploi avait lieu, les biens acquis devenaient propres par subrogation, pourvu que les conditions dont il sera bientôt parlé fussent remplies [2].

Tel était l'ancien droit : le système du Code serait-il différent? Comment admettre que les rédacteurs aient voulu proscrire une clause qui, en vigueur pendant plusieurs siècles, n'avait donné lieu ni à difficultés ni à protestations? Leur silence est de nulle importance : la stipulation d'emploi rentre dans les termes généraux de l'article 1500, al. 1, qui permet aux époux d'insérer dans leur contrat de mariage toute clause de réalisation, soit expresse, soit tacite.

Comme dans l'ancien droit, le premier effet de la stipulation d'emploi est de rendre propres les deniers sur lesquels elle porte [3]. Ces deniers réalisés, les biens acquis au moyen d'eux deviendront propres par subrogation, si l'on s'est conformé aux prescriptions du contrat de mariage et si, de plus, les conditions ordinaires de l'emploi ont été observées; pourquoi, en effet, ces acquisitions seraient-elles traitées autrement que celles faites à l'aide de tous deniers propres quelconques?

L'emploi stipulé est-il obligatoire ou facultatif pour le mari? — Je crois qu'il convient de distinguer. — Si le contrat de mariage ne contient qu'une simple stipulation d'emploi, le principal but de la femme a été de se réserver propre sa fortune

[1] Renusson, *Des propres*, chap. VI, sect. VII, n° 5, p. 309 — Cf. Pothier, *De la communauté*, n° 316.— Lebrun, *De la communauté*, liv. III, chap. II, sect. I, dist. 3, n° 8, p. 329.

[2] Renusson, *Des propres*, chap. VI, sect. VII, n° 19, p. 313.— Duplessis, *De la communauté*, p. 473. — *Coutume de Chauny*, art. 23 (*Cout. général*, II, p. 679). — *Coutume de Sedan*, art. 38 (*Cout. général*, II, p. 822), etc.

[3] MM. Aubry et Rau, IV, § 523, 2°, p. 390. — Troplong, III, n° 1948, p. 464. — Pont et Rodière, II, n° 67, p. 59-60.

mobilière ou partie de celle-ci ; accessoirement elle a manifesté le *désir* qu'il en fût fait emploi. Sur ce dernier point, elle a dû s'en remettre à la prudence de son époux, le laisser libre de choisir l'emploi, de le faire à l'époque qu'il jugerait convenable, ou même de ne pas le faire du tout, si ce parti lui paraissait plus sûr. Dès lors, ne s'est-elle pas interdit toute immixtion dans la gestion du mari, toute action qui pourrait l'entraver et amener un emploi souvent inopportun? — Mais pourquoi la femme ne pourrait-elle pas manifester une intention toute différente, se réserver expressément une action pour, le cas échéant, contraindre son mari à l'emploi des deniers? Il me semblerait bien exorbitant de ne pas donner effet à une pareille clause, si elle est portée au contrat de mariage. Qu'est-ce qui empêche la femme de restreindre les pouvoirs d'administration que le mari peut avoir sur ses biens propres? — Ce n'est pas l'article 1388 assurément.

Quand M. Troplong a écrit que « la stipulation de remploi n'est pas armée de contrainte extraordinaire pendant le mariage[1], » il a certainement perdu de vue le cas d'une convention expresse ; il l'a perdu de vue aussi quand il a cité nos anciens jurisconsultes à l'appui de sa thèse[2], quand il a dit qu'*à sa connaissance* les idées qu'il met en avant « n'ont jamais été contestées d'une manière sérieuse dans l'ancien droit[3] » : car il n'a rapporté que des passages ayant trait à la simple stipulation d'emploi, et il a oublié que Renusson faisait très-clairement la distinction que nous proposons. Voici, en effet, ce que nous dit cet auteur[4] : « ... La *simple* destination et stipulation d'emploi en achat d'héritages n'oblige point le mari d'acheter des héritages et d'y employer les deniers dotaux de sa femme. Il faudrait que le mari s'y fût obligé par une *clause expresse* ; car les obligations ne se présument pas..., de sorte que, quand il n'y a qu'une simple destination et stipulation d'emploi en achat d'héritages, il est véritable de dire que l'intention des parties n'a été que d'exclure de la communauté les effets mobiliers... Autre chose est quand, de la part de la femme, on n'est pas

[1] M. Troplong, *Contrat de mariage*, II, n° 1073, p. 332.

[2] Même, n° 1073, p. 330-331.

[3] Même, n° 1075, p. 334.

[4] Renusson, *Des propres*, chap. VI, sect. VII, n°s 16-17, p. 312.

resté aux termes d'une simple destination et stipulation en achat d'héritages, qu'on a passé plus avant et que, par une *clause expresse* et *particulière*, on a stipulé que le mari emploierait les deniers dotaux de la femme..., car, en ce cas, il semble que c'est une *obligation* que le mari a contractée. »

Donc, quand cette faculté résultera pour elle des termes exprès du contrat de mariage, la femme pourra contraindre son mari à subroger des immeubles aux deniers dont elle avait stipulé l'emploi. Je crois, de plus, que les tiers entre les mains desquels ses deniers se trouvent ne doivent point les remettre au mari, sans veiller à ce qu'il en soit fait un emploi utile. Le mari, à raison de l'obligation qui lui incombe, ne peut valablement quittancer les deniers de la femme, s'il n'en fait emploi ; les tiers ne sont donc pas libérés par un payement effectué entre ses mains, ils ne le sont que par la subrogation d'un immeuble aux deniers propres qu'ils détenaient. C'est une dérogation aux règles ordinaires de la communauté, mais une dérogation qui a sa source dans le contrat de mariage, où les parties sont libres de faire toutes conventions non contraires aux articles 1387 et suiv.[1], et que les tiers sont toujours censés connaître.

Nous avons dit déjà que les conditions des articles 1434 et 1435 sont nécessaires à la validité de l'emploi stipulé dans le contrat de mariage. Il convient de revenir quelque peu là-dessus, et d'indiquer en même temps ce qui, dans certains ca peut tenir lieu de l'accomplissement de ces conditions.

Conditions de la subrogation en cas de stipulation d'emploi.

A. *De la stipulation d'emploi pure et simple.* — La stipulation *pure et simple* est celle qui ne contient aucune mention spéciale des biens auxquels la subrogation doit s'appliquer. L'emploi effectué en vertu d'une pareille clause devra réunir toutes les conditions précédemment étudiées, même l'acceptation ; car, pour avoir chargé son mari d'employer ses deniers, la femme n'a pas abdiqué le droit de contrôler cet emploi, de le refuser s'il lui paraissait désavantageux. Nos anciens auteurs n'éprouvaient aucune hésitation sur ce point ; c'est même spé-

[1] MM. Aubry et Rau, IV, § 510, note 10, p. 292-293. — Pont et Rodière, I, n° 522, *in fine*, p. 471. — *Contrà*, M. Troplong, II, n° 1085, p. 366.

cialement pour le cas de stipulation dans le contrat de mariage qu'ils ont déterminé les conditions de l'emploi[1].

Ainsi, une stipulation pure et simple ayant été faite, la femme ne pourra pas prétendre, lors de la dissolution de la communauté, que des immeubles acquis pendant le mariage sans la double déclaration de l'article 1435 se trouvent subrogés à ses deniers propres; elle ne pourra le prétendre ni à l'égard des *premières acquisitions* faites depuis le contrat de mariage, ni à l'égard de celles qui ont suivi. Dans les unes, comme dans les autres, l'intention du mari de donner naissance à la subrogation est loin d'être établie aussi clairement qu'elle aurait besoin de l'être; de plus, l'acceptation de la femme est tardive. C'est un point qui ne peut plus faire difficulté, et qui, depuis longtemps, n'en faisait plus dans l'ancien droit[2]. — Nous allons voir pourtant qu'il est certains cas où la solution doit être différente, où les premières acquisitions notamment sont subrogées de plein droit aux deniers dont l'emploi avait été stipulé.

B. *De la clause que les premières acquisitions doivent servir d'emploi.* — Au lieu de se contenter d'une stipulation pure et simple d'emploi, les époux ont pu convenir, dans leur contrat de mariage, que les premières acquisitions qui seraient faites serviraient à l'un ou à l'autre d'emploi de ses deniers propres.

Si cette clause a été écrite dans l'intérêt du mari, la subrogation s'opérera immédiatement et de plein droit au moment de l'acquisition.

[1] Cf. Duplessis, *Traités sur la coutume de Paris. Communauté*, liv. II, chap. IV, sect. II, p. 473 et suiv. — Lebrun, *De la communauté*, liv. III, chap. II, sect. I, dist. 2, nos 68-69 et suiv., p. 318-319. — Renusson, *Des propres*, chap. VI, sect. VII, nos 19 et suiv., p. 313-314.

[2] Je ne connais guère que Guy Coquille et Chopin qui aient regardé les *premières acquisitions* comme subrogées aux deniers soumis à une clause d'emploi. Guy Coquille dit expressément : « Le premier conquest que le mary fait après les deniers dotaux est présumé l'employ d'iceux. » (Guy Coquille sur Nivernais, chap. XXIII, art. 12, p. 222). — Chopin rapporte deux arrêts qui ont jugé en ce sens (*De privilegiis rusticorum*, liv. III, chap. X). — Mais dès le seizième siècle aussi, Charondas enseignait le contraire (Charondas le Caron, *Réponses sur le droit français*, liv. XII, rép. 20, II, p. 589), et la jurisprudence admettait cette opinion nouvelle. Arrêt du 25 mars 1578 (Charondas, *loc. cit.*).— Arrêt du 28 mai 1599 (Louet, *lettre H*, som. 21, nos 1-2). Tous les auteurs s'y rangèrent alors. — Duplessis, *loc. cit.* — Renusson, *loc. cit.* — Bourjon, I, p. 621, etc.

S'agit-il, au contraire, de l'emploi des deniers de la femme, son acceptation est indispensable ; seulement, elle n'aura à se prononcer qu'après la dissolution de la communauté. N'est-ce pas l'intérêt seul de la femme qu'on a eu en vue ? L'unique but des parties n'a-t-il pas été de lui assurer l'emploi de ses deniers propres, de permettre qu'elle prenne pour elle certains biens sans déclaration d'emploi, en les regardant comme subrogés à ses deniers ?

C'est donc une faculté ! c'est donc un droit ! Le bon sens l'indique. S'il n'en était pas ainsi, la porte serait ouverte à toutes les fraudes, la femme serait livrée à l'entière discrétion de son mari ; acquisitions bonnes ou mauvaises, elle serait obligée de tout prendre à son compte. Et c'est cette position qu'elle aurait entendu se faire par une clause conçue, nous l'avons dit, dans son intérêt ! De quoi se plaindrait d'ailleurs le mari, s'il restait à sa charge une acquisition désavantageuse ? C'est à lui et non pas à la femme qu'il doit s'en prendre de sa fausse spéculation. — Cette solution, qu'on a voulu contester sous le Code[1], était généralement admise dans l'ancien droit, où Duplessis notamment disait : «... Si elle (la femme) y trouvait à perdre, elle pourrait ne s'en point aider, laisser ces acquêts dans la communauté et faire sa reprise sur tous les effets, n'ayant pas parlé dans les contrats[2]. »

J'ai peine à admetre que la subrogation, qu'elle se produise *ipso jure* au profit du mari ou au profit de la femme avec son consentement, ait effet au regard des tiers, si la déclaration exigée par les articles 1434 et 1435 n'a pas eu lieu. Voudrait-on prétendre qu'ils sont suffisamment avertis par le contrat de mariage ? On leur ferait la position bien mauvaise, ce me semble, en les obligeant à recourir sans cesse au contrat de mariage pour rechercher la nature de tout bien acquis pendant la communauté. Comment vérifieront-ils seulement qu'une acquisition qu'on soutient être la première l'est réellement[3] ?

[1] MM. Troplong, II, n° 1138, p. 410 et suiv. — Toullier, XII, n° 364, p. 522 et suiv. — Duranton, XIV, n° 430. — Rolland de Villargues, *Rép.*, v° REMPLOI, nos 66 et suiv.

[2] Duplessis, *Communauté*, liv. II, chap. IV, sect. II, p. 473-474.

[3] Duplessis que nous venons de citer écrit un peu plus loin... « A l'égard des créanciers, je ferais *grande difficulté* que cette seule clause du contrat

Clause d'assignat. — Quelques mots sur une clause assez fréquente autrefois, et qui ne serait peut-être pas sans tout intérêt aujourd'hui, la clause d'*assignat*. Elle présente une certaine analogie avec la stipulation d'emploi, elle s'y ajoutait souvent. C'est à ce titre que j'en parle.

C'était anciennement un fréquent usage, en certains pays, coutumiers surtout, d'*assigner* les deniers dont on stipulait l'emploi, soit sur tous les biens du mari, soit sur tels d'entre eux, c'est-à-dire d'affecter ces biens au payement de l'argent propre de la femme qui n'aurait pas été employé. Charondas en témoigne[1]. Guy Coquille nous apprend que[2] « d'ancienneté cela a été pratiqué en le pays de Nivernais. »

Cette assignation ne pouvait produire d'effet que si le mari n'avait pas fait l'emploi, ou ne l'avait pas fait complétement. D'un autre côté, elle n'était pas *limitative*, c'est-à-dire que si les biens sur lesquels l'*assiette* avait eu lieu n'étaient pas suffisants, la femme conservait le droit de se venger sur les autres biens du mari, s'il y en avait, ainsi que sur les biens de la communauté.

On peut dire qu'il s'opérait une *subrogation* des biens frappés d'assignat aux deniers assignés, sous la double condition qu'il ne fût pas fait emploi durant le mariage, et que ces biens existassent encore lors de la dissolution de la communauté, sauf le recours de la femme, si les biens étaient inférieurs en valeur à ses deniers. Guy Coquille, en effet, ne se lasse pas de répéter que « l'assignat est une vente faite par le mari à la femme — qu'il a vertu de translation de propriété — que le mari *subroge* et met son héritage au lieu dudit emploi[3]. »

Mais, si les biens soumis à l'assignat sont subrogés aux deniers propres de la femme, si celle-ci en devient propriétaire,

du mariage sans stipulation (déclaration) d'emploi ni consentement de la femme dans les contrats d'acquisition fût suffisante de lui assurer l'emploi contre eux quand elle le voudrait. »

[1] Charondas le Caron, *Réponses sur le droit français*, liv. XII, rép. 20, II, p. 589.

[2] Guy Coquille, *Questions et Réponses sur les articles des coutumes*, II, quest. 112, p. 199 (édit. 1703).

[3] Guy Coquille, *loc. cit.*, p. 200, et *Commentaire sur la coutume de Nivernais*, chap. XXIII, art. 17, p. 226 ; art. 12, p. 222.

elle doit, en retour, avoir perdu tout droit à ses deniers, en avoir cédé la propriété exclusive à son mari, et cependant on permit longtemps à la femme de prendre, comme commune, sa part dans les deniers. C'était une inconséquence; Guy Coquille la relève et proteste énergiquement contre elle; il veut que le mari prélève sur la masse commune les deniers assignés. — « C'est bien raison que, comme vendeur de son héritage qui lui était propre, il reçoive propres et pour lui seul les deniers qui sont le prix de ladite vente[1]. »

Cette opinion du vieux jurisconsulte devrait être suivie encore si le contrat de mariage contenait une clause analogue à l'assignat.

Les immeubles du mari, soumis à cette clause, deviendraient propres à la femme (s'ils se retrouvaient en nature au moment de la dissolution de la communauté), comme subrogés à ces deniers propres, en vertu d'une convention matrimoniale; mais le mari, par contre, deviendrait propriétaire des deniers assignés (ceux-ci constituant le prix d'un ou de plusieurs de ses propres, et de ce chef étant propres eux-mêmes par subrogation) et pourrait les prélever en cas d'acceptation de la communauté par la femme; on ne saurait présumer, en effet, qu'il eût voulu faire une libéralité à cette dernière.

Section II. — De l'emploi sous le régime dotal.

I. *Droit romain.* — On a pu voir, par les développements dans lesquels nous sommes entré au précedent paragraphe, à l'occasion de la *subrogation du prix à la chose*, que les époux, en droit romain, étaient libres de faire, pendant le mariage, une *permutatio dotis*, libres de remplacer une chose dotale par une chose nouvelle, et de subroger celle-ci dans la qualité qui avait appartenu à la première. Les règles que nous avons retracées alors sont encore vraies ici ; les mêmes principes gouvernent et le cas où un bien dotal est vendu et celui où une acquisition est faite à l'aide de deniers dotaux. Dans l'une et l'autre hypothèse, il peut s'opérer une *permutatio dotis*, une subrogation, mais à

[1] Guy Coquille, *loc. cit.*

la condition toujours que les deux époux en manifestent le désir. C'est un point qu'on ne saurait contester ; les lois 24, 25, 26, 27, *De jure dotium* (23,3), 32, *De pactis dotalibus* (23, 4), l'établissent clairement. « Constat, *dit cette dernière loi*, posse inter « uxorem et virum *conveniri*, hæc dos quæ in pecunia numerata « esset, permutaretur et transferatur in corpora, cum mulieri « prodest. » Ainsi, à moins que l'acquisition ne soit désavantageuse, une seule condition est nécessaire pour que le bien acheté des deniers dotaux devienne dotal : les parties doivent en être convenues, soit avant, soit pendant le mariage.

Mais cette condition est tout à fait indispensable ; si le mari achète seul un immeuble, sans s'être entendu au préalable avec sa femme au sujet de la subrogation, il aura beau déclarer que l'acquisition est faite de deniers dotaux, que l'immeuble acquis doit leur être subrogé ; rien n'y fera : la somme employée continuera à *rester en dot*. Un rescrit célèbre de Dioclétien et Maximien, la c. 12, *De jure dotium* (5, 12), le décide très-nettement ; mais on pourrait l'induire déjà de la loi 24, *in fine*, *De jure dotium* (23, 3), et de la loi 32, *De pactis dotalibus* (23, 4). Toutefois une controverse assez vive s'est élevée entre les interprètes, quand il s'est agi de concilier la c. 12 avec la loi 54, *De jure dotium*[1]. On y a parlé de *subrogation réelle*, on a prétendu qu'il s'attachait une certaine dotalité, une *dotalité subsidiaire*, aux biens acquis de la sorte par le mari ; il faut examiner ce que ces allégations ont de fondé.

« Res quæ ex dotali pecuniâ comparatæ sunt, dotales esse « videntur, » dit la loi 54. — Le bien acquis de deniers dotaux pourra être assimilé à un bien dotal. — Mais quel est le sens, quelle est l'étendue de cette assimilation ? S'agit-il d'une subrogation véritable, ou veut-on seulement faire entendre qu'à un point de vue spécial, choses dotales et biens acquis de deniers dotaux doivent être mis sur la même ligne ? — A mon avis,

[1] Cf. *surtout sur cette question* : Cujas, *Observationes*, liv. V, chap. XXIX, II, p. 141 (édit. Fabrot, 1658). — Codex Fabrianus, lib. V, tit. VII, *De jure dotium*, def. 43. — Brunnemann, c. 12, *De jure dotium*, p. 453 (édit. 1754). — Glück, *Erlaüterungen*, VIII, p. 167 et seq. — Gesterding, *Lehre vom Eigenthum*, p. 302.— Löhr, *Civilist. Bemerkungen* (*Archiv für Civ. Praxis*, VII, p. 267-268). — Pellat, *Textes sur la dot*, p. 242 et suiv. — Burdet, *Exposition de la doctrine romaine sur le régime dotal*, p. 239 et suiv.

Gaïus avait entendu dans un autre sens que les compilateurs du Digeste la proposition dont ceux-ci ont fait la loi 54, *De jure dotium;* mais, ni dans l'esprit du jurisconsulte ni dans l'esprit de Tribonien et de ses collègues, il ne devait être question de subrogation réelle.

Gaïus n'a pu regarder les *res comparatæ ex pecunia dotali* comme subrogées à l'argent dotal pendant le mariage, puisqu'on ne doutait pas, de son temps, comme plus tard, que l'accord des deux époux ne fût nécessaire à cet effet.

Il a donc dû se placer à l'époque de la restitution de la dot ; or, à ce moment, la femme peut se trouver en présence de tiers acquéreurs, de créanciers hypothécaires, enfin de créanciers simplement chirographaires. Gaïus aurait-il voulu dire qu'elle reprendra, à l'encontre des deux premières catégories de personnes, aussi bien les choses acquises de deniers dotaux que les choses dotales elles-mêmes ? Mais il faudrait supposer pour cela que, dès l'époque classique, la femme pouvait exercer une action hypothécaire privilégiée et une action en revendication utile[1] ; et où serait alors l'utilité de la c. 30, *De jure dotium* (5, 12) ? Il est très-probable que le seul but de Gaïus, quand il a assimilé les biens acquis de deniers dotaux à des biens dotaux, était de déterminer, à leur égard, le rang de la femme vis-à-vis de certains créanciers chirographaires. Sans doute, l'*actio rei uxoriæ* était privilégiée au regard des créanciers ordinaires du mari, mais il pouvait se faire que tel d'entre eux eût sur les biens de ce dernier, mais non sur les biens dotaux, une cause légitime de préférence autre qu'une hypothèque. En voici un exemple dans la loi 22, § 13, *Soluto matrimonio* (24, 3). Une femme avait épousé, par erreur, un esclave ; elle ne peut avoir l'*actio rei uxoriæ*, mais on lui accorde une *condictio sine causa*, en y attachant le même privilége. Elle viendra, de la sorte, avant les autres créanciers de son mari qui intenteront, comme elle, l'*actio de peculio* contre le maître. Mais le maître lui-même prime ces créanciers pour le montant de ce qui lui est dû ; primera-t-il aussi la femme ? — Oui, sur les biens personnels de

[1] A moins que l'on ne dise avec M. Pellat que Gaïus faisait allusion à une faveur spéciale accordée à la femme contre les *prædiatores* ; explication que le savant auteur reconnaît lui-même être très-conjecturale (*Textes sur la dot*, 2e édit., p. 249).

l'esclave autres que les choses dotales et les *res comparatæ ex pecunia dotali*. Ici donc il est important de savoir que les choses acquises de deniers dotaux doivent être traitées comme les choses dotales. Pourquoi alors la loi 54 n'aurait-elle pas été tirée d'un passage de Gaïus, de la même manière que l'on pourrait tirer de la loi 22, § 13, *Soluto matrimonio*, cette proposition analogue : *Res ex dote comparatæ quasi dotales sunt ?*

En résumé, le seul sens que Gaïus a pu attribuer à la phrase qui nous occupe, c'est qu'il est certains cas où l'équité exige que la femme reprenne la chose acquise avec l'argent dotal, comme elle reprendrait des biens dotaux. Mais il ne résulte pas de là que ces choses doivent être considérées comme dotales, soit pendant le mariage, soit même au moment de la restitution.

La commision instituée en 530 par Justinien voulut certainement donner une signification autre, une portée plus grande aux expressions dont Gaïus s'était servi. L'année précédente, l'empereur avait, par la c. 30, *De jure dotium*, accordé à la femme, sur les *choses dotales*[1], une action hypothécaire privilégiée et une action en revendication utile. Cette faveur même n'avait pas été restreinte aux biens qui étaient réellement en dot, elle avait été étendue aux *res dotales æstimatæ* dont le mari avait acquis la propriété irrévocable. Justinien s'était dit avec raison que, si ces choses n'étaient plus dotales, elles représentaient pourtant une valeur ayant ce caractère, et qu'il serait inique de les laisser aux mains du mari ou de ses ayants cause dans le cas où la femme ne serait pas remboursée des deniers auxquels elle a droit. — Or les mêmes motifs se présentaient avec la même force quand on avait affaire à des biens acquis de deniers dotaux, et c'était certes se conformer à l'esprit de la c. 30, *De jure dotium*, que de les faire rentrer sous son application. Voilà ce qui me porte à croire que la loi 54, *De jure dotium*, a été reçue dans

[1] Cela ne présentait guère d'intérêt qu'à l'égard des meubles dotaux aliénés par le mari seul, ou des immeubles frappés d'hypothèque légale qui n'étaient pas sortis de ses mains. En effet, avant la c. 1, § 15, *De rei uxor. act.* (5, 13), l'aliénation d'un immeuble dotal faite sans le consentement de la femme était nulle, et celle faite avec son consentement entraînait *permutatio dotis* et renonciation à l'hypothèque légale. Après cette constitution, dont le but fut surtout de conjurer ce dernier effet, toute aliénation d'un immeuble dotal était frappée de nullité.

le Digeste pour soumettre les *res comparatæ ex pecunia dotali* aux mêmes actions que les choses dotales. J'en trouve d'ailleurs la preuve dans la c. 12, *Qui potiores in pignore* (8, 18), qui, voulant étendre à tous les biens du mari l'action hypothécaire privilégiée de la femme, dit qu'elle appartiendra à cette dernière, *licet res dotales vel ex his aliæ comparatæ non exstent.*

Pas plus cependant qu'à l'époque classique, il ne s'opère ici de subrogation. Les biens acquis de deniers dotaux sont frappés, je le veux bien, d'une certaine inaliénabilité, puisqu'en cas de non-payement de la dot ils pourront être recherchés entre les mains des tiers acquéreurs; mais cette inaliénabilité n'est que conditionnelle. Ensuite, c'est toujours à la valeur des deniers employés et à cette valeur seule que la femme a droit. — Les *res comparatæ* ne sont pas plus dotales que les choses livrées au mari avec estimation ou que ses biens personnels qui ont été frappés par la c. 12 de la même hypothèque privilégiée. Je ne puis, par suite, m'associer au sentiment de M. Demangeat[1], quand il se déclare « disposé à croire que, dans ce cas, on admettait une subrogation réelle. »

II. *Droit français.* — L'accord des époux, condition nécessaire de la subrogation à Rome, ne cessa pas d'être exigé en France dans les pays de droit écrit. Seulement une règle nouvelle s'était introduite et avait renfermé dans de plus justes limites la liberté si grande de transformer la dot que les jurisconsultes romains laissaient aux époux. Cette règle, commune aux pays coutumiers et aux pays de droit écrit, défendait toute dérogation tant expresse que tacite aux conventions matrimoniales[2]; il en résultait que la volonté des conjoints manifestée postérieurement au contrat de mariage ne pouvait amener aucun changement dans la composition de la dot, ne pouvait subroger un bien nouveau à une valeur dotale. — Une telle subrogation n'était possible que si le contrat de mariage contenait à ce sujet une clause expresse. Écoutez Roussilhe : « Il faut, dit-il, pour que la femme puisse réclamer un fonds qui a été acquis pendant le mariage, comme dotal, qu'il ait été convenu, *lors du contrat de*

[1] M. Demangeat, *De la condition du fonds dotal en droit romain*, p. 100, note 1.

[2] Voir notamment : Pothier, *De la communauté*, Introduction, n° 18. — Louet et Brodeau sur Louet, *Lettre M. som. 4*, II, p. 108 et suiv.

mariage, qu'emploi sera fait de la dot en biens fonds ; sans cette stipulation l'on ne peut pendant le mariage changer la nature de la dot[1]. »

Ce système de l'ancien droit a passé dans le Code : il résultait déjà des articles 1395 et 1543 ; il a été consacré formellement par l'article 1553. Les conséquences de la subrogation sont, en effet, bien autres sous ce régime que sous celui de la communauté. C'est un immeuble qui est mis, pour ainsi dire, hors du commerce. Les tiers doivent en être avertis, et ils ne le seront complétement que si le contrat de mariage leur fournit, à ce sujet, des indications certaines.

Toutes les fois donc que le contrat de mariage sera muet sur ce point, tout emploi sera impossible (au moins tout emploi *volontaire*, car nous verrons qu'il peut se rencontrer en certains cas un emploi *forcé*). Et voici alors les solutions qu'il faut donner.

1° *Le bien acquis par le mari* avec déclaration d'emploi tombe dans son patrimoine ; mais s'il y a eu acceptation de l'emploi par la femme, celle-ci en acquiert la propriété : il devient *paraphernal*. On l'a nié ; on a fait entrer ce bien dans la société d'acquêts qui existait entre les époux[2]. C'était abuser de l'idée qu'il ne se produit pas ici de subrogation. Non, il ne se produit pas de subrogation dans la qualité de bien dotal, il ne se produit pas de subrogation *spéciale*, mais pourquoi en serait-il de même de la subrogation générale dont nous tracerons bientôt les règles ? La femme est propriétaire des deniers dotaux, pourquoi ne le deviendrait-elle pas de l'immeuble acheté au moyen d'eux, si l'acquisition est faite en son nom et de son consentement ?

2° *Le bien acquis par la femme*, dûment autorisée, n'est pas subrogé aux deniers dotaux qui servent à le payer. Si quelques Cours d'appel ont jugé différemment[3], c'est qu'elles ont cru, avec certains commentateurs, que la loi 54, *De jure dotium*, vise l'acquisition faite par la femme seule, la c. 12, *eod*, le cas où le mari se porte acheteur[4]. Cette opinion, qui est en désaccord

[1] Roussilhe, *Traité de la dot*, I, n° 186, p. 194-195 (édit. 1785).

[2] Cass., 23 avril 1833 (Sir., 33, I, p. 637).

[3] Rouen, 26 juin 1824 (Sir., 25, II, 19). — Montpellier, 17 novembre 1830 (Sir., 31, II, 298).

[4] On a même mal compris quelques-uns de nos vieux jurisconsultes. Duarenus, par exemple, et Brunnemann n'ont certainement en vue que le cas de convention entre époux : Duarenus, *Ad leg.* 22, § 13, *Soluto mat.*,

complet avec les idées que l'on se faisait à Rome de la *permutatio dotis*, vient encore échouer contre les articles 1395 et 1553 [1].

3° Les biens donnés au mari en payement de la dot mobilière ne sont pas dotaux : l'article 1553 le dit formellement ; les principes auraient suffi.

4° Si, au lieu d'être faite au mari, la dation l'est à la femme séparée de biens, la même solution doit être admise. — C'est ici surtout que nous nous trouvons en face de l'opinion qui veut subroger dans la qualité de chose dotale les biens que la femme acquiert seule au moyen de sa dot. Les partisans de ce système devaient être conduits à réputer dotaux les biens donnés en payement à la femme ; quelques-uns cependant se sont arrêtés à mi-chemin et ont exigé que la dation fût faite par le mari, tandis que les autres ont abouti logiquement à repousser toute distinction. Le motif invoqué est le même pour tous : « Vous enlevez à la femme une partie du bénéfice de la séparation de biens, disent-ils, si vous ne déclarez dotal l'immeuble qu'elle reçoit en payement. L'article 1553 n'a pu consacrer un semblable résultat [2]. » Fort bien, mais qu'est-ce qui éclairera les tiers sur la qualité des divers biens de la femme, s'ils ne peuvent se fier au contrat de mariage? N'ont-ils pas, et avant et après la séparation, le même intérêt à savoir si tel bien est ou non dotal ? — Et puis, on aurait beau entasser considérations sur considérations : — la loi est là : — la subrogation n'est admise que s'il y a une clause d'emploi au contrat de mariage, ou s'il s'agit d'un emploi forcé ; elle est exclue formellement au cas de dation en payement.

p. 371 (Lugd. 1588).— Brunnemann, *In Codicem*, c. 12, *De jure dot.*, p. 453 (édit. 1754). — Domat, par contre, dit positivement : « Il faut entendre la loi 54 et les lois 26 et 27, *De jure dot.*, de l'acquisition faite par la femme, comme il paraît par ces deux dernières lois. » (Domat, *Loix civiles*, liv. I, tit. IX, n° 10, p. 97, édit. 1745.)

[1] Cass., 20 février 1849 (Dev. et Car., 49, I, 241). — Cf. M. Troplong, IV, n°s 3187 et suiv., p. 238, 239 et suiv.

[2] Voir Nîmes, 31 septembre 1832 (Dalloz, 33, II, 104). — Montpellier, 17 novembre 1830. — Aix, 25 juillet 1840 (Dev. et Car., 42, I, 110). — Seriziat, *Régime dotal*, n° 127, p. 140, 141.

Dans notre sens : Bordeaux, 5 février 1829 (Sir., 29, II, 189).— Poitiers, 5 juillet 1839 (Sir., 39, II, 546). — Riom, 8 août 1843 (Sir., 44, II, 590). — Grenoble, 1er juillet 1846 (Sir., 47, II, 281).— Bordeaux, 14 mai 1857 (Sir., 57, II, 547).

Pas plus qu'une convention des époux postérieure au contrat de mariage [1], une décision du juge ne peut tenir lieu de la stipulation d'emploi [2]. Les tribunaux sont-ils chargés d'ajouter à la loi, de la modifier, ou, au contraire, de l'interpréter et de veiller à son application ? Ne feraient-ils pas acte de législateur en créant une subrogation qui n'est pas écrite dans nos Codes, une *subrogation réelle judiciaire?* Donc, si un ordre est ouvert sur le mari et que le tribunal impose à la femme l'emploi des deniers que sa collocation lui fait obtenir, l'immeuble acquis à l'aide de ces deniers, bien que représentant une valeur dotale, ne sera pas dotal. De même, il ne s'opérerait aucune subrogation si, en prononçant la séparation de biens, le tribunal avait enjoint à la femme d'employer l'argent provenant de la restitution de la dot mobilière, quand le contrat de mariage était muet sur ce point.

L'emploi sous le régime dotal doit être assujetti aux mêmes conditions que sous le régime de la communauté : l'article 1553 renvoie manifestement aux articles 1434 et 1435 [3]. On a prétendu pourtant que l'acceptation de la femme n'était pas de rigueur quand le contrat de mariage porte une stipulation d'emploi, mais on a oublié, sans doute, qu'aussi bien dans les pays de droit écrit [4] que dans ceux de coutume, la nécessité de cette acceptation avait été reconnue de tout temps ; car ce n'est assurément pas dans l'article 1553, dont le but est bien connu, que l'on voudra chercher une abolition de cet ancien état de choses. Pourquoi n'y verrait-on pas de même une dérogation à l'article 1434 ? Du reste, la raison sur laquelle on se fonde, à savoir que par la clause d'emploi la femme a donné à son mari mandat d'acquérir pour elle [5], a déjà été réfutée. Rien ne justifie de l'existence d'un pareil mandat : si la femme a imposé une obligation à son mari, en résulte-t-il qu'elle lui a reconnu du même coup le droit de disposer de sa dot mobilière, sans qu'elle y puisse rien trouver à redire [6]?

[1] Bordeaux, 7 décembre 1841 (Dalloz, 42, II, 42).
[2] *Contrà*, Bordeaux, 5 février 1829 (Sir., 29, II, 189).
[3] Cf. Cass., 23 mai 1838 (Dalloz, 38, I, 255). — Toulouse, 15 août 1841 (Dalloz, 42, II, 10).
[4] Roussilhe, *Traité de la dot*, I, n° 185, p. 192-193 (édit. 1785). — Despeisses, *De la dot*, sect. III, n° 82, I, p. 534, 535 (édit. 1750).
[5] Merlin, *Rép.*, v° DOT, § 10. — Toullier, XII, n° 364 ; XIV, n° 152. — Rodière et Pont, II, n° 421, p. 312 et suiv.
[6] Voir MM. Aubry et Rau, IV, § 534, note 30, p. 455. — Troplong, IV,

Quand l'emploi est régulier et valable, l'immeuble acquis devient dotal comme les deniers dont il a pris la place, mais les effets de cette dotalité ne sont pas les mêmes que si les deniers eux-mêmes étaient restés en dot. C'est la qualité de *chose dotale*, et non la qualité de *chose dotale mobilière*, qui passe à l'immeuble ; la dotalité change de caractère suivant la nature du bien auquel elle se trouve attachée. L'immeuble sera donc traité comme s'il était entré dans la constitution de dot, comme toute autre *chose dotale immobilière*.

De l'emploi forcé. — On se souvient que dans les cas d'aliénation prévus par l'article 1558 et en tous autres que nous leur avons assimilés, le prix ou partie du prix doit être employé de par la loi. C'est de cet emploi qu'il va être question. Peut-être faut-il ajouter aux hypothèses qui viennent d'être rappelées celle où la femme séparée de biens veut quittancer sa dot mobilière ; mais à l'heure qu'il est ce point est encore vivement débattu [1]. Il nous est évidemment impossible de descendre dans l'arène pour prendre part à la lutte, nous nous contenterons de faire observer que, si l'on se prononce pour la nécessité de l'emploi, on devra, autant que la modification des rapports des deux époux le permettra, s'en tenir aux principes que nous allons poser.

L'emploi forcé produit-il subrogation? — On l'a nié [2], mais cette solution paraît aussi difficile à concilier avec les articles 1558 et 1559, que difficile à justifier au point de vue des principes.

« L'excédant du prix, dit le législateur dans l'article 1558, restera *dotal*, et il en sera fait emploi *comme tel* au profit de la femme. » — Est-ce assez clair?

Et pourquoi aussi aurait-on refusé la qualité de dotal à l'immeuble acquis en emploi? Il eût fallu, en tout cas, un motif bien puissant pour méconnaître de la sorte la volonté du constituant! Voici un immeuble qui est mis en dot ; on y veut atta-

n° 3198, p. 254 et suiv. (Cet auteur s'écarte en quelques points de notre doctrine).— Benech, n° 41, *præsert.* p. 104 et suiv.—Duranton, XV, n° 429. — Benoît, *De la dot*, I, p. 132.

[1] *Voir surtout* : MM. Aubry et Rau, IV, § 539, p. 518, note 11. — Benech, *op. cit.*, n°s 137 et suiv., p. 314 et suiv. — Tessier, *De la dot*, I, note 550, p. 404. — *Questions sur la dot*, n° 105, etc.

[2] MM. Odier, III, n° 1313. — Tessier, I, p. 235.

cher toutes les garanties qui protégent la dot immobilière, mais on néglige de prévoir le cas où une aliénation forcée viendrait à le faire sortir des mains du mari. S'il survient une pareille aliénation, l'immeuble sera remplacé par une valeur mobilière. Soit ! personne ne peut l'empêcher ; mais au moins ne peut-on pas empêcher que cette valeur ne devienne paraphernale, en la subrogeant au bien aliéné ? ne peut-on pas ensuite faire disparaître les modifications forcément apportées au statut matrimonial, en substituant un nouvel immeuble dotal au prix de celui qui a été vendu ? La première de ces subrogations, l'article 1558 la consacre ; et il aurait repoussé celle qui n'en est qu'un complément nécessaire, qui assure aux époux la dot immobilière qu'ils devaient avoir en vertu du contrat de mariage ! Qui ne voit d'ailleurs que dans un pareil système la nécessité de l'emploi est tout à fait inexplicable, que le législateur aurait beaucoup mieux fait de s'en tenir à la subrogation du prix à l'immeuble aliéné ? Non-seulement la femme n'aura pas un immeuble dotal, inaliénable, soumis à l'administration et à l'usufruit du mari, elle n'aura pas même une valeur dotale mobilière, mais un paraphernal, laissé à sa libre administration, à sa libre disposition, dont c'est elle qui perçoit les fruits !

On nous oppose l'article 1553 : l'immeuble acquis de deniers dotaux n'est dotal que si le contrat de mariage renferme une stipulation d'emploi. — Cette disposition n'a rien à faire ici : elle s'explique par le principe de l'immutabilité des conventions matrimoniales; or ce même principe conduit, dans l'espèce, à une solution diamétralement opposée, car, à la différence de ce qui a lieu au cas prévu par l'article 1553, la dot a été originairement immobilière [1].

Remarquons maintenant que les conditions ordinaires de l'emploi n'ont pas besoin d'être rigoureusement observées en cas de *dation en payement*. Celle-ci se rencontre surtout quand le mari est évincé d'un immeuble dotal :

Si, au lieu d'une indemnité pécuniaire qui serait dotale et devrait être employée, le mari, sur l'action en garantie, reçoit des immeubles en payement, je crois que ces immeubles seront do-

[1] Cf. *dans notre sens :* MM. Aubry et Rau, IV, § 534, note 32, p. 456. — Benech, *op. cit.*, n° 131, p. 290 et suiv. — Troplong, IV, n° 3488, p. 600. — Rodière et Pont, II, n° 562, p. 421.

taux[1]. Pourquoi? parce que je les regarde comme subrogés aux dommages-intérêts que le mari aurait dû obtenir. A la vérité, les immeubles acquis de deniers dotaux ne sont pas dotaux : oui, si la dot était mobilière à l'origine! mais ici elle était immobilière et devait le rester; oui encore, s'il n'y a ni emploi stipulé dans le contrat de mariage ni emploi forcé. Or précisément c'est d'un emploi forcé qu'il s'agit; la dation en payement en tient lieu. Et peu importe que l'indemnité d'éviction n'ait pas été fixée par les parties; une pareille fixation peut toujours se sous-entendre[2]. Peu importe aussi qu'il n'y ait pas eu de déclaration d'emploi. L'intention du mari d'opérer la subrogation n'est-elle pas évidente? Il n'aurait pas pu disposer des deniers qu'on lui eût alloués comme indemnité, il n'a pu disposer de la créance d'indemnité qu'il avait contre le vendeur autrement qu'en y subrogeant un immeuble dotal, ou en restant obligé de le faire. Pourquoi donc chercherait-il longtemps un emploi, puisqu'il en a un tout trouvé? Il est vrai de dire que le mari, dans le système de nos adversaires, pourrait encore recevoir les immeubles en payement dans l'intention d'en faire des paraphernaux de la femme, pour le cas où elle y consentirait. Mais comment lui prêter un désir si contraire à ses intérêts? Pense-t-on réaliser ainsi le vœu de la loi, qui exige un emploi forcé, qui veut qu'un immeuble dotal prenne la place de l'immeuble évincé? — Mais la femme? — Il va sans dire que nous demandons son consentement. — Mais les tiers? — Ils n'ont qu'à se reporter à l'acte de cession; ils verront bien qu'ils sont en présence d'un emploi forcé.

Si pourtant la femme elle-même s'était constitué l'immeuble évincé en dot, et avait cédé en place un de ces paraphernaux, j'hésiterais davantage à admettre la subrogation. Les tiers qui traitent, soit avec le mari, soit avec la femme, trouvant entre les mains du premier un immeuble primitivement paraphernal, ne croiront-ils pas de très-bonne foi que cet immeuble n'a pas cessé d'avoir ce caractère, sans se livrer à de longues recherches sur ce point? Je regarderais donc comme plus conforme à

[1] *Contrà*, MM. Aubry et Rau, IV, § 534, texte et note 26, p. 454. — Duranton, XV, n° 435. — Odier, III, n° 1147. — Seriziat (n°s 56-57), p. 62 et suiv.

[2] S'il n'y a pas eu de convention expresse relativement aux dommages-intérêts, pourquoi ne pas assimiler la dation en payement à l'échange?

l'équité, quoique moins conforme peut-être aux principes de la subrogation, de réputer paraphernal l'immeuble donné en payement par la femme elle-même, tout en le soumettant à la jouissance du mari.

§ 3. — Subrogation de la chose nouvellement acquise à celle dont le prix a servi à l'acquérir. Remploi actuel.

Nous allons nous occuper maintenant de la combinaison des conditions et des effets des deux subrogations qui viennent d'être étudiées. Elle a lieu en cas de *remploi*, c'est-à-dire en cas d'*emploi* de deniers devenus propres ou dotaux par subrogation.

Section i. — Régime de la communauté.

Pour qu'il y ait remploi, il faut avant tout que le prix d'un immeuble propre lui ait été subrogé. Dans l'ancien droit déjà, quand cette subrogation n'avait pas lieu de plein droit [1], le remploi n'était possible que si une stipulation expresse des époux avait réalisé le prix de vente. Nombre de coutumes exigeaient une *affirmation* ou *contestation* de remploi *faite devant deux notaires* au moment de l'aliénation [2]. De nos jours, il ne peut y avoir de difficulté sur ce premier point que si le caractère *propre* de l'immeuble vendu est mis en question, si notamment cet immeuble est évincé entre les mains du tiers acquéreur. Il me semble alors que si la communauté rembourse le prix l'acquisition faite en remploi, ayant eu lieu, en définitive, à l'aide de deniers communs, ne saurait en principe être propre. Toutefois, si l'époux vendeur, exerçant à son tour une action en garantie, obtient une somme équivalente au prix du remploi, refuserez-vous la qualité de propre au nouvel immeuble? Sans doute, l'immeuble évincé n'avait pas, rigoureusement parlant, cette qualité; mais ne nous a-t-il pas paru que l'intention des parties doit en cette matière prévaloir sur le fait? Dans leur pensée

[1] Il en était ainsi dans toutes les coutumes avant 1580.

[2] Cf. *Coutumes de Nivernais*, chap. XXIII, art. 31 (*Cout. général.*, III, p. 1149). — Bourbonnais (*Nouvelle Coutume*), art. 239 (chap. XXI), (*Cout. gén.*, III, p. 1250). — Melun, art. 225 (*Cout. gén.*, III, p. 449). — Blois, art. 164 (*Cout. gén.*, III, p. 1059), etc. — Cf. Renusson, *Des propres*, chap. IV, sect. V, n° 1, p. 190.

l'immeuble vendu ou sa valeur était et devait rester propre; donc, ne pas attribuer le même caractère au bien qui en a pris la place, ce serait aller contre l'esprit des conventions matrimoniales[1].

Les autres conditions du remploi sont les mêmes que celles de l'emploi. Il se présente cependant une question nouvelle : le remploi peut-il être fait *par anticipation?* La négative a été vivement soutenue et semblait pendant un certain temps devoir triompher; mais l'opinion contraire chaque jour gagne du terrain et finira sûrement par l'emporter ; c'est à elle aussi que je me range[2]. — Que veut la loi pour que le remploi existe? — Deux choses, nous le savons. — D'abord que l'acquisition soit faite à l'aide de deniers subrogés à un immeuble propre. — En second lieu, que les conditions ordinaires de l'emploi se trouvent remplies. — Or le remploi par anticipation ne pourrait il satisfaire à ces exigences du législateur? L'immeuble acheté ne sera-t-il pas payé en fin de compte avec des deniers propres? La déclaration de l'origine de ces deniers, l'indication précise de l'immeuble destiné à être vendu n'est-elle pas possible?

Mais, dit Toullier[3], il répugne à la nature même des choses qu'on mette une chose à la place d'une autre qui n'est pas déplacée, qui occupe encore sa place. — Vaines arguties! Si l'immeuble acquis en remploi prend la place d'un propre, ce n'est évidemment que sous une condition qui se réalisera au moment où le propre sera vendu.

Rien à induire non plus du silence du législateur; il a parlé dans les articles 1434 et 1435 du cas le plus fréquent, de celui où le remploi suit la vente du propre.

[1] Cf. Cass., 4 mai 1825, *Req.*, 23 novembre 1826 (Dalloz, *Rép.*, v° CONTRAT DE MARIAGE, n° 759, note 1).— *Contrà*, MM. Rodière et Pont, n° 511, p. 453-454. — L'arrêt de la Cour d'Angers du 17 mars 1833, invoqué par ces auteurs, se rapporte au cas où le recours de l'époux n'aboutit pas.

[2] *Pour la négative* : Toullier, XII, n° 370. — Odier, I, n° 326. — Bellot des Minières, I, p. 521. — Bourges, 1er août 1838 (Dev. et Car., 38, II, 455).

Pour l'affirmative : MM. Aubry et Rau, IV, n° 507, note 59, p. 257. — Rodière et Pont, n° 512, p. 454 et suiv. — Cf. Troplong, II, n° 1154, p. 426. — Benech, *op. cit.*, n° 89, p. 203-207. — Cass., 5 décembre 1854 (Dev. et Car., 55, I, 353).

[3] Toullier, XII, n° 370.

SECTION II. — Régime dotal.

Les explications que nous avons données déjà nous permettent d'être bref maintenant, quoique le *remploi* ait une importance capitale sous le régime dotal; c'est pour les époux un moyen facile et sûr de faire fléchir le principe si rigoureux de l'inaliénabilité, tout en assurant la conservation de la dot.

Le droit romain connaissait certainement le remploi, mais il n'en faisait pas un usage bien grand. Sous le droit des Pandectes, quand l'aliénation du fonds dotal avait été permise par la loi Julia, les époux pouvaient remployer le prix et convenir que l'acquisition nouvelle serait dotale, mais l'intérêt de cette stipulation n'était pas le même qu'aujourd'hui. Après la const. un., *De rei uxoriæ act.*, l'inaliénabilité absolue de l'immeuble dotal fit obstacle au remploi : on n'y put songer que dans les hypothèses exceptionnelles où se rencontrait une aliénation forcée.

Le système de la législation justinianéenne fut longtemps en vigueur dans les pays de droit écrit, mais on finit par reconnaître ce que cette indisponibilité fatale de la dot avait d'exagéré. On permit donc aux époux de se réserver, dans leur contrat de mariage, le droit de vendre l'immeuble dotal; puis, pour empêcher que cette faveur ne dégénérât en abus, l'on autorisa la femme à subordonner à une clause d'emploi la faculté d'aliéner qu'elle conférait à son mari.

Le Code (art. 1557) a voulu de même que les époux, par leur pacte matrimonial, pussent déclarer aliénables les biens dotaux : ils useront ou ils n'useront pas de ce droit, mais ils pourront aussi ne l'exercer que partiellement et faire dépendre d'un remploi la validité de l'aliénation. Une stipulation de remploi est, du reste, toujours nécessaire pour qu'un immeuble acquis pendant le mariage puisse devenir dotal (art. 1553), et il faut de plus l'accomplissement des conditions ordinaires de l'emploi.

L'immeuble acquis en remploi conformément à une clause du contrat de mariage, quoique dotal, sera aliénable lui-même à charge de remploi. On a dit que c'était là une conséquence de la subrogation, une conséquence de la règle : *Subrogatum sapit naturam subrogati*[1]. Je n'en crois rien. Pourquoi alors la subrogation ne rendrait-elle pas aussi complétement indisponible le prix subrogé à un immeuble dotal, ou aliénable l'immeuble subrogé à des deniers dotaux? — La subrogation ne transfère ici qu'une seule qualité, celle de *dotale*; et si le nouvel immeuble devient aliénable à charge de remploi, c'est que l'intention des parties de le rendre tel ressort des clauses du contrat du mariage.

CHAPITRE II

DE L'ÉCHANGE AU POINT DE VUE DE LA SUBROGATION.

SECTION I. — De l'échange en général.

L'ancien droit identifiait presque la subrogation réelle avec l'échange. L'échange! mais il réunissait toutes les conditions requises pour la subrogation *parfaite*, pourvu seulement que la qualité de la chose échangée fût susceptible d'être transmise à celle reçue en contre-échange. L'échange opérait subrogation dans les coutumes mêmes qui ne contenaient pas à cet égard de dispositions expresses.

Au fond c'était une inconséquence. N'avait-on pas admis que la seule volonté de l'homme est impuissante à attribuer aux biens des qualités que la loi n'y a point attachées, et n'était-il pas certain en principe que la subrogation avait lieu dans les seules qualités dont la coutume avait parlé[2]?

Maintenant, c'est une tout autre question que de savoir si le législateur moderne a eu raison d'attacher à l'échange pur et simple les mêmes effets qu'au remploi[3]. Pour ma part, je le crois. La déclaration de l'origine des deniers, indispensable pour faire connaître, en cas de vente, l'objet même de la subrogation et déjouer des fraudes de diverse nature, n'est-elle pas ici sans in-

[1] M. Troplong, *Du contrat de mariage*, IV, n° 3430, p. 542. — Cf. Seriziat, *Régime dotal*, n° 125, p. 137.

[2] Cf. Renusson, *Des propres*, chap. I, sect. X, n° 5, p. 25.

[3] C'est seulement à cette question que peuvent se rapporter les observations de M. Troplong (I, n° 634, p. 648).

térêt aucun? Quant à la déclaration de remploi, s'il est vrai qu'on pourrait être tenté d'en faire toujours une condition de la subrogation, il me paraît néanmoins que l'intention des parties de subroger résulte plus clairement de l'échange que de l'achat fait avec la simple déclaration d'origine des deniers.

SECTION II. — De l'échange sous le régime de la communauté.

Quand l'immeuble propre de l'un des époux est échangé, tout fait présumer que l'on a entendu revêtir le nouveau bien de la qualité de propre qui appartenait à l'ancien. Une fiction légale était nécessaire pourtant; l'article 1407 l'a établie. Nulle déclaration d'origine des deniers ou de remploi, nulle acceptation de la femme n'est exigée, il suffit que l'échange soit régulier et, par exemple, qu'il ait lieu du consentement de la femme, si c'est à elle que la subrogation doit profiter. Peu importe aussi qu'il ait été opéré après la célébration ou dans l'intervalle qui a séparé celle-ci du contrat de mariage. (*Non obst.*, art. 1404, al. 1. Arg., art. 1404, al. 2).

Je ne ferai pas difficulté non plus d'étendre l'article 1407 au cas où c'est un meuble propre qui est échangé contre un immeuble ou même un autre meuble, un immemble propre qui est échangé contre un meuble. On me dira que la subrogation est de droit strict. Je le reconnais, mais je ne me crois pas autorisé par là à méconnaître l'esprit de la loi. Or l'article 1407 fait-il autre chose que sanctionner l'intention des parties, et cette intention n'est-elle pas manifestement la même, qu'il s'agisse d'un corps certain mobilier ou d'un immeuble? — La place et l'origine de l'article 1407 en expliquent d'ailleurs la rédaction. — Sa place, car il se trouve au milieu de dispositions qui s'occupent uniquement de déterminer quels immeubles, par exception à l'article 1401, 3°, ne tombent pas en communauté. Quant à son origine, tout me porte à croire qu'elle est à chercher dans l'article 143 de la coutume de Paris, lequel, se référant aux propres de succession, ne pouvait parler que de l'échange d'immeubles. — Mais il y a d'autres raisons encore qui enlèvent toute valeur à l'argument *à contrario* que l'on veut tirer de l'article 1407. Pourquoi d'abord traiterait-on autrement le meuble acquis en échange d'un immeuble propre que le prix de la vente d'un pareil immeuble, prix qui devient propre par subrogation, on s'en souvient (art. 1433)? Et Pothier ne mettait-il pas sur la même ligne, au point de vue de la subrogation, *une somme d'argent*, et d'*autres choses mobilières* [1]? D'un autre côté, peut-on raisonnablement admettre que le nouveau bien, meuble ou immeuble, n'est pas subrogé au meuble échangé comme l'est aux deniers propres l'immeuble ou le meuble acquis en emploi, quand l'article 1407 montre clairement qu'aux yeux du législateur l'échange pur et simple équivaut à un achat accompagné de la double déclaration des articles 1434 et 1435 [2]?

Quand l'échange est fait but à but, la différence de valeur des biens échangés ne saurait influer sur l'étendue de la subrogation. Mais si une soulte est payée? si l'échange est mêlé de vente?

Il ne peut y avoir de question que si c'est par l'époux échangiste que la soulte est due. Alors il faut se demander si le bien acquis en contre-échange deviendra propre pour le tout, ou ne le deviendra que jusqu'à concurrence de la valeur du bien échangé? — Je crois que le Code, tout comme l'ancien droit, n'a vu là qu'une question d'interprétation de la volonté des parties et que les derniers termes de l'article 1407, *sauf la récompense s'il y a soulte*, se réfèrent non pas à tous les cas où une soulte est payée [3], mais à ceux de ces cas seulement où il est permis de présumer que les époux ont voulu rendre propre pour le tout l'immeuble reçu en contre-échange. Si c'est sur l'intention présumée des deux conjoints qu'est basée la fiction de l'article 1407, n'est-ce pas à elle aussi qu'il faut remonter quand on veut déterminer l'étendue de la subrogation qui en découle?

Il appartient néanmoins à la doctrine de ne pas laisser cette interprétation de volonté sans règles certaines, d'empêcher

[1] Pothier, *De la communauté*, nº 197.

[2] *Dans notre sens :* Pothier, *Communauté*, nº 595. — MM. Troplong, I, nº 638, p. 650. — Rodière et Pont, I, nº 499, p. 432-433. — Rolland de Villargues, vº REPRISES, nº 11. — Dalloz, vº RÉGIME MATRIMONIAL, nº 807. — *Contrà*, Rolland de Villargues, vº COMMUNAUTÉ, nº 204. — Bellot des Minières, I, p. 201.

[3] *Contrà*, Toullier, XII, nºs 149-150. — Glandaz, vº COMMUNAUTÉ, nº 113.

qu'elle ne soit livrée à l'arbitraire, de prendre garde enfin qu'en poussant trop loin le respect de l'intention des époux on ne leur permette de se créer trop facilement des propres. A ces divers points de vue il est important de s'en tenir aux principes presque universellement admis par nos anciens auteurs[1] et consacrés par nombre de coutumes dans la question, fort voisine de la nôtre, de savoir si le retrait lignager pouvait être exercé en cas d'échange avec soulte d'un propre de succession. Développés par Pothier[2], tout porte à penser que ces principes étaient présents à l'esprit du législateur et qu'il s'y est implicitement référé quand il a écrit la disposition finale de l'article 1407. Ils sont fort simples. — Ou bien la soulte est inférieure à la valeur du propre, et alors on ne peut considérer l'opération que comme un échange, la soulte que comme un accessoire du contrat. — Ou bien elle est égale ou supérieure à cette valeur, et, dans ce cas, il y a deux opérations distinctes : un échange qui rend propre le bien acquis jusqu'à concurrence de la valeur que le propre échangé représente dans le prix, une vente qui le fait tomber en communauté pour le surplus.. Si pourtant la valeur du propre échangé était insignifiante en comparaison de la soulte, on devrait logiquement regarder le propre comme l'accessoire d'un prix de vente et proscrire toute subrogation[3].

Ces diverses règles me sembleraient inapplicables dans l'hypothèse où le bien acquis par les époux se composerait de deux

[1] D'Argentré sur Bretagne, art. 418, glose 2, n° 3; glose 3, n° 7. — Renusson, *Des propres*, chap. I, sect. X, n° 9, p. 25-26. — Lebrun, *Communauté*, liv. I, chap. V, sect. II, dist. 3, n° 8, p. 109, etc.

[2] Pothier, *Communauté*, n° 197.

[3] Cette question a donné lieu à plusieurs autres systèmes qu'il me paraît inutile de développer. On a prétendu notamment que la subrogation est empêchée de se produire chaque fois que la soulte est supérieure à la valeur du propre. — (Bellot des Minières, I, p. 213.— Bugnet sur Pothier, n° 197, note 1.)— Cette opinion, qui s'expose à méconnaître l'intention des époux et à violer l'article 1407, semble s'être inspirée à tort de la solution que l'ancien droit, par suite de principes spéciaux inapplicables aujourd'hui, donnait en cas de retrait litigieux.

Dans notre sens : MM. Aubry et Rau, IV, § 507, p. 256-257. — Troplong, I, n°s 637 et suiv. — Rodière et Pont, I, n° 500, p. 433 et suiv. — Taulier, V, p. 62. — M. Battur (*Communauté*, I, n° 208) décide, contrairement aux traditions, que la subrogation ne pourra plus se produire pour le tout quand la soulte sera du *tiers* de la valeur du propre échangé.

parties distinctes, à l'une desquelles la soulte pourrait correspondre. Quelle que fût la valeur de celle-ci, soit très-forte, soit très-faible je crois que le nouveau bien serait toujours à considérer comme conquêt jusqu'à concurrence de la soulte, comme propre pour le reste ; en d'autres termes, que la partie répondant à la soulte devrait être détachée au profit de la communauté. Ici, en effet, sinon en fait au moins dans l'intention des parties, il y a eu, dans tous les cas, deux contrats différents.

La subrogation établie par l'article 1407 ne se produira jamais contre le gré des époux, qui pourront toujours déclarer qu'ils y renoncent ; comme preuve, il suffit de rappeler que cet article n'est fondé que sur une interprétation de volonté.

Section III. De la subrogation qui naît de l'échange sous le régime dotal

Le législateur, sous le régime dotal, n'aurait pu séparer la subrogation de l'échange sans donner aux époux un moyen facile de diminuer la dot et de se soustraire au principe d'inaliénabilité écrit dans l'article 1554. Nous en conclurons de suite que la subrogation ne pourra jamais être écartée ici par une renonciation.

Le droit romain déjà autorisait les époux à faire une *permutatio dotis* (L. 25, 26, 27, *De jure dotium*, 23, 3). — De même la jurisprudence des pays de droit écrit se montrait, dans beaucoup de ressorts, favorable à l'échange et réputait dotal l'immeuble reçu en place d'un fonds dotal [1]. On exigeait seulement que cette subrogation et cet échange ne fussent point préjudiciables à la femme. Le Code enfin a fort sagement subordonné l'efficacité de l'échange à diverses conditions qui ont pour but d'assurer la conservation de la dot (art. 1559).

1° Il faut le consentement de la femme. — La loi romaine disait : *Permutatio dotium conventione fieri potest* (L. 25, *De jure dotium*, 23, 3), et exigeait ainsi l'accord des deux époux. Cette règle me paraît devoir être suivie encore : l'article 1559

[1] Salviat, *La jurisprudence du parlement de Bordeaux*, p. 201 (édit. 1787). — Julien, *Eléments de jurisprudence*, p. 57. — *Contrà*, Roussilhe, *Traité de la dot*, n° 394, I, p. 402-403 (édit. 1785).

ne se réfère qu'au cas le plus fréquent, celui où c'est le mari qui, en sa qualité d'administrateur, opère l'échange. Si donc l'échange était fait par la femme, le consentement du mari devrait être exigé, à moins que les époux ne fussent séparés de biens.

2° Le bien reçu en contre-échange doit être un immeuble.— En droit romain, il est vrai, le fonds dotal pouvait être échangé contre des choses mobilières, mais il ne faut pas perdre de vue que les époux pouvaient aussi, postérieurement même au mariage, convenir de l'aliénation du fonds dotal. Les pays de droit écrit eurent donc raison de s'écarter, sur ce point, du système romain.

3° Il faut que l'échange soit *utile* à la femme (cf. L. 26, *De jure dotium*, 23, 3).

4° Le nouvel immeuble doit équivaloir aux quatre cinquièmes au moins de l'immeuble dotal. — On n'a pas voulu que l'échange dégénérât en vente.

5° L'accomplissement des deux dernières conditions a besoin d'être constaté par des experts que le tribunal désigne à cet effet, sur requête des époux.

6° L'autorisation de justice est nécessaire.

L'article 1559 cesserait d'être applicable si une stipulation d'échange avait été portée au contrat de mariage.

Si une soulte est payée à la femme, la soulte, tout comme le nouvel immeuble, est dotale ; de plus, *emploi* doit en être fait en acquisitions immobilières.

Si une soulte est payée au tiers échangiste, la subrogation ne se produit que jusqu'à concurrence de la valeur de l'immeuble dotal. Il n'y a pas à se demander si la soulte est inférieure ou supérieure à cette valeur ; dans l'un et l'autre cas le nouveau bien sera dotal pour partie et pour partie propre à l'un des époux. La dot, en effet, ne peut être ni augmentée ni diminuée pendant le mariage (art. 1543). Remarquez, du reste, qu'on ne trouve pas dans l'article 1559 de disposition analogue à celle de l'article 1407, *in fine*.

L'immeuble subrogé à un fonds dotal échangé pourra être à son tour l'objet d'un échange. Une série d'échanges et de diminutions d'un cinquième pourraient donc transformer en mobilière une valeur dotale immobilière primitivement, si la nécessité de remployer les soultes n'était pas imposée au mari.

CHAPITRE III

DE LA SUBROGATION EN CAS DE PARTAGE OU DE LICITATION.

Le partage et la licitation sont des sources moins fréquentes et moins immédiates de la subrogation, que la vente et l'échange ; on peut même dire jusqu'à un certain point que c'est grâce seulement aux analogies qu'ils présentent avec ces deux contrats, que, dans certains cas, ils donnent naissance à une subrogation réelle. Il ne m'en paraît pas moins intéressant de rechercher quels sont ces cas et quelles règles s'y appliquent.

§ 1. — Régime de la communauté.

SECTION I. — *Licitation.*

Pour qu'il puisse être question de subrogation, il faut supposer que l'un des époux, copropriétaire d'un immeuble indivis dont la licitation est provoquée pendant le mariage, reçoit une soulte pour sa part. La licitation constituant, dans cette hypothèse, une véritable vente du droit immobilier qui appartenait à l'époux sur le bien indivis, le prix de cette vente, la soulte, doit être subrogé au droit immobilier et devenir propre en vertu des principes que nous avons déduits de l'article 1433.

Cette solution, je la crois vraie même quand les divers copropriétaires par indivis sont des copartageants et que la licitation est tranchée au profit de l'un d'eux. Je vais ainsi au-devant d'un argument que l'on pourrait puiser dans l'article 883, et qui, au reste, ne serait pas nouveau. Bourjon déjà voyait dans la rétroactivité du partage un obstacle à la subrogation, l'époux étant censé n'avoir jamais eu aucun droit sur l'immeuble licité[1]. Une pareille solution méconnaît entièrement le sens de la règle que *le partage est déclaratif et non translatif de*

[1] Bourjon, *Droit commun de la France*, *Communauté*, VIe partie, chap. II, sect. IV, dist. 3, n°s 66-69, I, p. 622.

propriété. Cette maxime, qui *simpatise*, comme le disait Lebrun[1], avec celle que *le mort saisit le vif*, ne peut, pour ce motif même, être invoquée en dehors des rapports réciproques des divers copartageants. N'y a-t-il pas quelque chose qui répugne à ce qu'un tiers vienne se prévaloir de ce principe à l'encontre de l'un d'eux et lui dire : « Le partage est déclaratif de propriété ; cette soulte qui vous a été payée, vous ne pouvez pas prétendre qu'elle provient des droits que vous aviez sur l'immeuble licité? » Et puis, dans notre cas spécial, comprend-on que ce prix qui remplace le droit immobilier de l'un des époux enrichisse la communauté, au mépris des articles 1433 et 1437? Ce dernier argument a paru péremptoire à ceux-là mêmes qui regardent l'article 883 comme d'une application générale : ils se sont vus obligés d'admettre ici la subrogation qu'ils repoussent dans des hypothèses analogues; mais quand il s'est agi de justifier une aussi manifeste contradiction, ils n'ont su trouver que d'assez faibles raisons, comme nous le verrons à l'instant[2].

SECTION II. — *Partage de succession.*

I. SUCCESSION PUREMENT IMMOBILIÈRE.

Comme au cas de licitation, il faut supposer qu'une soulte échoit à l'époux successible. Cette soulte sera subrogée aux droits immobiliers qui lui appartenaient en sa qualité d'héritier : elle sera propre. (Arg. art. 1433. — *Non obst.*, art. 883[3].) Pothier le décidait ainsi[4], contrairement au sentiment de Bourjon[5].

[1] Lebrun, *De la communauté*, liv. I, chap. v, sect. II, dist. 1, n° 34, p. 77.

[2] *Dans notre sens* : MM. Aubry et Rau, IV, § 507, p. 245; V, p. 269, § 625. — *Contrà*, MM. Demolombe, *Des successions*, V, n° 317, p. 394. — Troplong, I, n° 444, p. 499 et suiv.; II, n° 1087, p. 366.

[3] Voir les auteurs cités à la note précédente; de plus, MM. Rodière et Pont, I, n° 431, p. 346-347.

[4] Pothier, *De la communauté*, n° 100. — *Dans le même sens* : Renusson, *De la communauté*, Ire partie, chap. III, n° 16, p. 7. — Lebrun, *De la communauté*, liv. I, chap. v, sect. I, dist. 1, n° 15, p. 41.

[5] Bourjon, *loc. suprà citato*.

II. SUCCESSION PARTIE MOBILIÈRE, PARTIE IMMOBILIÈRE.

1° Partage sans soulte.

Je prends d'abord le cas où le partage attribue plus de meubles, à proportion, que d'immeubles à l'époux héritier. — Les choses doivent s'y passer, à mon sens, comme s'il se produisait une subrogation de meubles à immeubles, jusqu'à concurrence de la part que, dans un partage égal et conforme à l'article 832, l'époux aurait dû recueillir. La femme, je suppose, est héritière pour moitié d'une succession qui comprend un tiers d'immeubles, deux tiers de meubles, et elle reçoit toute sa portion en meubles. Ces biens qui lui échoient seront propres jusqu'à concurrence du sixième de l'hérédité, car dans un partage égal elle aurait eu un tiers en meubles, un sixième en immeubles. — Sur quoi se base cette solution? — Le voici : Comme héritière, la femme avait un droit immobilier propre de la valeur du sixième de la succession. C'était un droit acquis, un droit entré dans son patrimoine au moment du décès du D. C. Le partage ne peut donc en faire profiter la communauté ; les meubles qui ont été attribués à la femme en échange de son droit immobilier ne peuvent être que propres, comme l'était ce droit lui-même (art. 1433).

Il faut bien le dire, cette opinion ne compte guère de partisans[1] ; et si Lebrun, dans l'ancien droit, s'était hautement prononcé en sa faveur[2], Pothier n'avait pas cru devoir l'admettre[3]. La cause de toutes les dissidences est toujours ce même principe de la rétroactivité du partage : il faut s'en tenir aux résultats du partage, dit-on, l'époux ayant été rempli en valeurs hérédi-

[1] *Dans notre sens* : MM. Aubry et Rau, IV, § 507, p. 242, 254 ; V, § 625, p. 269-271, texte, note 21.

En sens contraire : MM. Demolombe, *Successions*, V, n° 317, p. 394-398 — Troplong, I, n°s 370-371. — Marcadé sur 1401, n° 5 ; sur 1408, n° 8. — Rodière et Pont, I, n°s 356-357. — Rolland de Villargues, *Rép.*, v° COMMUNAUTÉ, n° 96. — Douai, 9 mars 1849 (Dev. et Car., 50, II, p. 180). — Cass., 11 décembre 1850 (Dev. et Car., 51, I, p. 253).

[2] Lebrun, *Communauté*, liv. I, chap. V, sect. II, dist. 1, n°s 55-57, p. 87-89. — *Dans le même sens* : Valin sur la Rochelle, art. 48, § 2, n° 7.

[3] Pothier, *De la communauté*, n° 100 et n° 631.

taires est censé n'avoir jamais eu que ces valeurs, n'avoir jamais eu aucun droit sur les immeubles de la succession.

Mais pourquoi s'obstiner ainsi à faire régir par le principe de l'article 883 plus que les rapports des cohéritiers et de leurs ayants cause? Autant on s'explique bien et son but et sa raison d'être, si on le restreint à cet objet, aussi peu on le comprend quand on veut faire de la rétroactivité du partage un principe général, rayonnant dans tout le domaine du droit. Au cas qui nous occupe, porte-t-on la moindre atteinte au droit primordial du cohéritier auquel les immeubles sont échus? A son regard ne laisse-t-on pas le partage tel qu'il est? tout ne se borne-t-il pas à un règlement de comptes entre la communauté et l'époux, la première ne devant pas être enrichie au détriment de celui-ci?

Rappelons ici la concession que nos adversaires ont été obligés de faire et qui suffirait peut-être pour condamner leur système. Ils ont reconnu que la soulte, en cas de licitation ou de partage d'une succession immobilière, doit être propre, nonobstant la rétroactivité du partage. N'est-ce pas l'aveu que l'article 883 ne saurait règler les rapports de l'époux héritier avec la communauté? Non, a-t-on répondu, et voici ce qu'il faut dire : Pendant l'indivision chaque cohéritier a un *droit alternatif* sur les divers biens de la succession, et la nature définitive de son droit ne se déterminera que d'après celle des corps héréditaires qui lors du partage seront mis dans son lot, à supposer qu'aucune soulte ne lui soit payée ; rien donc en pareil cas ne fait obstacle à la fiction de l'acticle 883. Autrement en est-il au cas de licitation ou de partage avec soulte; celle-ci n'étant pas comprise dans les effets de la succession, on ne peut dire que l'époux héritier avait à son égard un droit alternatif, et d'autre part il ne peut être censé la tenir directement du D. C.

L'argumentation peut être spécieuse, mais elle n'est pas convaincante. L'article 883 entendu comme nous le faisons, le successible perd, sans doute, tout droit sur les objets héréditaires qui restent en dehors de son lot, mais rien n'empêche de le considérer vis-à-vis de la communauté comme ayant eu à la fois un droit mobilier et un droit immobilier. Si l'on admet, au contraire, la rétroactivité absolue du partage et que l'on regarde comme alternatif le droit de l'époux sur les biens de l'hérédité, pourquoi ce droit ne pourrait-il pas avoir le même caractère à l'égard de la soulte? Celle-ci, bien qu'elle ne consiste pas en choses héréditaires, ne représente-t-elle point une valeur de la succession?

Notre solution aura le double avantage de prévenir les fraudes qui pourraient être commises et, dans un partage de bonne foi, de maintenir l'égalité entre les époux, d'empêcher l'enrichissement de la communauté au préjudice de l'un d'eux.

Quand, à la différence du cas qui vient de nous occuper, c'est la proportion d'immeubles qui est la plus forte, la solution sera analogue; les immeubles deviendront *conquêts* jusqu'à concurrence de la valeur des meubles qu'un partage égal aurait mis au lot de l'époux. Outre l'article 1437, c'est l'article 1096, le principe de la révocabilité des avantages entre époux, qui le veut ainsi. Quant à l'article 883, je n'en parle plus; il est entendu que nous nous refusons à lui reconnaître aucune influence sur les rapports de l'époux successible avec son conjoint ou la communauté.

2° Partage avec soulte.

a. L'époux ne reçoit qu'une soulte. — Cette soulte sera-t-elle propre? sera-t-elle conquêt? — A mon sens, il faut faire une ventilation et voir à quelle part dans les immeubles, à quelle dans les meubles la soulte peut correspondre. Les meubles tombant dans la communauté, il doit en être de même de la soulte, qui tient ici leur place; mais le surplus sera propre comme subrogé aux immeubles qui dans un partage séparé des meubles et des immeubles seraient revenus à l'époux. Il y a une sorte de vente de la part immobilière à laquelle cet époux avait droit, vente dont le prix ne peut être que propre. (Arg., art. 1433.) — Que la succession, par exemple, comprenne un tiers de meubles, deux tiers d'immeubles et que le mari y soit appelé pour un quart. Avant le partage il était copropriétaire des immeubles jusqu'à concurrence du sixième de la succession, des meubles jusqu'à concurrence du douzième. La soulte qui lui est attribuée doit être subrogée pour partie à son droit immobilier, et ainsi, jusqu'à concurrence du sixième de l'hérédité, elle sera propre.

b. L'époux reçoit des meubles et une soulte. — La combinaison des règles précédentes mène aux résultats suivants :

Si les meubles échus à l'époux sont précisément ceux qu'un partage séparé aurait pu lui attribuer, la soulte entière est propre, comme subrogée à son droit immobilier ;

S'ils représentent plus que la part mobilière que l'époux aurait dû avoir, proportionnellement aux immeubles, les meubles qui excèdent cette part, de même que la soulte tout entière, seront propres ;

Si enfin la proportion des meubles est plus faible qu'elle n'aurait dû l'être, une partie seulement de la soulte sera propre, celle correspondant au droit immobilier de l'époux.

c. L'époux reçoit des immeubles et une soulte. — Point de subrogation si les immeubles reçus par l'époux sont l'exacte représentation de son droit immobilier.

Subrogation d'une partie de la soulte à une partie du droit immobilier de l'époux, si la soulte est plus considérable, à proportion, que les immeubles tombés à son lot[1].

Enfin subrogation d'une partie des immeubles dans la qualité de conquêt, si la valeur des immeubles échus à l'époux empiète sur la part mobilière qui aurait dû lui revenir.

d. L'époux reçoit des meubles, des immeubles et une soulte. — Les solutions fort nombreuses applicables à ce cas se déduisent sans peine de celles qui viennent d'être données pour les hypothèses dont nous n'avons ici que la réunion.

§ 2.—Régime dotal.

SECTION I. — *Licitation.*

Quand un immeuble dotal, non compris dans une masse, est indivis avec des tiers et que, soit un étranger, soit l'un des copropriétaires s'en rend adjudicataire sur licitation, la soulte qui revient à la femme est subrogée, à charge de remploi, à son droit immobilier. C'est là, en effet, une de ces aliénations forcées où se produit, comme je crois l'avoir montré, cette subrogation de prix à la chose à laquelle nous n'avions vu

1. *Contrà*, M. Troplong, *Du contrat de mariage*, I, n° 244, p. 501.

qu'un seul obstacle possible, l'article 883 ; au point où nous en sommes, cet obstacle est levé[1].

Si la femme elle-même se porte adjudicataire, il semble qu'il ne puisse être question de subrogation. Je le crois, en effet; mais il faut se prémunir contre une erreur que plusieurs ont enseignée. Au cas spécial où la femme s'est constitué en dot tous ses biens présents et futurs, on a prétendu que l'immeuble tout entier doit être dotal, ce qui revient à le subroger, pour tout ce qui excède la part indivise de la femme, aux deniers dotaux qui ont été payés comme soulte aux autres copropriétaires. La dot, a-t-on dit, n'étant pas augmentée aux dépens de la fortune paraphernale de la femme, la licitation doit être mise sur la même ligne qu'une acquisition à titre gratuit[2]. — Mais n'y aurait-il pas là une transformation de la dot tombant sous le coup des articles 1395, 1543, 1553? N'y aurait-il pas une subrogation de l'immeuble aux deniers dotaux, et une pareille subrogation est-elle possible en dehors des cas d'emploi forcé ou d'emploi stipulé dans le contrat de mariage[3]?

Passons à un autre cas : La femme s'est constitué en dot sa part dans une masse indivise ; dans cette masse se trouve un immeuble dont elle se rend adjudicataire sur licitation. L'immeuble sera-t-il dotal pour le tout ou ne le sera-t-il que pour partie? Il faut distinguer. Si les autres communistes sont remplis de ce que leur devait la femme en biens qu'elle tenait de la masse, il y aura subrogation de l'immeuble à ces biens, dotaux, on ne l'oublie pas, car l'adjudication n'est ici autre chose au fond qu'une des opérations du partage, et, d'après le pacte matrimonial, tout ce qui revient à la femme dans la masse indivise doit entrer en dot. — Si la soulte que doit la femme n'est payée que partiellement en biens de la masse, la subrogation ne s'opère que jusqu'à concurrence de leur valeur ; enfin, si la soulte ne consistait qu'en deniers paraphernaux ou en deniers dotaux ne

[1] *En ce sens* : MM. Aubry et Rau, IV, § 454, texte *f* et note 36, p. 457. — Troplong, IV, n° 3485, p. 595. — Benech, n° 122, p. 276-277. — Cass., 23 août 1830 (Dalloz, 30, I, p. 34). — Cass., 10 mars 1856 (Dev. et Car., 56, I, p. 657). — *Contrà*, Odier, III, n° 1304.

[2] Marcadé sur 1558, n° 5.

[3] *En ce sens* : MM. Aubry et Rau, IV, § 534, note 29, p. 455 ; note 42, p. 459. — Grenoble, 11 juillet 1857 (Dev. et Car., 57, II, 549).

provenant pas de la masse et non sujets à emploi, l'immeuble ne serait dotal que sous déduction d'une portion correspondante à cette soulte.

SECTION II. — *Partage de succession.*

Le premier cas qu'il faille considérer est celui où la femme s'est constitué ou tous ses meubles ou tous ses immeubles à venir. — Supposons que la constitution a porté sur les immeubles et que dans une succession partie mobilière, partie immobilière il est échu à la femme moins d'immeubles à proportion que de meubles. Il ne s'opérera pas de subrogation des meubles héréditaires ou de la soulte attribuée à la femme au droit immobilier qui pour elle était né de l'ouverture de la succession. La raison, c'est que dans les questions de dotalité il faut toujours se reporter à la volonté présumable du constituant; or peut-on admettre que la femme ait entendu mettre en dot son droit immobilier dans une succession non encore ouverte, sans avoir aucunement égard aux résultats du partage? Évidemment non [1].

Voici une autre hypothèse. La constitution de dot comprenait des biens donnés à la femme en avancement d'hoirie; rapport de ces biens est fait à la succession du donateur et d'autres objets héréditaires sont mis au lot de la femme. Ces objets sont subrogés aux biens rapportés et deviennent dotaux jusqu'à concurrence de leur valeur. N'est-il pas certain, en effet, que la femme, en se constituant des biens sujets à rapport, a pensé au cas où d'autres valeurs héréditaires lui seraient données en place et qu'elle a voulu imprimer à ces valeurs nouvelles le même cachet de dotalité qui appartenait aux biens remis dans la masse?

La soulte payée à la femme en remplacement des biens par elle rapportés serait également subrogée à ces biens; et si c'étaient des immeubles, elle devrait être employée. Ne sommes-nous pas en présence d'une véritable vente forcée dont la soulte est le prix?

[1] MM. Aubry et Rau, IV, § 534, texte, note 39, p. 458. — Benech, *op. cit.*, n° 122, p. 277. — Caen, 19 mars 1839 (Dev. et Car., 39, II, p. 351).

Quand des biens rapportables ont été ainsi constitués en dot, ne pas admettre la subrogation, ce serait permettre à la femme de porter un préjudice souvent considérable à son mari, en ne renonçant pas comme elle devrait le faire, ou en refusant d'invoquer le bénéfice de l'article 859[1].

DEUXIÈME DIVISION.

De la subrogation générale.

Nous avons distingué, au début de cet ouvrage, deux espèces de subrogation réelle — celle qui, portant sur des qualités particulières et dans une certaine mesure accidentelles, ne peut se rencontrer jamais, si elle n'est écrite dans la loi; et, en regard, celle qui, dans toute universalité, se produit par la force même des choses. La première, nous l'avons étudiée sous le nom de subrogation *spéciale*, et nous avons vu que son domaine est assez vaste encore; mais combien l'horizon s'élargit quand on cherche à explorer le champ immense de la seconde espèce de subrogation, la subrogation *générale!* Ce n'est plus alors dans telle ou telle région de la science juridique que la discussion reste confinée, elle en embrasse toute l'étendue; et celui qui voudrait suivre cette subrogation partout où elle a un rôle à jouer se verrait obligé de présenter une théorie complète du droit civil envisagé à ce point de vue. Tel ne saurait être notre but : outre qu'il est difficile de saisir l'utilité d'une pareille étude, l'entreprendre serait au-dessus de nos forces et peu en rapport avec le temps et l'espace dont nous disposons. Nous allons donc nous en tenir aux points principaux et restreindre notre examen aux questions où la subrogatian offre le plus d'intérêt.

Nos efforts tendront surtout à rechercher, par qui et contre qui la subrogation peut être invoquée? — dans quelle universalité elle se produit en tels cas donnés? — quels sont ses effets?

Quand le propriétaire d'une universalité (patrimoine, hérédité, troupeau, etc.) remplace l'une des choses qu'elle comprend par

[1] Cf. MM. Aubry et Rau, IV. § 534, texte, note 35, p. 457. — Troplong, IV, n° 3512, p. 619. — *Contrà*, Tessier, I, p. 270.

une autre qui soit propre à en faire partie, la subrogation générale s'opère ; mais toute personne pourra-t-elle s'en prévaloir et le propriétaire, à son tour, pourra-t-il l'opposer à chacun? Telle est notre première question, qui se présentera sous des formes assez multiples, mais se résoudra d'après des principes uniformes. Par la subrogation une chose nouvelle vient prendre dans l'universalité la place laissée vide par une autre qui en est sortie; elle devient, comme l'était cette dernière, partie intégrante de l'universalité et même est censée l'avoir toujours été; mais c'est là le seul effet de la subrogation *générale* et, dès lors, il est évident que le droit d'une personne a besoin d'être constitué sur toute l'universalité ou au moins sur une quote-part de celle-ci pour pouvoir se reporter sur la chose nouvelle. Un tiers n'a-t-il qu'un simple droit à tel bien déterminé faisant partie d'une universalité, il ne peut l'exercer sur la chose qui a été subrogée à ce bien. Au contraire, si l'universalité elle-même est soumise à son droit, celui-ci frappera l'objet subrogé tout comme il portait sur l'objet dont ce bien nouveau a pris la place. Et même on n'a pas besoin d'aller aussi loin : si le droit d'une personne n'atteint qu'une part divise de l'universalité la subrogation n'en pourra pas moins être invoquée par elle et lui être opposée, à condition seulement que cette part puisse être considérée elle-même comme un tout et que la subrogation s'y soit réellement opérée. La confusion possible entre la part divise et le reste de l'universalité ne doit jamais nous empêcher de retrouver les valeurs auxquelles la subrogation nous donne droit.

Il ne suffit pas de savoir que tout contrat onéreux engendre une subrogation réelle, il faut encore déterminer où cette subrogation se réalise; c'est l'objet de notre seconde question. Elle ne se présentera guère si le propriétaire fait lui-même et en son nom l'acte qui donne naissance à la subrogation. Et encore, dans ce cas, elle peut surgir. Mais où elle apparaît surtout, c'est quand une acquisition a été faite par une personne avec les biens d'autrui, ou par le propriétaire au nom d'un tiers.

L'examen des deux questions qui viennent d'être indiquées nous conduira à nous demander quels sont les effets de la subrogation générale. Du reste, que l'on ne s'attende pas à voir examiner ces divers points isolément, l'un après l'autre; dans une matière aussi vaste, un pareil ordre ne pouvait être suivi;

il fallait trouver un cadre où l'on pût faire rentrer avec le plus de clarté et de méthode possible les principales difficultés auxquelles la subrogation générale donne lieu. Y avons-nous réussi? nous n'osons l'espérer.

CHAPITRE I

DU PATRIMOINE.

Le patrimoine d'une personne est, sans contredit, la plus importante des universalités. La subrogation, comme nous l'avons montré dans la première partie de ce travail, s'y rencontre sans cesse; elle est en quelque sorte de son essence. De plus, elle a effet vis-à-vis d'une classe nombreuse de personnes, les créanciers. Il va de soi qu'il ne peut être question pour nous de rechercher dans quels cas ces derniers sont admis à critiquer et à faire tomber les actes d'où la subrogation était sortie; nous voulons faire remarquer seulement que leur droit de gage passe d'une chose du patrimoine sur celle qui lui est subrogée et trouver là une application des principes que nous avons énoncés plus haut. N'est-ce pas en effet un droit de gage *général* que celui dont l'article 2093 frappe le patrimoine du débiteur? N'est-ce pas un droit *universel*, un droit portant sur l'universalité entière? Il est donc tout juste que les créanciers soient autorisés à se prévaloir de la subrogation.

On ne devrait pas voir une dérogation à ces mêmes principes dans la circonstance que le droit de préférence attaché à un privilége *spécial* sur des meubles ou à une hypothèque dont le droit de suite a été perdu se reporte sur le prix encore dû, qu'en cas de purge le prix est atteint par le même droit de préférence que l'avait été le bien formant l'assiette du privilége ou de l'hypothèque. — Quoi qu'il en paraisse, cette subrogation que l'on permet d'invoquer au créancier a sa base dans un droit universel. Comme tout autre créancier, le créancier privilégié ou hypothécaire a un gage général sur l'ensemble du patrimoine du débiteur, seulement sur tel bien déterminé son droit de gage est doué d'une puissance plus grande que celui de ses cocréanciers; c'est comme un surcroît de forces. Si maintenant ce bien est remplacé par son prix, on voit très-bien comment on a pu décider que le droit de gage transporté sur le prix par suite de la subrogation générale le serait avec son efficacité exceptionnelle, avec le droit de préférence qui s'y trouvait attaché.

§ 1. — Cas où le patrimoine est administré par son propriétaire capable.

SECTION I. — *Actes faits par le propriétaire lui-même.*

Les contrats onéreux valablement passés par un propriétaire capable entraînent la subrogation comme conséquence nécessaire, à moins qu'ils ne soient faits au nom d'un tiers, cas dont il sera parlé dans la section deuxième. Mais par quelles personnes cette subrogation peut-elle être invoquée? C'est de cela qu'il va être question.

A. LE DROIT DU PROPRIÉTAIRE EST A L'ABRI DE TOUTE RÉSOLUTION.

Une personne ne peut pas plus, de son vivant, aliéner son patrimoine qu'elle ne peut aliéner sa personnalité juridique; mais rien ne l'empêche de disposer des biens qu'actuellement elle possède. C'est ainsi qu'elle pourra faire une donation de la totalité ou d'une quote-part de sa fortune présente, ou de telle espèce seulement de ses biens, de ses meubles ou de ses immeubles. Le donataire, en pareil cas, ne devient (à mon avis du moins) ni un successeur universel ni un successeur à titre universel; mais cela n'empêche pas que, d'après l'intention même du disposant, il ne doive recueillir une universalité, et, dès lors, nous lui permettrons de profiter de la subrogation produite dans l'intervalle entre l'acte de donation et la notification de l'acte d'acceptation. La condition, en effet, à laquelle il faut uniquement s'attacher, c'est qu'il puisse prétendre à une universalité telle qu'elle se trouve constituée au moment de l'exercice de son droit[1].

[1] Ce sont, en définitive, deux choses fort distinctes que succéder *per modum universitatis* et succéder à une universalité. La première espèce de succession embrasse nécessairement la totalité ou une quote-part du

Il va de soi que cette condition est remplie en cas de succession à titre universel ; par suite, toute subrogation qui s'est opérée dans le patrimoine jusqu'au moment du décès profite et peut être opposée au successeur universel, légataire ou héritier.

On voit, à présent, dans quel sens il faut entendre les mots *droit universel, droit à une universalité*, dont précédemment nous nous sommes servi. Ils voulaient dire que la subrogation peut être invoquée par toute personne, mais par celle-là seule aussi qui ou bien succède *per universitatem* (et dans ce cas c'est de toute subrogation produite dans le patrimoine qu'il s'agit), ou succède à une universalité, ou bien enfin peut prétendre un droit de gage ou de jouissance sur l'ensemble ou une quote-part de l'universalité; aux deux derniers cas, notre subrogation se restreint naturellement dans des limites plus étroites qu'au premier.

En somme, il ne peut guère se présenter de difficulté quand c'est du propriétaire lui-même qu'émane le droit sur le patrimoine ou partie de celui-ci ; mais une grave question surgit en cas de *retour légal*, cas où l'on a cru trouver dans la loi ce qu'il fallait pour que l'ascendant donateur pût se prévaloir d'une subrogation réelle. Cette question, le moment est venu de l'examiner.

Retour légal de l'ascendant donateur. — L'ascendant donateur doit, en vertu de l'article 747, succéder aux biens par lui donnés qui se retrouvent dans la succession du donataire mort sans enfants. Si ces biens n'ont été l'objet d'aucune disposition de la part du donataire, le droit de l'ascendant s'exerce sans obstacle; mais s'ils ont été aliénés et remplacés par d'autres valeurs, le donateur pourra-t-il reprendre ces dernières en prétendant qu'elles se trouvent *subrogées* aux biens donnés? Un parti considérable dans la doctrine le soutient, et voici comment il raisonne[1] : — L'ascendant donateur est un successeur *à titre uni-*

patrimoine, la seconde peut s'appliquer à des biens déterminés de ce patrimoine pourvu qu'ils constituent une universalité. Donc chaque successeur à titre universel (ce mot pris dans l'acception, seule véritable en théorie, que je viens de préciser) succède à une universalité, mais tout individu qui succède à une universalité n'est pas un successeur à titre universel.

[1] MM. Aubry et Rau, V, § 608, p. 125 et suiv. — Chabot de l'Allier,

versel, car, de l'aveu de tous, il est tenu de contribuer au payement des dettes. Les biens donnés constituent donc une universalité juridique à laquelle s'applique la règle : *In judiciis universalibus res succedit in locum pretii, pretium in locum rei*; d'où la conséquence que le retour légal porte sur les choses subrogées aux biens donnés comme il aurait porté sur ces biens eux-mêmes.

Cette argumentation, comme il est facile de s'en convaincre, repose sur une pétition de principes. — Tout successeur à titre universel se trouvant appelé à une universalité peut, à la vérité, invoquer la subrogation, mais cela n'est point vrai indistinctement; il faut rechercher à quel moment l'universalité se trouve constituée, et à partir de ce moment seulement il peut être question de subrogation opérée à son profit. Voilà ce qu'on a perdu de vue et voilà pourquoi on a fait une pétition de principes. Certes, si l'on devait entendre toujours par *succession à titre universel* la succession à l'universalité ou à une quote-part de *l'universalité du patrimoine*, on aurait raison de dire que le successeur à titre universel profitera toujours de la subrogation accomplie du vivant de son auteur. Mais notre Code n'a-t-il pas détourné cette expression de son sens primitif et seul véritable? N'a-t-il pas appelé *successeur à titre universel*, n'a-t-il pas fait contribuer aux dettes le légataire de tous les meubles ou de tous les immeubles? Eh bien! où trouvera-t-on une subrogation qui s'opère au profit de ce successeur à titre universel avant l'ouverture de la succession? Ne faut-il pas, pour qu'une personne puisse invoquer la subrogation générale, qu'elle succède à une universalité dans laquelle cette subrogation se soit produite? Or les meubles ne constituent pas d'universalité du vivant du testateur, ils n'en constitueront une qu'à sa mort; si donc la loi a cru devoir, au point de vue de la contribution aux dettes, traiter le légataire de tous les meubles comme un

Comm. sur les successions, art. 747, n° 22, I, p. 311 et suiv. — Massé, *Le parfait notaire*, III, p. 54. — Duranton, VI, n° 233. — Rolland de Villargues, *Répert. du notariat*, v° RETOUR LÉGAL, n°s 37 et suiv. — Poujol, *Traité des successions*, n°s 20 et suiv., sur art. 747, p. 228 et suiv.— Malpel, n° 135. — *Contrà*, MM. Demolombe, *Traité des successions*, I, n°s 519 et suiv., p. 585 et suiv. — Belost Jolimont sur Chabot, art. 747, *Observ.*, 10 et suiv., I, p. 337.

véritable successeur à titre universel, c'est uniquement parce qu'il recueille une fraction du patrimoine, assimilable dans une certaine mesure à une partie aliquote. — D'après cela, l'ascendant donateur peut avoir un titre universel — ou bien parce qu'à l'instant même de la donation les choses données forment une universalité qu'il sera appelé à recueillir à la mort du donataire mourant sans postérité,— ou, au contraire, parce qu'au moment où il prend dans la succession de ce dernier les biens donnés qui s'y retrouvent en nature, ces biens sont censés constituer une universalité distincte de l'hérédité ordinaire. Lequel de ces deux fondements faut-il assigner au titre universel de l'ascendant donateur ? Tout dépend de la solution de cette question. Les biens donnés composent-ils une universalité du vivant du donataire, la subrogation peut se produire dès là au regard de l'ascendant; au contraire, l'universalité n'est-elle constituée qu'à l'ouverture de la succession, au moyen des choses données qui existent encore en nature, ce n'est qu'une subrogation postérieure au décès du donataire que l'ascendant peut être en droit d'invoquer. Eh bien ! cette question si capitale, le raisonnement que nous combattons la suppose résolue, et résolue dans le premier sens, puisque, sans preuve d'aucune sorte, on admet que le titre universel de l'ascendant lui permet de se prévaloir de la subrogation opérée du vivant du donataire ! Mais il aurait fallu prouver tout d'abord l'existence, à ce moment, d'une universalité de biens donnés, prouver que les divers objets individuels qui sont répandus dans tout le patrimoine du donataire doivent être considérés comme une universalité à part, à laquelle l'ascendant a droit ! Et cette preuve, on ne la fournit pas; tandis que nous, au contraire, nous démontrerons que l'universalité ne prend naissance qu'au décès du donataire et qu'elle ne se compose par suite que des biens donnés dans leur identique individualité. Cette démonstration, nous la trouverons dans la loi elle-même, qui, nous allons le voir, restreint le droit de retour aux choses données existant en nature.

Avant le Code, rien n'était moins défini que les droits de l'ascendant sur les biens donnés.

La jurisprudence de la plupart des pays de droit écrit lui reconnaissait non un *droit de succession*, mais un *droit de réver-*

sion emportant résolution des droits qui avaient appartenu au donataire. On ne peut guère citer que les parlements de Paris et de Dijon comme s'étant écartés de cette jurisprudence[1], et encore paraît-il que le premier l'a fait postérieurement à 1584[2]. — Or, de cette nature du droit de retour, il résultait : 1° que toutes les aliénations, tant à titre onéreux qu'à titre gratuit[3], consenties par le donataire étaient résolues par l'exercice de ce droit ; 2° que les biens revenaient à l'ascendant francs et quittes de toutes charges et hypothèques (ainsi le donateur n'était pas tenu d'une part contributoire dans les dettes)[4]. — Dans un pareil état de choses, il ne pouvait évidemment être parlé de subrogation réelle : les biens donnés étaient toujours repris en nature.

Quant aux coutumes, elles admettaient presque toutes le retour des biens donnés[5], il suffira de mentionner la coutume de Paris (art. 313), la coutume d'Orléans (art. 315), celle de Nivernais (art. 9, chap. XXVII), etc. Mais ce n'était plus un droit de *réversion*, c'était un véritable *droit successoral* que l'on reconnaissait au donateur. Renusson est vivement repris par Pothier[6] pour avoir dit que l'ascendant recueille les choses données plutôt *jure reversionis quam jure hereditario* [7]. — On devait donc arriver à des solutions toutes différentes de celles admises dans les pays de droit écrit et 1° maintenir les aliénations faites par le

[1] Ricard, *Des donations*, part. III, chap. VII, sect. IV. — Bretonnier sur Henrys, t. I, liv. VI, chap. V, quest. 13. — Pothier, *Des donations entre-vifs*, sect. III, art. 4, *in fine*.

[2] Chopin sur Anjou, liv. III, tit. III, n° 11.

[3] Le parlement d'Aix n'allait pas aussi loin (Bretonnier, *loc. cit.*).

[4] Parlement de Toulouse (Maynard, liv. II, chap. XCII ; liv. VI, chap. LX). — Parlement de Bordeaux (Béchet, *Du droit de réversion*, chap. IV, n° 8). — Parlement de Grenoble (Chorier, *Jurisprudence de Guy Pape*, p. 226).— Cf. Henrys, t. I, liv. VI, chap. V, quest. 13, p. 923-925 ; t. II, liv. V, quest. 60, p. 687-688. — Furgole, *Sur l'ordonnance de 1731*, quest. 42. — Charondas, *Réponses*, liv. VII, chap. CXIV.

[5] Il avait même été jugé par un arrêt du parlement de Paris (29 avril 1606) et par deux autres du parlement de Bordeaux (12 mai 1634, 12 août 1727) que la succession de l'ascendant donateur était de *droit commun coutumier*. — Voir cependant *Cout. de Normandie*, art. 241. *Cout. d'Anjou*, art. 268 et 270 ; *Cout. du Maine*, art. 286 et 288 ; *Cout. de Mantes*, art. 169-170.

[6] Pothier, *Traité des propres*, sect. I, art. 2.

[7] Renusson, *Des propres*, chap. I, sect. V, p. 7.

donataire; 2° laisser subsister sur les biens donnés les charges et hypothèques dont il les avait grevés[1].

Voyons à présent, car c'est là ce qui nous intéresse surtout, quels biens pouvaient faire l'objet du retour légal. Les termes ambigus de la plupart des coutumes avaient jeté sur ce point la division entre les auteurs[2]. — Les jurisconsultes les plus éminents, en tête Pothier, Lebrun, Duplessis, faisaient ce raisonnement[3]. Après avoir posé le principe : *Propres ne remontent*, les coutumes de Paris et d'Orléans ajoutent dans un article suivant : « Toutefois succèdent (les ascendants) aux choses par eux données à leurs enfants. » Il semble qu'il faille conclure de là que le droit de retour est une exception à la règle : *Propre héritage ne remonte*. Il n'en est rien pourtant. Cette règle n'exclut les ascendants que de la succession des propres qui proviennent d'un autre côté; or ici il s'agit d'un bien donné par celui-là même qui prétend le reprendre. Si donc l'ascendant donateur succède, c'est en vertu des principes ordinaires de succession aux propres; et dès lors les seules choses sur lesquelles son droit puisse porter se trouvent être : 1° les immeubles; 2° les *propres conventionnels*, qui ont été expressément stipulés propres *aux siens de son côté et ligne*; 3° les *propres fictifs de subrogation*, c'est-à-dire l'immeuble acquis en contre-échange, l'immeuble acquis en emploi de deniers stipulés pro-

[1] Cf. Lebrun, liv. I, chap. v, sect. II, n° 67, p. 77. — Voir cependant *Coutume de Bayonne* et *Coutume de Berry* (tit. XIX, art. 5).

[2] Des coutumes, les unes emploient les mots *choses données* (voir notamment Paris (art. 313). — Orléans (315), les autres ceux de *biens donnés* (Bourbonnais, Franche-Comté, etc.). — L'expression *d'héritage* se rencontre dans les coutumes de Berry, Valenciennes, Nivernais, etc.; celle d'*immeubles et propres fictifs* dans les coutumes de Châlons, Auxerre, Melun, etc. — Enfin la coutume de Bayonne, et c'est la seule, s'occupe expressement des *meubles donnés* : « La somme et autres biens baillés, dit-elle, retournent au donateur ou à ses héritiers. »

[3] Pothier, *Traité des successions*, chap. II, sect. II, art. 3, § 2. — Lebrun, *Des successions*, liv. I, chap. v, sect. II, n° 49, p. 74. — Duplessis, *Commentaire sur la coutume de Paris*, sur art. 313. — *Adde* : Bacquet, *Traité des droits de justice*, chap. XXI, n° 309. — Le Maistre sur Paris, art. 313, p. 497. — Lalande sur Orléans, art. 315. — Arrêt du 13 avril 1627 (Brodeau sur Louet, I, *Lettre D.*, som. 66). — Cf. Arrêtés de Lamoignon, tit. XLI, arr. 40, p. 270 (édit. 1777). Cbn., n°s 332 et 333, *Inst. cout.* de Loisel (édit. Dupin et Laboulaye, I, p. 335 et 339).

pres, etc. — Telle est en résumé l'opinion qui jouissait du plus de crédit dans l'ancien droit; mais, qu'on y prenne garde, si elle admettait la subrogation, ce n'était pas la *subrogation générale*, celle qu'on traduit ordinairement par la règle : « In judi« ciis universalibus res succedit in locum pretii, pretium in « locum rei, » mais bien la *subrogation spéciale* dans la qualité de propre, ce qui est tout autre chose, comme on sait.— D'autres auteurs[1], partant d'un principe différent, voulaient que l'ascendant pût exercer son droit sur toutes les valeurs, soit mobilières, soit immobilières, qu'il avait mises dans le patrimoine du donataire ou qui avaient pris la place des biens donnés.— Ici, il faut le reconnaître, on a affaire à des partisans d'une subrogation qui produit les effets de la *subrogation générale*. — Mais un système mitoyen avait pris naissance : quant aux immeubles, il admettait les principes de Pothier; quant aux meubles, il autorisait leur retour s'ils *se trouvaient en nature* lors du décès du donataire[2]. Or cette expression *biens en nature* avait un sens bien nettement défini dans l'ancien droit. En veut-on une preuve? il suffira de citer l'explication que Pothier en donne à l'occasion de la substitution universelle de *tout ce qui restera en nature* des biens de la succession. « Cette substitution, dit-il, est restreinte aux seuls effets que le grevé se trouvera avoir en nature lors de l'ouverture de la substitution, c'est-à-dire aux seuls effets qui sont *précisément les mêmes* qui ont été laissés par le défunt et qu'il a conservés jusqu'à l'ouverture de la substitution[3]. » Mais nous n'avons pas besoin d'aller aussi loin. Voici ce que dit Ferrière sur notre question même : « Lorsque les meubles *se trouvent en nature*, le retour peut avoir lieu, parce que les raisons pour lesquelles nous avons reçu ce droit dans nos coutumes ont lieu, que les choses données existent et

[1] Renusson, *Des propres*, chap. II, sect. XIX, n° 20, p. 113; n°s 37-38, p. 116-117. — Bretonnier sur Henrys, I, liv. VI, chap. V, quest. 13.

[2] Ferrière, *Corps et compilation sur la coutume de Paris*, art. 313, glose 1, § 2, n° 4, t. IV, p. 605. — Voir aussi Lebrun, liv. I, chap. V, sect. II, n° 48, p. 74, qui mentionne cette opinion comme ayant cours au palais. — Arrêt du 25 février (d'après Lebrun, janvier d'après Le Prêtre) rapporté par Brodeau sur Louet, *Lettre D.*, som. 66, et Le Prêtre, cent. II, chap. XVIII, n° 16.

[3] Pothier, *Des substitutions*, sect. IV, art. 2, § 3.

peuvent se reprendre *dans l'état qu'elles étaient au temps de la donation.* » Pouvait-on indiquer plus clairement que le droit de retour n'atteignait jamais les choses données que dans leur identique individualité ?

Toute distinction des biens en *propres* et *acquêts* ayant été supprimée par eux, les rédacteurs du Code ne pouvaient plus songer à la théorie émise par Pothier. Restaient les deux autres systèmes. Admettrait-on avec Renusson que toute valeur qui représente un bien donné retournera au donateur? — Fallait-il décider, au contraire, avec l'opinion qui se rapprochait le plus de celle de Pothier, que l'exercice du droit de retour serait subordonné à la condition que l'objet de la libéralité existerait encore en nature, principe qu'il n'y avait plus de raison de restreindre aux choses mobilières, les immeubles ne pouvant plus être traités comme des propres? — Il ne me paraît pas douteux que c'est à ce dernier système que le législateur moderne a donné la préférence. Qu'on se réfère à la disposition qu'il consacre au retour légal : « Les ascendants, est-il dit dans l'article 747, succèdent à l'exclusion de tous autres aux choses par eux données à leurs enfants ou descendants... lorsque les objets donnés se retrouvent en nature dans la succession. » — *Se retrouvent en nature dans la succession!* Mais ce sont les propres termes de Ferrière, termes qui, d'après la signification précise qui y avait été attachée, sont exclusifs de toute subrogation ! En les employant, les rédacteurs du Code n'ont-ils pas montré aussi clairement que possible qu'ils repoussaient le système de Renusson pour s'en tenir au principe de l'opinion rivale, au principe d'après lequel l'ascendant ne peut obtenir que la chose donnée seule, identiquement la même, *in specie*? Ce choix n'a du reste rien qui doive nous étonner; bien plus, si l'on va au fond des choses, on reconnaît que c'était le seul possible. Sait-on, en effet, sous l'influence de quelles idées le droit de retour avait été étendu par certains auteurs aux objets subrogés à ceux donnés? Ce n'était nullement que les partisans de cette opinion regardassent les biens composant la libéralité comme une universalité où la subrogation devait se produire, mais c'est qu'ils auraient voulu transporter dans les coutumes le système de *réversion* en vigueur dans les pays de droit écrit. Eussent-ils décidé sans cela que l'ascendant doit, dans tous les cas, obtenir le montant de la donation, pourvu qu'il y ait dans la succession des biens suffisants pour l'en couvrir? — Quels étaient aussi les partisans de ce système? Renusson, qui prétendait, nous l'avons vu, que l'ascendant jouit du droit de retour plutôt comme d'un *jus reversionis* que d'un *jus hæreditarium*; — Bretonnier, qui n'avait pas approuvé la jurisprudence nouvelle du parlement de Paris, qui aurait voulu faire tomber toutes les aliénations consenties par le donataire, qui appelait *sacriléges* celles faites à titre gratuit, et se refusait à les maintenir ainsi que toutes autres préjudiciables à l'ascendant[1]! — Or ces idées, le Code les a repoussées; ce n'est pas un droit de réversion, ce n'est même rien d'approchant qu'il a voulu accorder à l'ascendant donateur; c'est un droit de succession, un droit par suite qui doit être régi non point par des principes empruntés aux pays de droit écrit, mais par ceux que les coutumes et la plupart des interprètes avaient maintenus religieusement. Il ne restait donc aux rédacteurs qu'un seul parti à prendre, s'ils ne voulaient créer un système tout nouveau, c'était d'adopter l'opinion mitoyenne, en étendant aux immeubles ce qu'elle avait décidé pour les meubles, d'exclure la subrogation, d'appeler l'ascendant à la succession des biens donnés qui se retrouvent en nature; les expressions dont ils se sont servis dans l'article 747 montrent que c'est là ce qu'ils ont fait.

D'après les résultats auxquels l'étude de l'ancien droit vient de nous conduire, on voit que le raisonnement de ceux (et ils sont nombreux) qui aujourd'hui permettent à l'ascendant de se prévaloir de la subrogation ne peut se maintenir. Comme nous l'avons dit, pour que ce raisonnement pût être exact, il faudrait prouver qu'aux yeux de la loi les biens donnés forment une universalité du vivant du donataire; dans cette universalité, la subrogation s'opérerait. Or précisément ne vient-on pas de montrer que l'ascendant n'est admis à succéder qu'aux biens donnés qui *se retrouvent en nature?* Ces biens doivent donc conserver leur individualité, leur existence propre; ils ne constituent pas d'universalité; le retour légal ne peut s'exercer que sur eux-mêmes et non sur les valeurs qui ont pu prendre leur place

[1] Bretonnier sur Henrys, t. I, liv. VI, chap. v, quest. 13. — Cf. Arnaud de La Rouvière, *Du droit de retour*, t. II, liv. III, chap. VIII.

dans le patrimoine du donataire. Peu importe dès lors que l'ascendant soit traité comme un successeur à titre universel ; cela peut seulement signifier que si des biens donnés se retrouvent en nature lors de l'ouverture de la succession, la loi les regarde comme une quote-part de l'hérédité, une hérédité spéciale dans l'hérédité ordinaire ; il n'en suit pas que la subrogation antérieure à la mort du gratifié puisse être invoquée par le donateur. — Cela ne résulte pas davantage du deuxième alinéa de l'article 747. Ah ! sans doute, on pourrait entendre cet alinéa comme s'occupant de la subrogation, si celle-ci découlait des principes, s'il était établi que les biens donnés forment une universalité distincte dans le patrimoine du donataire vivant ; mais quand nous venons de voir que de pareilles propositions sont condamnées par la première partie de l'article 747 (surtout si on la rapproche de l'ancien droit), est-il possible de croire qu'incidemment, par des solutions données pour des cas spéciaux[1], le législateur ait voulu établir une subrogation qui n'est fondée sur rien et qui est repoussée de la manière la plus formelle par un alinéa précédent ? C'est d'autant plus inadmissible qu'on n'a pas besoin de recourir à la subrogation pour expliquer l'alinéa 2 de l'article 747, et que dans notre système les deux dispositions de cet article se concilient très-simplement. Les actes de disposition font obstacle à l'exercice du retour légal : telle est la règle. Mais il est des cas où, l'aliénation n'étant pas définitive, les biens donnés peuvent être regardés, dans une certaine mesure, comme existant encore en nature. Voilà pourquoi la deuxième partie de l'article 747 permet à l'ascendant de succéder au prix encore dû et aux actions en reprise. De cette façon tout se lie dans notre opinion, et tout argument échappe à l'opinion contraire.

Je ne m'arrêterai pas à faire ressortir les avantages du système que je crois être celui de la loi. Notons pourtant qu'il

[1] Pourquoi va-t-on chercher le cas assez rare où le prix n'est pas payé encore et les hypothèses où il y a lieu à des actions en reprise ? Pourquoi ne parle-t-on pas plutôt du cas d'échange, cas très-simple et qui devait venir plus que tout autre à l'esprit du législateur, s'il avait voulu établir la subrogation, puisqu'il est le mode par excellence de la produire ? Tout cela, difficile à justifier dans le système que nous combattons, s'explique fort bien dans le nôtre.

coupe court aux difficultés qui s'élèvent quand on veut déterminer le bien qui a été subrogé à une valeur donnée, ou qu'on se demande s'il s'est produit une confusion de nature à mettre obstacle à l'exercice du retour légal; difficultés sérieuses et réelles, les controverses qui divisent nos adversaires le prouvent assez. Une remarque encore : l'objet acquis en place d'une chose donnée est souvent d'une valeur plus grande que cette chose ne l'était : en d'autres termes, l'acquisition ou l'aliénation est souvent avantageuse. Est-il juste, en pareil cas, d'attribuer à l'ascendant donateur ces profits auxquels les héritiers légitimes du gratifié semblent en droit de prétendre?

Il ne reste plus qu'à indiquer rapidement les différences de solution auxquelles on arrive suivant qu'on permet ou non à l'ascendant de se prévaloir de la subrogation.

Prenons d'abord le cas où, une *somme d'argent* ayant été donnée, il se trouve du numéraire dans la succession. Pour nous, il ne peut y avoir d'hésitation : le droit de retour ne s'exercera que si l'argent donné lui-même existe encore avec un bordereau indicatif de son origine. Mais nos adversaires sont loin de s'entendre sur la solution à admettre.

1° Suivant les uns[1], il suffit qu'il y ait dans la succession du numéraire en quantité voulue pour que l'ascendant doive être rempli de son droit, s'il n'est prouvé que le donataire avait disposé de l'argent par lui reçu.

Ils se fondent principalement sur la *fongibilité* de l'argent. « Les restitutions de choses fongibles, disent-ils, se faisant *in genere*, dès qu'une certaine quantité d'argent se retrouve, la somme donnée est censée exister en nature jusqu'à concurrence de cette quantité. » Oui, mais une chose qui se consomme *primo usu* n'est pas pour cela fongible : fongible, elle ne peut le devenir que par la convention des parties ou la disposition de la loi, — ici la loi. Or, loin d'établir cette fongibilité, le législateur exige que la chose donnée soit *identiquement* la même pour que l'ascendant puisse la reprendre.

Voyez aussi où ce système aboutit, au cas de vente d'un bien donné. Si une somme d'argent équivalente au prix payé se

[1] Chabot sur 747, n° 22. — Malpel, n° 135. — Vazeille, *Des successions*, sur 747, n° 26. — Grenier, *Des donations*, II, n° 598.

trouve dans la successsion, elle représentera ce prix, et, par l'effet de la subrogation, le bien vendu; mais alors pourquoi l'article 747, al. 2, a-t-il limité le droit de retour au prix encore dû?

2° Les autres partisans de la subrogation[1] admettent l'ascendant à exercer son droit sur le numéraire compris dans l'hérédité, chaque fois qu'il est constant que ce numéraire provient de la donation. Ainsi il n'est pas nécessaire, d'après ces auteurs, que l'argent donné se retrouve *in specie;* il peut être représenté par d'autres deniers, pourvu que leur origine soit certaine.

La même objection peut être faite à ce système qu'au précédent : quand des immeubles donnés ont été vendus et que le prix en provenant ne s'est pas confondu dans le patrimoine du donataire, le droit de retour devrait s'exercer sur ce prix, et cependant la loi déclare que le prix encore dû peut seul être repris.

Une somme d'argent a-t-elle été *employée*, *remploi* a-t-il été fait de meubles ou d'immeubles donnés, l'ascendant, d'après l'opinion la plus accréditée, succède au bien acquis, soit en emploi, soit en remploi : un argument d'analogie tiré des articles 1434, 1435 et 132 doit corroborer cette solution. — Mais, si les choses données constituent une universalité du vivant du donataire, pourquoi parler des articles 1434 et 1435, lesquels se réfèrent à un cas de *subrogation spéciale?* Si elles n'en constituent pas, à quoi peuvent servir ces articles, qui n'ont rien de commun avec le retour légal? à quoi peut servir aussi l'article 132, qui prévoit le cas où une personne a droit à une universalité?

L'échange, pas plus que le remploi, ne peut, suivant nous, faire porter le droit de retour sur les choses acquises en place des biens donnés[2]. Le droit d'une personne n'est transporté de l'objet échangé sur l'objet acquis en échange qu'au seul cas où

[1] MM. Aubry et Rau, V, § 608, p. 126, texte, note 32. — Duranton, VI, nos 234-238. — Taulier, III, p. 361.

[2] *Dans notre sens :* MM. Demolombe, *Des successions,* I, n° 541, p. 606 et suiv. — Marcadé sur 747, n° 5. — Demante, III, n° 58 *bis,* I. — *Contrà,* Chabot sur 747, n° 22. — Poujol sur 747, n° 21, p. 230. — Vazeille sur 747, n° 26. — Aubry et Rau, V, § 608, p. 129.

il embrasse l'universalité dans laquelle l'un et l'autre sont compris[1].

L'article 747, al. 2, permet à l'ascendant d'exercer les diverses actions en reprise qui appartenaient au donataire à raison des biens donnés : actions en résolution de la vente, actions en nullité, actions en rescision pour lésion, actions en reprise du donataire marié. Ces dernières sont de deux espèces : ou bien elles tendent à des choses dont le donataire n'a pas perdu la propriété, ou bien elles sont intentées à titre de créancier, soit contre la communauté, soit contre le mari dotal :

Au premier cas, tout se passe sans difficulté si les biens donnés, exclus de la communauté ou frappés de dotalité, se retrouvent *in specie*. Leur qualité de biens *propres* ou *dotaux* ne les empêche pas d'exister *en nature*, et l'action en reprise n'est pour l'ascendant qu'un moyen d'exercer son droit de retour. Mais si ces biens se trouvent remplacés par d'autres, lesquels leur ont été subrogés en vertu des articles 1407, 1434, 1435, 1553, 1558, etc., l'on décide généralement que l'action en reprise n'en appartiendra pas moins à l'ascendant donateur, tandis que dans notre système cette solution est inadmissible. De ce que certains biens ont, par l'effet d'une *subrogation spéciale*, remplacé des choses données dans leur qualité de biens *propres* ou *dotaux*, il ne suit pas que l'ascendant puisse les reprendre comme s'ils avaient reçu du même coup le caractère de *biens donnés*. Il faudrait pour cela une autre subrogation, et celle-ci est repoussée par l'article 747 al. 1. C'est ainsi que, dans l'ancien droit, des immeubles pouvaient, par l'effet de la subrogation, devenir propres de communauté, sans devenir propres de succession pour cela.

Au second cas, c'est-à-dire quand l'action en reprise est intentée à titre de créancier, le système de la subrogation n'hé-

[1] On a prétendu qu'en admettant l'ascendant donateur à succéder au prix encore dû, le Code lui permettait *à fortiori* de reprendre l'immeuble acquis en échange d'un bien donné : dans l'ancien droit, en effet, l'héritier aux propres succédait à l'immeuble reçu en échange d'un propre aliéné et non au prix encore dû. — (Massé, *Le parfait notaire*, III, p. 54 et suiv.) La réponse est facile. Sait-on pourquoi le prix encore dû n'était pas réputé *propre?* C'est que les immeubles seuls étaient susceptibles de cette qualité. Par là tombe toute l'argumentation.

site encore pas à l'accorder à l'ascendant, au lieu qu'une distinction nous paraît nécessaire. Est-ce postérieurement à la donation que les biens donnés sont devenus (à charge de reprise) propriété de la communauté ou du mari dotal, nous dénions l'action en reprise au donateur ; pour qu'il pût l'avoir, il faudrait qu'elle eût été subrogée aux biens donnés ; ce qui n'est pas. Mais si cette action elle-même a fait l'objet de la libéralité, si, par exemple, la donation, faite dans le contrat de mariage, a consisté en biens qui devaient tomber infailliblement dans la communauté, rien ne s'oppose à ce que l'ascendant exerce l'action en reprise : il recueille de la sorte ce qu'il avait mis dans le patrimoine du gratifié.

B. LE DROIT DU PROPRIÉTAIRE EST RÉSOLUBLE, MAIS POUR L'AVENIR SEULEMENT.

Envoi en possession définitif des biens d'un absent. — L'envoyé en possession définitif est propriétaire des biens de l'absent, il peut en disposer même à titre gratuit ; mais ces biens constituent dans son patrimoine une universalité que l'absent, s'il reparaît, peut reprendre dans l'état où elle se trouve, c'est-à-dire transformée par les contrats à titre onéreux que l'envoyé en possession a passés avec des tiers : l'article 132 le décide en termes exprès. Toutefois, comme il y a là en présence deux universalités distinctes, celle formée des biens de l'absent et celle que compose le reste du patrimoine de l'envoyé en possession, il peut être délicat de préciser dans laquelle des deux la subrogation s'est produite : l'envoyé n'a-t-il pas pu, en faisant servir les biens de l'absent à certaines acquisitions, commencer par les mettre définitivement dans son patrimoine, pour leur subroger, à son profit, les choses acquises ? Examinons donc dans quels cas il s'opérera une subrogation au regard de l'absent.

I. *Vente d'un bien de l'absent.* — Le prix de la vente d'un bien de l'absent est toujours subrogé au bien vendu : l'envoyé en possession en est tenu vis-à-vis de l'absent qui reparaît. Si pourtant ce prix ne se retrouve pas, s'il a été détruit par cas fortuit, perdu dans un naufrage financier, ou même dissipé par l'envoyé en possession, tant pis pour l'absent, il ne peut rien prétendre de ce chef. En vain s'est-on prévalu en sens contraire de ces expressions de l'article 132 : « L'absent recouvrera le prix de ses biens qui auraient été aliénés[1]. » Par la subrogation le prix est devenu un bien de l'absent, et celui-ci, ne pouvant reprendre ses biens que dans l'état où ils se trouvent lors de son retour, ne peut rien demander à l'envoyé en possession, si aucune valeur provenant de la vente n'existe plus dans ses mains. Comprendrait-on d'ailleurs que cet envoyé fût responsable de la perte de deniers quand il ne l'est pas de celle de l'immeuble que ces deniers représentent ? Comprendrait-on qu'il ne pût disposer du prix quand les aliénations à titre gratuit de tous biens de l'absent lui sont permises[2] ? — Il faut remarquer seulement qu'on devra le présumer en possession du prix, jusqu'à ce qu'il établisse quand et comment il l'a perdu. S'il ne fait pas cette preuve, il sera traité comme un débiteur ordinaire, il sera tenu envers l'absent de la somme qu'il avait touchée pour son compte[3].

II. *Emploi des deniers, échange d'un bien de l'absent.* — Quand une acquisition a été faite par l'envoyé en possession, soit en emploi de deniers, soit en échange d'un bien meuble ou immeuble de l'absent, la seule question qu'il faille se poser est celle-ci : Pour le compte de qui la chose nouvelle a-t-elle été acquise ? Est-ce pour celui de l'absent, il pourra la réclamer à son retour, en invoquant la subrogation qui se sera produite. Mais si c'est pour le compte de l'envoyé en possession, celui-ci l'a fait entrer définitivement dans son patrimoine, et il ne sera redevable envers l'absent que du prix qu'il a payé.

Prenons le cas de *remploi*, puisqu'il se trouve mentionné dans

[1] MM. Valette sur Proudhon, I, p. 329, note *b*. — Plasman, *Code des absents*, I, p. 236 et suiv.

[2] M. Demolombe, *Traité de l'absence*, n° 171, p. 217-219. — Cf. Duranton, I, n° 509.

[3] Pothier montre fort clairement que cette preuve doit être mise à la charge du possesseur de bonne foi de l'hérédité (*Traité du droit de propriété*, IIe partie, n° 429). — Les mêmes principes sont applicables à l'envoyé en possession définitif. — Il est peut-être curieux de noter que le Code prussien consacre la même règle chaque fois qu'une restitution doit être faite par une personne capable. Il porte : « Ce qu'une personne *capable* a reçu en argent ou en valeur d'argent est regardé, sans qu'il soit besoin d'autre preuve, comme emploi utile à son profit. » (*Code prussien*, Ire partie, tit. XIII, sect. III, art. 265).

l'article 132. M. Duranton[1] croit voir dans les derniers termes de cet article une alternative établie en faveur de l'envoyé en possession. L'envoyé définitif, suivant lui, aurait le droit ou bien de rendre le prix de la chose aliénée, ou bien d'offrir le bien qu'il a acheté en place. On présumerait ainsi que l'acquisition a toujours lieu au nom de l'envoyé, sauf à lui permettre de se libérer par la restitution de la chose acquise, si elle a perdu de sa valeur. — Cette présomption pourtant est inadmissible quand une déclaration de remploi a accompagné l'achat : l'envoyé en possession n'a-t-il pas clairement montré alors qu'il n'agissait que pour le compte de l'absent[2] ? D'un autre côté, comment l'envoyé en possession aurait-il le choix dont parle M. Duranton, quand il a déclaré, soit en termes exprès, soit tacitement, qu'il entend prendre pour lui l'acquisition faite des deniers de l'absent ? Dans ce cas donc, j'estime qu'il devrait toujours le prix, comme il devrait toujours la chose acquise au cas d'achat avec déclaration d'emploi.

Voici quelles sont, suivant moi, les diverses solutions qu'il faut donner en cette matière :

1° Si lors de l'acquisition l'envoyé a déclaré formellement agir au nom de l'absent, point de doute : la subrogation se produit dans le patrimoine de ce dernier ;

2° Si l'acquisition est faite au nom de l'envoyé en possession, mais sans qu'il ait manifesté l'intention de la prendre à son compte, je crois encore qu'il s'opérera une subrogation au profit de l'absent. Certes, il y a là une dérogation aux principes ordinairement reçus, à la règle dont nous parlerons bientôt et suivant laquelle une chose est acquise à celui au nom duquel l'achat a eu lieu. Mais, qu'on veuille bien le remarquer, nous avons affaire à une personne qui, tout en étant propriétaire, est aussi, à certains égards, administrateur *cum liberrima potestate* ; en tout cas, l'article 132 se réfère également à l'envoi provisoire qui ne fait qu'un administrateur de celui auquel il est accordé. Eh bien, j'en conclus que cet article 132 a pu vouloir traiter les acquisitions faites avec les fonds de l'absent comme celles d'un mandataire agissant au nom de ce dernier. Sans doute

[1] M. Duranton, I, n° 509.

[2] Ce même motif, pour le remarquer en passant, doit faire profiter l'absent des résultats d'un échange consenti par l'envoyé en possession.

un mandataire ordinaire ne fait pas naître une subrogation immédiate dans le patrimoine de son mandant, quand il achète en son propre nom. (Et rien de plus naturel, rien de plus juste!) Mais l'envoyé en possession est dans une situation tout autre : l'absent est loin, il s'efface derrière sa personne, à lui envoyé en possession définitif, à lui propriétaire; dès lors on ne peut attacher une importance bien grande à la circonstance que l'acquisition est faite au nom de cet envoyé. Le prix n'est-il pas payé en deniers de l'absent? L'envoyé en possession ne sait-il pas qu'il peut être obligé de rendre compte de ces deniers, aussi longtemps qu'ils restent entre ses mains ou y sont représentés par une autre valeur? Et ce qui vient d'être dit se concilie sans effort avec l'article 132, dont le système, entendu comme il doit l'être, me paraît très-simple. Deux cas sont prévus : — d'abord celui où le prix, non employé, se retrouve en espèces au moment du retour de l'absent; — en second lieu, l'hypothèse où il en a été fait emploi en acquisition de biens nouveaux. Dans le premier cas, le prix lui-même doit être remboursé par l'envoyé en possession; dans l'autre, c'est la chose acquise qui est due, le bien provenant de l'emploi du prix. Or cet emploi n'a pas besoin d'être fait au nom de l'absent; nous verrons dans la suite que le mineur peut revendiquer le bien acheté en emploi de ses deniers, quoiqu'au nom du tuteur. Pourquoi? Parce que celui-ci est censé avoir agi pour son pupille. Ici c'est la même règle qui doit s'appliquer (nous en avons dit les motifs), sauf que le tuteur, quand il fait une acquisition désavantageuse, ne peut pas être regardé comme représentant le mineur, tandis que rien ne s'oppose à ce que l'envoyé en possession soit toujours présumé acquérir pour le compte de l'absent.

A mon sens donc, l'absent, quand il reparaît, est obligé de regarder comme subrogé à ses deniers le bien acquis au moyen d'eux, encore que l'acquisition lui porte préjudice et qu'elle ait eu lieu au nom de l'envoyé en possession; réciproquement, ce dernier ne pourra pas, en offrant le prix, se dispenser de faire profiter l'absent d'une acquisition avantageuse. A lui à déclarer, s'il veut s'assurer cet avantage, que l'achat est fait pour son compte personnel.

Deux opinions différentes de la mienne se sont produites sur cette question.

M. Demolombe[1] donne à l'envoyé le choix entre le payement du prix et la restitution de la chose acquise. Mais, si la dérogation que notre système apporte aux principes se justifiait par la qualité de l'envoyé en possession, celle qui résulte de l'opinion de M. Demolombe ne se comprend guère ; car enfin on ne peut présumer que l'envoyé agit pour le compte de l'absent quand il fait une acquisition mauvaise, pour son propre compte quand il en fait une bonne. Il faudrait donc prouver que l'article 132 contient une alternative en sa faveur ; or cette preuve sera bien difficile à fournir, puisque dans mon système cet article s'explique parfaitement. Une pareille alternative aussi serait-elle logique? Pourquoi ne pas faire restituer par l'envoyé une acquisition avantageuse, quand réciproquement on ne l'oblige pas à payer la somme employée, au cas où elle dépasse la valeur du bien acheté? Le droit romain, dit-on, admettait cette alternative dans la loi 25, § 1, *De her. pet.* (5, 3). Oui, mais le système de cette loi était bien différent de celui de l'article 132[2]. L'héritier n'avait jamais droit au bien acquis par le possesseur de bonne foi, il n'était jamais que créancier d'une somme d'argent équivalente au prix employé, ou seulement à la valeur actuelle de la chose achetée, si elle était inférieure à ce prix. Au contraire, l'article 132 ne donne-t-il pas à l'absent un droit sur les choses mêmes acquises en emploi de ses deniers? L'alternative n'aurait donc d'autre but que d'assurer une acquisition heureuse à l'envoyé en possession. M. Demolombe admet la subrogation en cas d'échange ; n'est-ce pas reconnaître que l'envoyé agit pour le compte de l'absent? L'échange ne peut-il être fait aussi au nom de l'envoyé en possession[3] ?

[1] M. Demolombe, *Traité de l'absence*, nos 174 et suiv., p. 220 et suiv. — Cf. Plasman, *op. cit.*, I, p. 239-241.

[2] Je crois que l'on se trouve en face de deux présomptions diamétralement opposées. D'après la loi romaine, le possesseur est toujours censé avoir acheté pour son propre compte ; c'est pourquoi il doit le prix, sauf la déduction qu'on lui permet de faire, le cas échéant. D'après l'article 132, l'envoyé en possession est présumé acquérir pour l'absent; c'est pourquoi il doit la chose acquise. Cette différence se comprend aisément : le possesseur de bonne foi se croit propriétaire incommutable, l'envoyé en possession est sans cesse menacé du retour de l'absent.

[3] Comment ne pas mettre sur la même ligne le bien acquis en échange de deniers et celui reçu en échange d'un meuble ou d'un immeuble de l'absent?

D'après la seconde opinion, l'acquisition ayant eu lieu au nom de l'envoyé en possession, le prix est toujours dû par lui [1]. — Mais, en s'attachant exclusivement au fait extérieur, ce système néglige beaucoup trop l'intention qu'a pu avoir l'envoyé en possession et qu'il doit être présumé avoir eue ; de plus, il lui fera éprouver un préjudice chaque fois que l'achat sera désavantageux ; et ceci encore ne me paraît pouvoir être admis.

3° Si, au moment où l'acquisition a été faite, l'envoyé en possession a manifesté le désir de la garder pour lui, il devra toujours et ne devra jamais que le prix.

Nous en arrivons donc à cette conclusion que toute acquisition faite des deniers de l'absent [2], de même que tout échange d'un de ses biens, sera, à moins de déclaration contraire, censée faite pour son compte. Il pourra toujours réclamer la chose acquise, et l'envoyé en possession définitif se libérera toujours en la lui restituant.

SECTION II. — *Actes faits par un autre que le propriétaire.*

Toute personne ayant un patrimoine, tout acte à titre onéreux produit une double subrogation ; l'une dans le patrimoine du vendeur, l'autre dans celui de l'acheteur. La première ne présente guère de difficultés, mais il peut en être autrement de la seconde, quand le propriétaire des deniers n'a pas figuré au contrat. Ce qu'on se demande, en effet, dans une vente, ce n'est pas qui a fourni l'argent nécessaire au payement, mais entre quelles personnes est intervenu l'accord de volontés translatif de propriété. En d'autres termes, l'acquisition profite à celui *au nom duquel* elle est faite, non à celui qui a payé le prix. Cette décision était déjà celle du droit romain [3], et nos anciens auteurs n'hésitèrent pas un instant à l'adopter [4].

[1] M. Valette sur Proudhon, I, p. 329, note *b*.

[2] S'il y a doute sur l'origine des deniers, on la présumera faite de l'argent de l'envoyé définitif. — (Cf. Menochius, *De præsumptionibus*, lib. III, *præsumpt.* 46, n° 7.)

[3] Nous lisons dans Paul (*Sentent.* II, tit. XVII, n° 15) : « Fundus ejus « esse videtur, cujus nomine comparatus est, non a quo pecunia numerata « est. » — Des décisions analogues se rencontrent dans les c. 6, *De rei vindicat.* (3, 32) ; — c. 21, *De probat.* (4, 19) ; — c. 1, 3, 8, 9, *Si quis alteri* (4, 50). — Cf. aussi *Codex Fabrianus*, lib. IV, tit. XXVII, def. 5, p. 403 (édit. 1681) ; lib. III, tit. XXII, def. 6, p. 239.

[4] « Ce qui est acheté de l'argent d'une personne, disait Duplessis (*De la*

Cela posé, considérons le patrimoine d'une personne que, pour plus de rapidité, nous appellerons Primus, et supposons l'acquisition faite par un tiers avec les deniers pris dans ce patrimoine.

Si le contrat est passé au nom du tiers et sans mandat de la part de Primus, c'est à l'acquéreur seul qu'il profitera. Le bien acheté est subrogé dans son patrimoine à la valeur qui est due à Primus[1].

Le contrat est-il fait au nom de Primus, mais toujours sans mandat, Primus acquerra la propriété du bien acheté s'il ratifie l'achat ; et alors il y aura subrogation de ce bien aux deniers employés.

Si nous passons au cas où Primus avait donné mandat à un tiers qui n'en a pas moins acheté en son propre nom, nous voyons la propriété acquise à ce tiers : Primus aura seulement la faculté de se faire subroger dans les droits de l'acquéreur et de provoquer ainsi une subrogation réelle du bien acheté à ses deniers.

Une dernière hypothèse est celle où l'acquisition a été faite par un mandataire de Primus en cette qualité. La subrogation a mis immédiatement le nouveau bien à la place de l'argent déboursé pour l'achat.

Les mêmes principes recevraient leur application au regard de Primus, si l'acquisition avait lieu par le ministère et avec les deniers d'un tiers.

§ 2. — Cas où le patrimoine est administré par un autre que son propriétaire, celui-ci étant incapable ou absent.

SECTION I. — *Tutelle.*

La minorité, dans notre ancien droit, donnait lieu à d'importantes questions de subrogation réelle. Par exception aux

communauté, I, p. 448), ne lui appartient pas, mais à celui au nom et au profit duquel l'acquisition est faite. » Voir aussi Despeisses, *Des contrats*, part. I, tit. I. *De l'achat*, sect. V (t. I, p. 67, 68, édit. 1750).

[1] Le droit romain avait admis exceptionnellement le *miles* à revendiquer comme sien le bien acquis avec son argent par un tiers quelconque (c. 8, *De rei vindic.*, 3, 32).

règles ordinaires, et pour des raisons spéciales, le prix des rentes ou des immeubles propres du mineur était subrogé à ces derniers tout comme le remploi qui en était fait opérait subrogation [1]. C'était là une *subrogation spéciale* fort intéressante, mais dont l'étude aujourd'hui ne présente plus d'utilité. Par contre, les actes du tuteur faisaient naître dans le patrimoine du pupille une *subrogation générale* dont l'ancien droit s'occupait, et qui a conservé pour nous toute son importance. C'est d'elle qu'il va être question.

I. ALIÉNATIONS DES MEUBLES OU DES IMMEUBLES DU MINEUR.

Chaque fois qu'un bien du mineur est sorti définitivement de son patrimoine, que ce soit par une vente mobilière consentie par le tuteur seul avec les formalités requises, ou par une vente d'immeubles faite avec l'autorisation du conseil de famille et l'homologation de justice, par une expropriation forcée ou une licitation tranchée contre le tuteur, le prix est immédiatement subrogé au bien aliéné. Il n'y a là rien de spécial.

II. EMPLOI DES DENIERS PUPILLAIRES.

1° *Droit romain et ancien droit français.* — D'après le droit des Pandectes et du Code, le tuteur était obligé, dans les six mois de son entrée en fonctions, ou dans les deux mois à partir de l'époque où ils étaient venus entre ses mains, de placer les deniers disponibles du pupille, sinon de les employer en achat d'immeubles [2]. Justinien plus tard, par la Novelle 72, cap. VII, fit de cette dernière obligation une faculté pour le tuteur; il lui permit d'acheter des immeubles avec les deniers pupillaires, pourvu que cette acquisition réunît certaines conditions déterminées [3].

[1] Cf. Pothier, *Traité des propres*, sect. III. — *Coutume d'Orléans*, *Comment.* sur l'article 351. — Renusson, *Des propres*, chap. I, sect. X, n° 11, p. 26. — Meslé, *Traité des minorités, tutelles et curatelles*, chap. XVII, p. 647 et suiv., etc.

[2] L. 7, § 3; l. 15; l. 49; l. 58, §§ 1-4, *De administr. et per. tut.* (26, 7); c. 24, *eod.* (5, 37).

[3] Cf. Marezoll, *Uber die Verbindlichkeit der Vormünder*, *Archiv für civilist. Praxis*, IX (1826), p. 49 et suiv.

Soit dans le premier, soit dans ce dernier état du droit, l'immeuble, quand l'acquisition avait été faite au nom du mineur, était toujours subrogé au prix, sauf la responsabilité du tuteur. Mais si le contrat avait été passé au nom du tuteur, on donnait au pupille le choix de prendre l'immeuble pour lui ou de le laisser au tuteur, à charge alors par ce dernier de lui tenir compte des deniers employés à l'acquisition avec les intérêts légaux du jour de l'emploi [1].

Ces principes sont restés à peu près les mêmes dans notre ancienne législation. L'ordonnance d'Orléans de 1560 porte dans son article 102 que « les tuteurs et curateurs des mineurs seront *tenus*... faire vendre par autorité de justice les meubles périssables et employer en rentes ou héritages, par avis des parents et amis, les deniers qui en proviendront *avec ceux qu'ils auront trouvés comptants.* » — On le voit, l'ordonnance exigeait, comme la loi romaine, que l'emploi fût fait en acquisition d'immeubles. Cette règle fut religieusement maintenue : nous la trouvons reproduite notamment dans l'article 23 de l'édit du mois de décembre 1732, pour les tutelles en Bretagne, et dans l'article 97 des Arrêtés du président Lamoignon. Une jurisprudence assez générale admit aussi que l'emploi devait être fait dans les délais prescrits par le droit romain [2]. Mais une disposition nouvelle était celle qui, pour la validité de l'emploi, exigeait le concours des parents et amis du pupille [3] ; elle eut surtout pour résultat de rendre la subrogation plus définitive, si l'on peut s'exprimer ainsi, en dégageant la responsabilité du tuteur.

Quand ces diverses conditions étaient remplies, l'acquisition faite par le tuteur au nom du pupille et avec l'argent pupillaire subrogeait le bien acquis aux deniers employés. — Mais quand le tuteur avait acheté en son propre nom, le mineur avait le droit, du moins d'après les meilleurs auteurs, de consulter son

[1] C. 3, *Arbitrium tutelæ* (5, 51). Cf. c. 2, *Quando in facto tutoris* (5, 39).

[2] Ferrière, *Traité des tutelles*, part. IV, sect. II, p. 173 (édit. 1766). — Meslé, *Traité des tutelles et curatelles*, chap. VIII, n° 32, p. 204; n° 34, p. 208 (édit. 1752). — Catelan, *Arrêts notables du parlement de Toulouse*, liv. VIII, chap. IV.

[3] Cf. Meslé, *op. cit.*, n° 30, p. 200.

intérêt et d'opter, soit pour la subrogation du bien acheté à ses deniers, soit pour la répétition de la valeur de ces deniers eux-mêmes avec les intérêts tels que de droit[1].

2° *Droit nouveau.* — La loi ne fait plus peser sur le tuteur l'obligation de faire emploi que s'il y a un excédant de revenus (art. 455, 456) ; mais cette obligation peut lui être imposée dans d'autres cas : soit par le conseil de famille dans l'hypothèse de l'article 457, soit par le tribunal dans celle d'une licitation (art. 460)[2] ou d'une expropriation pour cause d'utilité publique (loi du 3 mai 1841, art. 13).

Si le conseil de famille ou le juge prescrivent l'emploi au tuteur, ils détermineront en même temps le mode suivant lequel il doit être fait, l'espèce de biens qui doit être achetée. En dehors de ces cas, le tuteur, je crois, sera maître de choisir à ses risques et périls l'emploi qui lui paraîtra le plus convenable, sans être tenu de prendre l'avis du conseil de famille. Nul texte, en effet, ne lui en fait un devoir, et le silence des articles 455 et 456 est d'autant plus significatif que l'ordonnance d'Orléans, où ils ont été puisés, voulait que l'emploi fût fait *par avis de parents et d'amis*. D'ailleurs, même dans l'ancien droit et sous l'empire de l'ordonnance, il n'était pas certain que le défaut d'autorisation dût empêcher la subrogation, et l'on inclinait à penser que la prescription de l'ordonnance tendait seulement à mettre la responsabilité du tuteur à couvert. C'est sans doute dans ce dernier sens que les rédacteurs du Code l'ont entendu, et ils ont pu laisser dès lors de côté une disposition qui n'était qu'un conseil donné au tuteur. Rien ne limite, au reste, le libre choix du tuteur : vainement a-t-on voulu prétendre que l'emploi en achat d'immeubles lui était interdit dans l'intérêt du mineur[3]. L'intérêt du mineur ! mais n'est-ce pas au tuteur

[1] Despeisses, *Des contrats*, part. I, tit. I, *De l'achat*, sect. V, p. 68 (édit. 1750). — Meslé, *op. cit.*, chap. XII, n° 18, p. 404-405. — Lebret, *De la souveraineté*, liv. III, chap. X. — Arrêt du parlement de Dijon, 14 août 1576 (Bouvot, *Coutume de Bourgogne* (1632), I, part. II, v° TUTEUR, quest. 3). — Arrêt du 9 mai 1614 de la Chambre de l'édit de Castres. — *Contrà*, Maynard, *Arrêts*, liv. VI, chap. XCIV.

[2] Cass., 20 juin 1843 (Dev. et Car., 43, I, p. 651).

[3] MM. Magnin, *Traité des minorités, tutelles et curatelles*, I, nos 685-686. — Taulier, I, p. 66.

qu'incombe la mission de le sauvegarder? Et est-il dit que toute acquisition immobilière sera désavantageuse? Ne peut-elle pas être d'un grand profit pour le pupille? Le tuteur appréciera; s'il apprécie mal, il en portera la peine. Comment croire aussi que le Code ait voulu défendre au tuteur l'emploi en immeubles, quand le droit romain et l'ancien droit lui en faisaient une obligation? Comment croire enfin qu'on ait voulu donner une signification si restreinte à l'expression si large d'*emploi* qui se trouve dans l'article 455?

Ainsi, quand le tuteur achète *au nom* et avec l'argent disponible du pupille, le bien acquis est subrogé aux deniers et devient propriété du mineur; celui-ci aura seulement le droit de se faire indemniser du préjudice que l'emploi a pu lui causer, si le tuteur a quelque faute à se reprocher et s'il ne s'était pas assuré du consentement du conseil de famille.

Reste le cas où le tuteur a bien acheté avec des deniers pupillaires, mais *en son nom propre*. Dans quel patrimoine la subrogation s'est-elle produite alors? Est-ce dans celui du mineur? est-ce dans celui du tuteur? Je crois qu'il faut distinguer. Si l'acquisition a été avantageuse, le mineur pourra la revendiquer; le tuteur sera considéré comme son mandataire légal. C'était la décision de l'ancien droit et du droit romain, décision qui n'a assurément rien perdu de son équité. Si l'achat n'a pas été heureux, le tuteur sera obligé de le garder pour lui : il ne pourra rien répondre si l'on vient lui dire qu'il a agi et même qu'il a *voulu* agir pour son propre compte. L'acquisition n'était pas sans dangers, lui fera observer le mineur, et dès lors, on doit le présumer au moins, vous n'avez pas osé la faire en mon nom, résolu à la prendre à votre charge si elle tournait à mal.

SECTION II. — *Envoi en possession provisoire des biens d'un absent.*

L'envoyé en possession provisoire n'est qu'un simple administrateur; il ne peut, en principe, disposer des biens qui composent le patrimoine de l'absent. Toutefois il est tels cas où une aliénation est possible. — Le tribunal peut ordonner la vente des meubles ou de partie des meubles (art. 126) : en dehors même d'une autorisation de justice, certains auteurs reconnaissent à l'envoyé provisoire le droit de vendre les meubles, soit corporels, soit incorporels [1]. D'ailleurs, même si l'autorisation est nécessaire, comme aucuns le prétendent [2], le défaut d'autorisation n'empêchera pas la vente de valoir au regard des tiers. Enfin la justice peut permettre l'aliénation des immeubles [3], ou bien ceux-ci peuvent faire l'objet d'une licitation ou de toute autre vente forcée. Dans tous ces cas, le prix des biens aliénés leur est subrogé : c'est lui seul que l'absent peut réclamer à son retour.

Une autre subrogation pourra résulter de l'emploi, obligatoire pour l'envoyé en possession, des sommes disponibles entre ses mains. Les principes sont les mêmes que dans le cas d'envoi définitif : l'article 132 est fait pour l'un et l'autre envoi en possession. Ainsi, l'acquisition a-t-elle eu lieu, soit au nom de l'absent, soit même au nom de l'envoyé provisoire, mais sans qu'il paraisse par les diverses circonstances qui l'ont accompagnée que cet administrateur avait l'intention de la faire pour son compte, il s'opère une subrogation dans l'universalité à laquelle l'absent a droit [4]. L'envoyé, au contraire, sera toujours tenu du prix, s'il avait manifesté immédiatement le désir d'acheter pour son compte personnel.

CHAPITRE II

DE L'HÉRÉDITÉ.

Après le patrimoine d'une personne vivante, voyons celui d'une personne morte, l'hérédité. — Il pourra d'abord se faire qu'on ait à appliquer les principes de la subrogation dans l'intérêt de l'héritier lui-même : cela arrivera si un indu possesseur s'est emparé de la succession. Ce cas est gouverné par des règles qui nous sont connues. — Mais il ne sera peut-être pas sans in-

[1] MM. Aubry et Rau, I, § 153, p. 541.

[2] M. Demolombe, II, nos 112-113, p. 129 et suiv.

[3] MM. Aubry et Rau, I, § 155, p. 542-543. — Demolombe, II, no 111, p. 126 et suiv.

[4] Seulement, si l'acquisition est désavantageuse, la responsabilité de l'envoyé provisoire se trouvera engagée.

térêt de rechercher les effets de la subrogation au regard de deux espèces de personnes qui ont un droit ou universel ou à titre universel sur l'hérédité, les créanciers du défunt et les appelés à une substitution permise.

SECTION I. — *De la séparation des patrimoines.*

Les créanciers d'une personne ont tous ses biens pour gage, et ils ont compté sur ce gage quand ils ont traité avec elle. Il importe donc que leur espoir ne soit point déçu par la substitution d'un débiteur insolvable au débiteur solvable qu'ils s'étaient choisi, substitution qui est à craindre en cas de décès. Aussi la loi leur offre-t-elle les moyens de se faire payer par préférence aux créanciers de l'héritier, de conserver un droit de gage exclusif sur le patrimoine du défunt, tant qu'il ne s'est pas confondu avec celui du successeur. Ce moyen, c'est la *séparation des patrimoines*, qui pour moi, j'en dois prévenir, est un véritable *privilége*.

On comprend comment la question de subrogation réelle se pose ici. La faculté qu'ont les créanciers du défunt de demander la séparation du patrimoine de leur débiteur d'avec celui de l'héritier n'est pas restreinte à tels objets, à ceux que le défunt possédait au temps de sa mort, elle embrasse l'*universalité* de ses biens, puisqu'elle a pour but de conserver le droit de gage universel qui appartenait aux créanciers. De là il suit que toute valeur qui aura été subrogée à un bien héréditaire dans l'universalité laissée par le défunt sera soumise au droit de ses créanciers et, sauf le cas de confusion, pourra être atteinte par la demande en séparation des patrimoines.

I. *De la séparation des patrimoines relativement aux meubles.* — Tant que les meubles héréditaires se trouvent entre les mains de l'héritier sans être confondus avec ses biens propres [1], et aussi sans qu'il se soit écoulé trois ans depuis l'ouverture de la succession (art. 880, al. 1), la séparation demandée produit tous ses effets à leur égard. Au contraire, si l'héritier les a aliénés, elle ne peut plus porter sur eux ; ils sont sortis définitive-

[1] L. 1, § 12, *De separation.* (42, 6). — Lebrun, *Des successions*, liv. IV, chap. II, sect. I, n° 22, p. 628 (édit. 1743).

ment de l'hérédité (art. 2119 et 2279). Mais d'autres biens, une créance de prix, des meubles acquis en échange, etc., ont pu prendre leur place, et alors c'est relativement à ces biens que pourra être invoqué le privilége de la séparation des patrimoines. Il s'est opéré une subrogation dans l'universalité que l'héritier tenait du défunt, les choses nouvelles y représentent les choses aliénées et sont censées avoir fait partie de l'hérédité au moment même du décès et de l'ouverture de la succession. Anciennement déjà on le décidait ainsi[1], et je ne crois pas qu'on puisse soulever sur ce point des doutes sérieux[2], à la condition seulement que les meubles subrogés soient restés distincts des biens de l'héritier. — Une confusion sera surtout à craindre en cas de vente, une fois le prix payé ; néanmoins il n'est pas impossible qu'elle soit évitée : les deniers provenant de la vente peuvent être placés avec indication de leur origine, ou même un bordereau pourra permettre de les reconnaître parmi les biens personnels de l'héritier.

II. *De la séparation des patrimoines relativement aux immeubles.* — Les créanciers du défunt ne peuvent demander la séparation des patrimoines relativement aux immeubles que l'héritier a vendus (*arg. à contr.*, art. 880, al. 2)[3] : on n'a pas voulu que les tiers acquéreurs fussent inquiétés par eux. Mais rien ne s'oppose à ce que leur privilége s'exerce sur les biens subrogés aux immeubles aliénés, sur le prix encore dû, sur le meuble ou l'immeuble reçu en contre-échange[4].

Si la demande en séparation des patrimoines a été formée avant l'aliénation d'un immeuble, les créanciers ont en général moins d'intérêt à se prévaloir de la subrogation. Il en serait autrement pourtant si leur inscription était postérieure à la

[1] Brunnemann, *Ad Pandectas*, l. 2 ; *De separat.* (42, 6). — Voët, *eod. tit.*, n° 4.

[2] MM. Aubry et Rau, V, § 619, p. 213-214. — Demolombe, *Des successions*, V, n° 181, p. 201-203. — Demante, III, n° 221 *bis*, II. — Barafort, *Traité de la séparation des patrimoines* (1868), n° 97, p. 130 et suiv. — Cass. 7 août 1860 (Dev. et Car., 61, I, p. 257). — *Contrà*, M. Valette, *Des priviléges et hypothèques*, n° 86. — Nancy, 2 mai 1850 (Dev. et Car., 50, II, p. 285).

[3] Cf. l. 2, *De separat.* (46, 2). — Lebrun, *Des successions*, liv. IV, chap. II, sect. I, n° 25, p. 629.

[4] Lebrun, *Des success.*, liv. IV, chap. II, sect. I, n° 29. p. 631.

transcription de l'acte de vente, ou si elle avait eu lieu après l'expiration du délai de six mois et l'inscription prise par les créanciers de l'héritier.

Les meubles qui par leur subrogation à des immeubles vendus peuvent être l'objet d'une demande en séparation des patrimoines vont-ils être assimilés à ces immeubles quant aux conditions de temps dans lesquelles la demande doit se produire ? — Il est certain que la confusion ferait obstacle à la séparation des patrimoines, mais en sera-t-il de même de l'expiration du délai de trois ans dont parle l'article 880, al. 1 ? — On a répondu négativement[1]. — Le prix dû, a-t-on dit, est subrogé à l'immeuble vendu en vertu de la règle : *In judiciis universalibus res succedit loco pretii, pretium loco rei* ; or *subrogatum sapit naturam subrogati*, donc l'immeuble n'ayant pas été soumis à la prescription de trois ans, le prix encore dû n'y sera pas non plus soumis. On fait remarquer de plus que notre hypothèse ne rentre pas dans les termes de l'article 880, puisque le délai fixé par ce texte court de l'ouverture de la succession, et que la vente a pu être postérieure. Enfin, dit-on, rien ne justifierait ici une prescription qui se fonde sur une confusion présumée. Tant que le prix est encore dû, il reste distinct des biens de l'héritier ; dès qu'il est payé, il se confond avec eux.

Je ne partage pas cette opinion. On invoque la règle : *In judiciis universalibus res succedit loco pretii, pretium loco rei*, mais on se méprend sur son sens, on en exagère la portée[2]. Oui, la subrogation se produit dans les universalités; mais la chose subrogée ne prend pas la *nature* du bien qu'elle remplace ; elle est censée avoir toujours fait partie de l'universalité, voilà tout. Le meuble qui constitue le prix de l'immeuble vendu peut être l'objet d'une demande en séparation des patrimoines parce qu'il est entré dans l'universalité à laquelle les créanciers du défunt ont droit ; mais pourrait-il en résulter qu'il doit être traité comme une chose immobilière ? — Les considérations acces-

[1] MM. Aubry et Rau, V, § 619, p. 218. — Massé et Vergé, I, p. 334. — Demolombe, *Des successions*, V, n° 205, p. 232-233. — Cass., 22 juin 1841 (Dev. et Car., 41, I, p. 273).— Cass., 7 août 1860 (Dev. et Car., 61, I, 257). — M. Barafort, *Traité de la séparation des patrimoines* (1868), n° 123, p. 178 et suiv.

[2] Voir *suprà*, 1re partie, chap. I ; chap. II, § 3.

soires que l'on a fait valoir ne me paraissent non plus convaincantes. Qu'importe que l'article 880 ne puisse s'appliquer à la lettre : au lieu de courir du jour de l'ouverture de la succession, la prescription courra de celui de l'aliénation de l'immeuble. Ne faut-il pas s'attacher avant tout à l'esprit de la loi ? D'un autre côté, la situation des créanciers est la même au regard du prix de l'immeuble aliéné que vis-à-vis des meubles qui se trouvent au moment de l'ouverture de la succession. Parmi ces meubles il peut se trouver une créance de prix, de même qu'un meuble quelconque peut être acquis en échange de l'immeuble aliéné. Les motifs qui ont fait établir une prescription de trois ans (présomption que les créanciers ont renoncé à demander la séparation, ou que les biens se sont confondus dans le patrimoine du successeur) se rencontrent donc aussi bien au cas de vente d'un immeuble héréditaire que dans l'hypothèse où la succession, dès l'origine, comprenait des meubles.

SECTION II. — Des substitutions fidéicommissaires.

I. *Droit romain.* — Ce qui est devenu dans l'ancien droit la *substitution proprement dite*[1] s'appelait *fidéicommis* en droit romain (L. 41, § 13, *De legatis* 3° ; L. 75, § 1, *Ad sen. cons. Trebell.*, 36, 1). — Quand le grevé de restitution employait l'argent compris dans une pareille libéralité, faite à titre universel, pour acquérir, soit des meubles, soit des immeubles, le fidéicommissaire pouvait prétendre à ces biens : une subrogation s'était opérée dans l'universalité qui devait lui revenir. Nul doute à cet égard, car la loi 71, *De legatis* 2°, le décide même ainsi au cas de fidéicommis *de eo quod ex hereditate supererit.*

Si, au lieu d'une acquisition, une aliénation était faite par le fiduciaire, l'appelé réclamait le prix des biens donnés comme subrogé à ces biens. Cela pouvait se rencontrer dans les divers cas où la vente, permise à un possesseur de bonne foi de l'hérédité (L. 20, § 12 ; L. 53, *De hered. pet.*, 5, 3, etc.), était un

[1] Thévenot d'Essaule, de Savigny, *Traité des substitutions fidéicommissaires* (1778), chap. II, § 1, n° 31, p. 14. — Ricard, *Des substitutions directes et fidéic.*, III, chap. VIII, sect. II, part. I, dist. 1. — Domat, *Lois civiles*, liv. V, p. 508 et suiv.

devoir pour le fiduciaire (L. 22, § 3, *Ad sen. cons. Trebell.*, 36, 1), puis en cas d'aliénation forcée (cf. L. 104, *De solut.*, 46, 2) ou de vente faite de bonne foi par le fiduciaire *de eo quod supererit* pour subvenir à ses besoins[1] (L. 54; L. 58, § 8, *Ad sen. cons. Trebell.*, 36, 1), enfin quand la bonne foi des tiers empêchait le fidéicommissaire de se prévaloir de la validité de la vente (cf. L. 89, § 7, *De legatis* 2°; L. 38, *De leg.* 3°; L. 17, *De transact.*, 2, 15). Si la vente avait été faite de son consentement (C. 11, *De fideic.*, 6, 42; L. 120, *De legat.* 1°), il pouvait arriver que le droit aux choses subrogées fût perdu pour le fidéicommissaire en même temps que le droit aux choses vendues. Mais il fallait pour cela que le consentement donné à la vente impliquât bien clairement l'intention de renoncer au fidéicommis (L. 34, § 2, *in fine*, *De legat.* 2°; L. 89, § 4, *De legat.* 2°; L. 79, *eod*). Voilà du moins comment j'expliquerais l'antinomie qui semble exister entre la loi 92, *De legat.* 1° et la loi 88, § 14, *De legat.* 2°.

En dehors de ces cas et quelques autres analogues, la subrogation du prix à la chose vendue ne pouvait être opposée au fidéicommissaire s'il n'avait ratifié, car je ne saurais admettre, comme les anciens l'ont fait, que le grevé, avant Justinien, pouvait aliéner valablement tous biens compris dans le fidéicommis[2]. S'expliquerait-on alors que la loi 89, § 7, *De legat.* 2° ne maintînt l'aliénation qu'au cas spécial où ni l'acheteur ni le vendeur ne connaissaient le fidéicommis? Comprendrait-on davantage la disposition de la loi 25, §§ 2, 3, *Ad sen. cons. Trebell.* (36, 1)? Et puis la faculté de disposer est restreinte dans le fidéicommis *de eo quod ex hereditate supererit*, et elle serait illimitée dans le fidéicommis ordinaire! Du reste, la preuve qu'on n'a pas même assimilé ce dernier fidéicommis au premier se trouve dans la loi 22, § 4, *Ad sen. cons. Trebell.* (36, 1), qui n'admet une pareille assimilation que pour l'hypothèse parti-

[1] La *Novelle* 108 restreignit ce pouvoir de disposition. Sauf en quelques cas exceptionnels, le fiduciaire dut toujours restituer au moins le quart des biens par lui reçus.

[2] Mackeldey, *Lehrbuch des heut. römischen Rechts*, II, § 735, note *a*. — Löhr, *Magazin für Rechtswissenschaft und Gesetzgebung*, IV, p. 96 et suiv. (Giessen, 1825).

culière où la vente a été faite en vue d'une constitution de dot [1]. C'est en vain qu'on nous oppose les lois 3, § 3; 19, § 2; 70, § 1; *Ad sen. cons. Trebell.* (36, 1). La loi 3, § 3, se réfère au sénatus-consulte Pégasien et décide que, si des choses données ont été vendues, elles doivent être comptées dans la quarte. Ce texte n'autorise donc pas le fiduciaire à vendre, puisque, au contraire, il lui porte en compte les biens vendus ; d'où l'on peut même induire que, si l'aliénation dépassait la quarte, le fidéicommissaire aurait une action en revendication pour le surplus. — La loi 19, § 2, n'est pas plus probante : elle n'a en vue que les ventes nécessaires dans une bonne administration, car elle met sur la même ligne *distrahere* et *conservare*, et fait supporter au fidéicommissaire les frais de la vente. Quant à la loi 70, § 1, son seul objet est de déterminer l'espèce d'action qui appartiendra à l'appelé ; et si elle décide qu'il aura une *actio ex fideicommissi causa*, cela ne veut pas dire qu'il ne pourra faire tomber l'aliénation consentie par le fiduciaire [2].

II. *Ancien droit.* — Le grevé de substitution devait provoquer une mise aux enchères des meubles qu'il était chargé de restituer [3].

Quant aux immeubles, leur aliénation était rescindée par l'ouverture de la substitution, sauf en quelques cas exceptionnels : si la substitution n'avait pas été publiée dans les six mois [4], si le testateur avait permis la vente [5], si elle avait eu lieu du consentement de tous les substitués [6], ou pour payer les dettes grevant la substitution, ou pour constituer une dot.

[1] Cf. encore en faveur de notre opinion l. 12, *Familiæ hercisc.* (10, 2). — L. 69, § 1, *De leg.*, 1°.

[2] On n'argumentera sans doute pas de l'expression *hoc quod deperierit persequendum est*, qui se rapporte manifestement au cas de dégradations faites par le grevé.

Remarquons aussi qu'il n'y a rien à induire de la c. 3, § 2, *Communia de legatis* (6, 43), laquelle peut se référer à diverses hypothèses où, comme dans celle de la loi 89, § 7, *De legat.*, 2°, le droit antérieur validait la vente.

[3] Ordonnance de 1747 sur les substitutions, tit. II, art. 8.

[4] Ordonnance de 1747, tit. II, art 28.

[5] Cf. Thévenot d'Essaule de Savigny, *Traité des substitutions fidéic.* (1778), chap. XLVII, § 1, p. 255.

[6] Thévenot d'Essaule, chap. LII, n°s 853-854, p. 273. — Périzonius, *De fideicommissis* (1725), art. 40, n° 85.

Dans les cas où la vente était ainsi maintenue, comme aussi quand les meubles avaient été régulièrement vendus, le prix de l'aliénation était subrogé aux biens aliénés et compris dans la substitution, soit pour le tout, soit pour partie [1]. Mais le grevé devait le faire servir à des acquisitions immobilières, de même qu'il était obligé d'*employer* toutes les valeurs disponibles que le testateur lui avait laissées avec la charge de conserver et de rendre [2]. Les immeubles acquis en emploi entraient alors dans la substitution pour y prendre la place, soit des deniers que le grevé avait reçus directement du testateur, soit de ceux qui provenaient des diverses ventes dont il vient d'être parlé [3].

III. *Droit nouveau.* — On a prohibé les substitutions fidéicommissaires, dont l'abus était devenu si grand sous l'ancien régime ; les seuls cas qui aient échappé à cette mesure sont ceux des articles 1048 et 1049.

Comme l'ordonnance de 1747, l'article 1062 enjoint au grevé de faire procéder à la vente par affiches et enchères publiques de tous les meubles compris dans la substitution.

Les immeubles, au contraire, ne peuvent, tant que l'appelé est en vie, faire l'objet d'une aliénation définitive : un pareil acte tomberait par l'ouverture de la substitution. Il existe pourtant des exceptions, comme il y en avait dans l'ancien droit. — Le grevé peut vendre en qualité d'administrateur pour payer les dettes, faire de grosses réparations, procurer un *avantage évident* à la substitution. — L'aliénation forcée est à l'abri de toute résolution. — Le consentement des appelés, peut-être, en tout cas, l'autorisation du testateur, rendent la vente valable. — Valable, elle l'est aussi quand elle a eu lieu avant la publication de la substitution, et enfin, à mon sens du moins et bien que l'ordonnance (tit. II, art. 31) contînt une disposition contraire, quand l'appelé est héritier pur et simple du grevé [4].

Le grevé est tenu de faire emploi du prix des biens qu'il a vendus, des deniers comptants laissés par le testateur et de ceux

[1] Cf. Pothier, *Traité des substitutions*, sect. IV, art. 2, § 1.

[2] Ordonnance de 1747, tit. I. art. 4-5 ; tit. II, art. 10, 11, 14, 17.

[3] Thévenot d'Essaule, chap. XLV, n°s 754-756, p. 241 et suiv. — Pothier, *Des substitutions*, sect. IV, art. 2, § 1. — Arrêt sans date de Dijon, rapporté par Brodeau sur Louet, *Lettre S*, som. 10, n° 11 (II, p. 681).

[4] Cf. M. Demolombe, *Traité des donations*, V, n° 594, p. 557 et suiv.

provenant du recouvrement de créances ou autres effets (article 1065). Cet emploi subrogera les acquisitions nouvelles aux valeurs qui sont sorties de la substitution. Et il n'est pas nécessaire qu'une déclaration d'emploi intervienne à cet effet. Dès qu'il sera établi que le grevé a acheté au moyen de deniers fidéicommissaires, on pourra présumer que l'acquisition a été faite au nom de la substitution qu'il a charge de conserver et de rendre.

Le cadre que je m'étais tracé est rempli. — J'ai étudié aussi complétement qu'il m'a paru nécessaire la subrogation réelle qui se fonde sur une disposition expresse de la loi. J'ai essayé de montrer (ce qu'on a trop souvent perdu de vue) que la règle : *In judiciis universalibus res succedit in locum pretii, pretium in locum rei*, est la formule un peu ambiguë d'une espèce de subrogation réelle, distincte de la précédente, dont le caractère est beaucoup plus général, qui se produit dans toute universalité. Mais il ne pouvait venir à l'idée de personne de suivre cette subrogation dans ses infinies applications. Un choix était nécessaire : il fallait analyser surtout ses principaux effets dans les grandes universalités, l'hérédité, le patrimoine, en même temps que faire ressortir les principes qui la gouvernent. Choix dangereux ! car en le faisant on s'exposait presque fatalement au reproche de n'avoir pas relié assez fortement ensemble les diverses parties consacrées à l'étude de la subrogation *générale*. Je crains bien de ne pas m'être toujours soustrait à cette critique. Au reste, quelles que soient les imperfections de ce travail, j'espère qu'on me tiendra compte d'avoir osé le premier m'engager dans une voie qui n'avait pas été parcourue encore.

ERRATA.

Page 1, ligne 9, *au lieu de* : ils connaissent, *lisez* : connaissent.
— 9, — 10, *au lieu de* : tant que l'on ne voudra, *lisez* : tant que l'on voudra.
— 10, — 13, *au lieu de* : il a traités, *lisez* : il a traité.
— 10, — 14, *au lieu de* : le méconnaître\, *lisez* : la méconnaître.
— 10, — 32, *au lieu de* : des biens dotaux, *lisez* : de biens dotaux.
— 14, — 22, *au lieu de* : comprise, et cependant, *lisez* : comprise cependant, et.
— 27, — 17, *au lieu de* : *Quibus non* est permis, *lisez* : *Quibus non est permis.*
— 27, — 26, *au lieu de* : *hercis.* (c. 10, 2), *lisez* : *hercisc.* (10, 2).
— 27, — 36, Appel de la note 1 de la page 28.
— 28, — 14, Suprimer l'appel de note.
— 28, — reporter la note 1 à la page précédente.
— 31, 18-19 *au lieu de* : qu'en veut, *lisez* : qu'entend.
— 32, note 2, et page 33, note 1, transporter à la note 1 de la page 33, après les mots *Ueber den*, la phrase : *Begriff und die juristische Wichtigkeit der sogen. Universitas rerum*, qui se trouve dans la note 2 de la page 32.
— 32, note, 2, *au lieu de* : Höp-fner, *lisez* : Höpfner.
— 34, — 2, *au lieu de* : mansæ, *lises* : mensæ.
— 35, — 2, *au lieu de* : Haynz, *lisez* : Maynz.
— 35, — 2, *au lieu de* : surrogatione, *lisez* : subrogatione.
— 37, — 3, *au lieu de* : Gintenis, *lisez* : Sintenis.
— 42, — 22-23, *au lieu de* : Section I. Régime de la communauté. — § 1. Subrogation du prix à la chose aliénée, *lisez* : § 1. Subrogation, etc. — Section I. Régime de la communauté.
— 100, — 9, *au lieu de* : le caractère propre, *lisez* : le caractère de propres.

Paris. — Typographie A. Hennuyer, rue du Boulevard, 7.

www.ingramcontent.com/pod-product-compliance
Ingram Content Group UK Ltd.
Pitfield, Milton Keynes, MK11 3LW, UK
UKHW012032240726
13965UKWH00002B/725